W0194713

LES DERNIERS SECRETS
DU IIIᵉ REICH

collection tempus

François KERSAUDY
Yannis KADARI

LES DERNIERS SECRETS DU IIIe REICH

PERRIN

Secrétaire générale de la collection :
Marguerite de Marcillac

12, avenue d'Italie
75013 Paris
Tél. : 01 44 16 09 00
Fax : 01 44 16 09 01

ISBN : 978-2-262-08022-8
Dépôt légal : mai 2019

Mise en pages : Nord Compo
Imprimé en France par Normandie Roto Impression s.a.s. (1901604)

tempus est une collection des éditions Perrin.

À la mémoire de Claus Schenk
Graf von Stauffenberg,
qui a donné sa vie pour sauver
l'honneur de l'Allemagne.

Introduction

En Union soviétique, les dissidents disaient naguère : « Chez nous, l'avenir est bien connu, c'est le passé qui change tout le temps ! » En Occident, quatre décennies plus tard, cette boutade reste d'actualité, mais pour des raisons plus commerciales que politiques ; les amateurs du genre pourront donc trouver aujourd'hui encore une bonne dizaine d'ouvrages à succès certifiant qu'Adolf Hitler avait en France un fils caché, que le Führer s'était réfugié en Argentine après la guerre, et que Himmler avait pu compter parmi ses agents secrets le duc de Windsor et l'amiral Canaris. Les Américains, grands pourvoyeurs de ce genre littéraire, l'ont baptisé « *faction* » – une contraction de *fact* et *fiction*, traduisant le fait que l'imagination fertile de l'auteur peut avantageusement suppléer à l'implacable sécheresse des faits comme à la déplorable absence de nouveauté dans leur narration.

Le présent ouvrage, tout comme *Les Secrets du IIIe Reich* paru en 2013, a des ambitions plus modestes : il cherche à faire la lumière sur certains aspects méconnus de cette sombre parenthèse dans l'histoire du monde qu'a été l'Allemagne hitlérienne. Comment des médecins dévoués et consciencieux ont-ils pu passer de l'eugénisme à l'administration des camps de la mort ? Quels chemins un architecte manqué a-t-il parcourus pour réinventer sa capitale au beau milieu d'une guerre mondiale ? Quelles aberrations ont conduit Hitler à imaginer que douze amateurs débarqués d'un sous-marin pourraient détruire l'industrie américaine et mettre les États-Unis à genoux ? Comment la rumeur d'un baroud d'honneur des nazis dans les Alpes a-t-elle pu détourner les forces anglo-américaines de Berlin – avec tout ce qu'il en est résulté dans l'après-guerre ? Pourquoi un « ramassis de boy-scouts » s'est-il lancé dans le terrorisme en 1945, avec l'espoir de réussir là où la Wehrmacht avait échoué ? Où a disparu le Reichsleiter Martin Bormann dans la nuit du 1er au 2 mai 1945, et pourquoi l'« éminence brune » du Führer, condamnée à mort par contumace à Nuremberg, a-t-elle été aperçue 6 438 fois dans vingt-sept pays durant le quart de siècle qui a suivi ?

En lisant ces récits, on sera surpris de voir combien la réalité peut dépasser la fiction – et à quel point les douze années du IIIe Reich ont profondément marqué le demi-siècle qui a suivi…

1

L'*Aktion T4*

Entre 1939 et 1941, c'est sans doute le plus lourd secret du IIIe Reich, mais ses racines sont profondément enfouies dans le XIXe siècle, et il sera éclipsé au XXe siècle par une tragédie plus monstrueuse encore...

Francis Galton, né à Birmingham en 1822, est le cousin d'un naturaliste dont la théorie sur l'évolution des espèces a révolutionné la biologie : Charles Darwin. Si le second se passionne très tôt pour ses thèmes de prédilection, le premier, lui, est beaucoup plus éclectique : statistiques, mathématiques, géographie, météorologie, tout est bon pour le jeune Galton, qui finit par s'intéresser également à la psychologie et à l'anthropologie. À partir des années 1860, ses recherches le mènent à la conclusion que les facteurs héréditaires jouent un rôle clé dans la détermination des différences individuelles ; en d'autres termes, ce sont ses gènes qui font l'Homme, et non son milieu familial et social. Une idée s'impose alors au chercheur britannique : si, génération après génération, on veut « améliorer » l'Homme pour bâtir une élite raciale, alors il convient d'en passer par une soigneuse sélection génétique. Une nouvelle science voit alors le jour – du moins est revendiquée comme telle –, c'est l'eugénisme[a].

À l'heure d'un racisme assumé et revendiqué par les Occidentaux, Galton ne peut que faire des émules ; si l'homme décède en 1911, l'eugénisme lui survit et prospère. En juillet 1912, un premier congrès d'eugénistes se tient à Londres, durant lequel sont posées les bases d'une collaboration internationale en vue d'accroître les avancées scientifiques sur les questions raciales. Un peu partout, certains médecins publient des études recommandant la stérilisation des éléments « indésirables », susceptibles d'« infester » et de « polluer » les éléments « sains ». D'autres vont plus loin encore, en suggérant de pratiquer l'euthanasie sur les « vies inutiles à la Vie ».

En France, on peut lire par exemple l'article suivant, publié en 1930 dans l'*Encyclopédie Larousse du xxe siècle* : « Le fait certain est que, dans tous les pays civilisés, des efforts énormes sont dépensés pour maintenir l'existence des individus les plus profondément tarés : alcooliques, tuberculeux, syphilitiques, névropathes, épileptiques, fous et criminels, dont la descendance est elle-même presque toujours atteinte, de telle sorte que le nombre des sujets incapables de remplir convenablement leur tâche familiale et sociale ne fait que croître, ainsi qu'en témoigne la diminution progressive du nombre d'hommes reconnus propres au service militaire actif. Ce fait est la conséquence

a. Darwin ne trouvera aucun intérêt scientifique à la théorie de son cousin, exposée en 1905 dans son ouvrage *Eugenics, its Definition, Scope and Aims*.

de la loi de Delbeuf, qui a établi que tout caractère nouveau – et la tare héréditaire en est un – tend à se retrouver chez un nombre croissant d'individus ; il est aussi la conséquence de la loi de Galton, qui veut que s'établisse toujours une moyenne entre les bons et les mauvais, moyenne qui baisse d'autant plus que les bons deviennent moins nombreux. Par suite, la sauvegarde apportée des éléments inférieurs nuit aux éléments supérieurs, c'est-à-dire de l'élite qui, seule, par ses qualités et son nombre, fait la force et la grandeur des nations. [...] Pour parer à ce danger, deux moyens sont à notre disposition : d'une part éliminer les indésirables ; de l'autre conserver et perfectionner les éléments sains et robustes[1]. »

Dans l'Allemagne de Weimar également, une partie de la communauté scientifique adhère aux thèses eugéniques et à la *Rassenhygiene*. Dès avant l'arrivée au pouvoir des nazis, les universités du pays dispensent des cours sur l'évolution de la race humaine, l'hérédité et les possibilités médico-sociales offertes par l'eugénisme. Dans les amphithéâtres, de futurs cadres du régime national-socialiste sont séduits par les discours tenus et les théories exposées, y retrouvant les fondements des positions idéologiques défendues par leur chef, Adolf Hitler. Parmi ces auditeurs se trouve un certain Josef Mengele[a], qui obtient son doctorat d'anthropologie en 1935 à Munich, la « ville berceau » du nazisme ; passionné par les perspectives de la « science » eugénique, Mengele devient l'assistant du professeur Otmar von Verschuer à l'Institut de

---

a. Futur médecin SS, « sélecteur » du camp d'Auschwitz et tristement célèbre « ange de la mort ».

biologie de l'hérédité et d'hygiène raciale de Francfort. Tandis que le premier travaille sur la question
de l'hérédité chez les jumeaux, tout en préparant
son doctorat de médecine[a], le second élabore, avec
d'autres, une politique raciale que les nazis mettront
en application dès leur arrivée au pouvoir.

Petit à petit, la société allemande, évoluée, culti-
vée et foisonnante de mouvements artistiques, fait
sienne l'idée de la pureté raciale, alors même qu'elle
avait été la première nation au monde à légiférer sur
une éthique médicale. Pour sa part, Hitler érige ce
thème en cheval de bataille politique. Pour lui, les
choses sont limpides : l'eugénisme assurera sa supériorité innée au *Herrenvolk*, la « race des seigneurs ».
Les gènes des « bons » Allemands doivent à tout prix
être protégés afin de ne pas être souillés et abâtardis.
Pour ce faire, « déficients » et « dégénérés » seront
mis hors d'état de nuire, c'est-à-dire de se reproduire,
sans oublier le « parasite suprême », l'ennemi juré qui
doit impérativement être « neutralisé » : le « Juif »
– celui-là même que Julius Streicher, directeur de
l'hebdomadaire antisémite *Der Stürmer* et nazi de la
première heure, considère comme un « bacille devant
être exterminé ». On le voit, la phraséologie raciste
nazie s'inspire même de la terminologie médicale...

Pour préparer son « œuvre purificatrice », le Führer
a lu les principaux ouvrages sur la question, comme
*Mise en œuvre de la destruction des vies dépourvues
de valeur*, écrit par le psychiatre Alfred Hoche et le
juriste Karl Binding[2]. Paru en 1920, ce livre avait été
à l'origine d'une polémique entre les instances acadé-

---

a. Qu'il obtiendra en 1938.

miques et ses auteurs, ceux-ci y affirmant qu'au nom de la dignité humaine, « un médecin doit avoir le droit d'utiliser l'euthanasie sur toute personne inconsciente et sans conséquences légales », ou bien qu'« il existe des individus qui sont sans aucune valeur pour la société. Parmi ceux-ci, on peut classer les pensionnaires des "établissements pour idiots", qui sont non seulement sans valeur, mais d'une valeur absolument négative ». On y découvre aussi que « les idiots incurables qui ne peuvent donner leur accord ni pour survivre ni pour être tués devraient être tués[3] ».

Autre source d'inspiration pour Hitler, lue lors de sa détention à la prison de Landsberg après son putsch manqué à Munich : *La Science de l'hérédité humaine et de l'hygiène raciale*[4], écrit en 1921 par Eugen Fischer, Erwin Baur et Fritz Lenz. Ce pamphlet eugéniste aura été fondamental dans l'élaboration de la politique raciale nazie, car Fischer et Lenz, deux maîtres à penser de l'eugénisme allemand, seront en contact avec Hitler pour le conseiller et le guider. Dès 1924, en tout cas, Hitler écrit dans *Mein Kampf* : « Celui qui n'est pas sain de corps et d'esprit ne doit pas perpétuer son infortune dans le corps de son enfant[5]. » Cela pourrait n'être qu'un argument en faveur de la stérilisation, mais en guise de clarification, Hitler ajoute un peu plus loin : « La conservation de la race est soumise à la loi de fer de la nécessité et du droit à la suprématie des meilleurs et des plus forts. Celui qui veut vivre doit donc lutter et celui qui ne prend pas part au combat dans ce monde de luttes éternelles ne mérite pas la vie[6]. » Voilà donc l'idée de la mort des plus faibles revendiquée par le chef nazi...

Mais une fois le Führer à la tête d'un Reich millénaire, les choses s'accélèrent. La nation allemande,
qui baigne dans le pangermanisme, est prise d'une
sorte de frénésie eugénique. Les recherches se multiplient, tandis que les experts inféodés au pouvoir se
lancent dans la quête d'un nouveau Graal : la pureté
raciale. On mesure les crânes, on étudie les traits
des visages, on classe les hommes dans des fichiers
anthropométriques, et on forme des spécialistes qui
œuvreront ensuite au sein de la Gestapo ou dans
les unités spéciales de la SS chargées de traquer et
de débusquer les ennemis du Reich. L'eugénisme est
un outil participant directement à la construction
du mythe de la supériorité du peuple aryen. D'ailleurs, Heinrich Himmler, chef des SS et homme lige
du Führer, ne s'y est pas trompé : lui qui fantasme
sur une noblesse nationale-socialiste, un ordre chevaleresque obéissant à des rites païens mais para-
doxalement inspiré du modèle des Jésuites, exige
de ses futurs SS qu'ils prouvent la pureté de leur
ascendance jusqu'en 1800, voire jusqu'en 1750 pour
les officiers. Cette question obsède le *Reichsführer*,
au point qu'il passera de longues heures à étudier
lui-même les dossiers généalogiques et anthropométriques des candidats.

Les théories de Galton, amendées par les eugénistes
allemands, sont ainsi élevées au rang de dogmes
d'une science toute-puissante. Eugen Fischer, devenu
entre-temps membre du parti nazi, est promu à la
tête du Bureau des statistiques du Reich en hygiène
raciale. Il cosigne avec son collègue Lenz un article
intitulé « L'héritage de la honte noire », publié dans
un quotidien en février 1934. Il s'agit d'un appel aux

autorités pour que les enfants métis de la vallée du Rhin, nés d'unions entre des Allemandes et des tirailleurs sénégalais des troupes françaises d'occupation, soient stérilisés, car ils représenteraient une menace pour le sang aryen. C'est un premier pas vers la mise en application de la *Rassenhygiene* ; d'autres suivront bien vite.

À la même époque apparaît sur le devant de la scène un autre personnage d'importance : Ernst Rüdin. Né en Suisse alémanique, Rüdin est psychiatre ; acquis à l'eugénisme dont il est un des pionniers, l'homme est reconnu par ses pairs comme un éminent spécialiste. En 1933, Rüdin, déjà président de la Société d'hygiène raciale et de la Société des neurologues et psychiatres allemands, est nommé responsable des recherches sur l'hygiène raciale pour l'ensemble du Reich par le ministre de l'Intérieur Wilhelm Frick. C'est à ce poste et à la demande du Führer que le psychiatre imagine la loi sur la « prévention des désastres héréditaires » du 14 juillet 1933, qui sera mise en application en janvier 1934. Ce texte ouvre la possibilité à des instances étatiques d'ordonner – sans qu'appel puisse être interjeté – la stérilisation de sujets atteints de maladies ou de tares considérées par le législateur comme héréditaires ou congénitales : épilepsie, chorée de Huntington, schizophrénie, cécité, surdité, démence maniaco-dépressive et alcoolisme. Appelé l'« éclaireur des champs de l'hérédité raciale » par Hitler, Rüdin va ensuite travailler sur une série de dispositions légales qui se succéderont de 1933 à 1935, pour aboutir aux lois antisémites et xénophobes de Nuremberg. Celles-ci comprennent deux décrets d'État : la *Blutschutzgesetz*, ou « loi pour la protection du sang et de l'honneur allemands » – qui interdit notamment les « mariages entre Juifs et citoyens allemands ou de sang voisin » et les « relations extraconjugales entre Juifs et citoyens allemands ou de sang voisin » –, ainsi que le *Reichsbürgergesetz*, une loi portant sur la « citoyenneté du Reich ».

Avec ces textes, on dépasse le stade de la stérilisation des incurables telle qu'elle se pratique déjà[a], puisque d'une manière officielle, revendiquée et pleinement assumée, l'État national-socialiste et son chef partent en croisade contre la « pollution raciale » que constituent les Juifs. Le dessein hitlérien de « purification » se fait jour. Aux Juifs, les idéologues nazis ajouteront sans tarder les Tsiganes, les homosexuels, les francs-maçons, les témoins de Jéhovah, les criminels récidivistes, les « inaptes au travail »... À cette démarche de catégorisation des porteurs de péril pour le peuple allemand répondra une série de mesures coercitives, à commencer par l'enfermement dans les camps de concentration.

Mais dans le cas des personnes « déficientes », des handicapés et malades mentaux, enfants comme adultes, tous incapables de travailler et nécessitant des soins onéreux, quel serait en définitive l'intérêt pour la patrie et la race de les garder en vie ? À cette effroyable question, nombre d'eugénistes allemands, suivant Hoche et Binding, ont déjà répondu, en suggérant de pratiquer l'euthanasie sur les « vies inutiles

------

a. On estime qu'entre 1933 et 1939, 360 000 hommes et femmes ont été stérilisés de force par les nazis (dont plusieurs milliers sont décédés des suites de l'opération).

à la Vie ». Ce point de vue, Hitler le partage, mais il estime que le peuple n'est pas encore prêt à accepter pareille mesure ; en 1935, il écrit au *Reichsärzte-führer* [a], Gerhard Wagner qu'en temps de paix, il faudrait s'attendre à une résistance de la part des Églises, mais que « dans l'éventualité d'une guerre, il apporterait une solution radicale au problème des asiles d'aliénés[7] ». En attendant, il va préparer le terrain pour faire accepter à tous l'idée que l'État puisse s'arroger un droit de vie et de mort sur les plus vulnérables de ses citoyens. À cet effet, tous les moyens seront bons pour manipuler l'opinion publique, et les talents des propagandistes du parti – à commencer par le plus doué d'entre eux, Joseph Goebbels – vont être employés dans une campagne d'endoctrinement jouant sur deux tableaux : le porte-monnaie et le cœur.

Les chiffres, d'abord : l'appareil d'État nazi peut s'appuyer sur une bureaucratie tentaculaire, produisant jour après jour des masses de statistiques. Parmi celles-ci, Hitler et ses hiérarques vont soigneusement choisir les plus « parlantes » ; on assène ainsi aux Allemands que les familles « d'inférieurs » comptent deux fois plus de membres que les foyers « normaux » et que, par un simple calcul arithmétique, les premiers finiront par l'emporter sur les seconds ; ou encore que le nombre de « tarés » aurait augmenté de 450 % entre 1928 et 1935. Dans le même temps, les journaux rapportent que Berlin dépense annuellement plus d'un milliard de reichsmarks pour des malades improductifs, alors

---

a. Chef de la ligue des médecins.

que le budget de la police n'est que de 766 millions[a]. Des formules chocs et populistes enfoncent le clou ; celle-ci est signée Goebbels : « Terminé les palais pour les aliénés et les taudis pour les ouvriers[8] ! » Tout doit concourir à convaincre la population que les handicapés et aliénés représentent un fardeau économique pour la communauté nationale. Et afin d'être certain que le message sera bien délivré aux parents, on imagine insidieusement d'instrumentaliser leurs propres enfants… au travers de leurs devoirs ! C'est ainsi qu'en 1935, dans le manuel de mathématiques d'Adolf Dorner, des problèmes d'un genre nouveau apparaissent : « La construction d'un asile d'aliénés coûte 6 millions de reichsmarks à l'État. Combien de maisons à 15 000 reichsmarks peut-on construire avec l'argent dépensé pour bâtir cet asile[9] ? »

La compassion, ensuite : tandis que chaque occasion est bonne pour expliquer aux Allemands qu'ils n'ont pas à payer pour le malheur des autres et que, d'une manière ou d'une autre, leur descendance en pâtira, on attire aussi leur attention sur la souffrance des malades et la détresse de leurs proches. À l'instar d'un « goutte-à-goutte », l'idée de l'euthanasie est distillée dans la presse, à la radio et au cinéma. En 1936, un ophtalmologue du nom de Hellmuth Unger, convaincu du bien-fondé de la mise en place d'une politique éta-

---

a. En revanche, les propagandistes se gardent d'évoquer les coupes claires dans les budgets de l'assistance publique allemande décrétées par Hitler dès son arrivée au pouvoir. Ces dispositions entraîneront la fermeture d'instituts (3 987 établissements en 1931, 3 219 en 1935) et des réaffectations massives de personnels soignants (sur 111 700 infirmières en 1933, elles ne sont plus que 88 900 à prendre soin des internés en 1934).

tique d'euthanasie, publie une nouvelle intitulée *Mission et conscience*[10]. C'est le récit d'un médecin qui euthanasie son épouse atteinte d'un mal incurable, à la demande de celle-ci. Le livre est lu par des milliers d'Allemands, au point que les services de propagande du Reich s'emparent de l'idée pour l'adapter au cinéma, sous la forme d'un dramatique long-métrage qui sera lui-même un succès populaire. L'euthanasie est sublimée ; elle devient un acte d'humanité, d'amour, une démarche miséricordieuse, une libération visant à mettre un terme à une existence malheureuse et pitoyable – bref, à une vie qui n'en est pas une et qui, par conséquent, ne vaut pas la peine d'être vécue…

Et la réalité rejoint bientôt la fiction ; en Thuringe, en 1937, un père tue son fils malade mental ; accusé de meurtre, l'homme risque la peine de mort. Au final, il ne sera condamné qu'à trois ans d'emprisonnement, grâce à l'intervention d'un praticien de la ligue nationale-socialiste des médecins venu argumenter en sa faveur. Un an plus tard, l'automne de 1938 offre à Hitler un prétexte idéal pour faire aboutir au sein de la population l'idée de « mort miséricordieuse » (*Gnadentod*). Un père, *Herr* Knauer, de Leipzig, lui adresse un émouvant courrier, sollicitant de sa haute bienveillance le droit de faire mettre un terme à la vie de son fils ; aveugle et retardé mental, l'enfant est aussi venu au monde malformé. Après avoir dépêché sur place son médecin favori, Karl Brandt[a], Hitler accorde aux Knauer le droit de faire

---

a. Karl Brandt est un jeune médecin spécialisé dans la chirurgie cérébrale et médullaire. Impressionné par la qualité de son intervention pour sauver l'aide de camp principal

euthanasier leur nourrisson. Avec le décès de cet enfant naît un précédent qui va permettre au Führer de débarrasser le Reich de ses « bouches inutiles », malades incurables, handicapés et autres vieillards séniles…

Dès le mois de mai 1939, Hitler charge secrètement le docteur Brandt de former un « Comité de la mort miséricordieuse » réunissant pédiatres, psychiatres et consultants, dont Hellmuth Unger, le praticien qui s'était favorablement signalé au régime en écrivant *Mission et conscience*. Le groupe de Brandt doit recenser les petits Allemands âgés de zéro à trois ans, malformés, handicapés et trisomiques, afin de leur « offrir une mort douce ». L'opération, confidentielle, est placée sous la tutelle de la chancellerie du Führer, dirigée par le Reichsleiter Philipp Bouhler. Les experts se mettent au travail le 18 août 1939, à quelques jours du début de la guerre. Sages-femmes et médecins accoucheurs sont contactés par courrier, sous de fallacieux prétextes scientifiques et statistiques ; ils ont obligation de répondre et de déclarer les cas concernés. Une fois les petites victimes sélectionnées par le comité – selon un mode opératoire qui sera le même pour l'euthanasie des adultes –, elles sont transférées dans l'une des vingt-huit institutions retenues pour la mise à mort. Les parents ne sont avertis qu'après le transfert de leur enfant dont, officiellement, l'état de santé se serait brutalement dégradé, au point de nécessiter une hospitalisation dans un service spécialisé où les visites sont

---

Brückner, victime d'un accident de la circulation en 1934, Hitler en fait cette année-là son « médecin accompagnateur » (*Begleitarzt*). Brandt n'a alors que trente ans.

proscrites. Là, les enfants sont tués par injection mortelle ou ingestion de cyanure[a]. Dans le premier cas, les doses de poison sont calculées pour être légères et espacées dans le temps ; il s'agit de provoquer une lente dégradation de l'état de santé de l'enfant, débouchant sur une mort apparemment naturelle, que les médecins attribueront par exemple à une pneumonie. Pour éviter l'autopsie des corps à l'initiative des familles, ils sont incinérés. Dans un même souci de discrétion, Hermann Pfannmüller, directeur de l'hôpital d'Eglfing-Haar, choisit de tester la mise à mort des enfants par privation de nourriture : à l'anémie succède le décès... Cinq mille enfants au moins disparaîtront dans l'opération au cours des deux années suivantes.

Le principe du meurtre de masse des « dégénérés », organisé et planifié par Hitler et ses séides, est donc acquis, et il ne faut que peu de temps pour qu'il s'étende aux adultes et entre dans une nouvelle phase, inaugurant des processus industrialisés de mise à mort par gazage. Hitler l'avait bien dit à son entourage : la guerre lui servira de paravent pour développer sa politique d'hygiène raciale. À la fin du mois de septembre 1939, la Pologne succombe. Tandis que les liquidations commencent sur le sol de la défunte nation, le Führer rédige au début du mois d'octobre un « document d'habilitation » secret, antidaté au 1er septembre[b] : « Le Reichsleiter Bouhler et le docteur en médecine Brandt sont, sous leur

_____

a. Ou de Luminal.

b. La décision a certainement été prise plus tôt dans l'année 1939, puisque le 18 juillet, le Führer en avait déjà fait part à Bouhler.

responsabilité, chargés d'étendre les attributions de certains médecins à désigner nominativement. Ceux-ci pourront accorder une mort miséricordieuse aux malades qui auront été jugés incurables, selon une appréciation aussi rigoureuse que possible. Adolf Hitler[11]. »

Pourquoi Bouhler et Brandt ? Parce qu'Hitler peut compter sur l'efficacité et la discrétion de son chef de chancellerie et de son médecin personnel. Pourquoi un document d'habilitation, plutôt qu'un décret ou une loi ? Parce que l'opération doit rester absolument secrète. Pourquoi alors rédiger et signer un document aussi compromettant, ce que le Führer ne fait pratiquement jamais ? Parce qu'il s'attend à ce que Bouhler et Brandt rencontrent des résistances dans l'exécution de leur mission, et qu'ils doivent en cas de nécessité absolue pouvoir se réclamer de la plus haute autorité[a]. Pourquoi enfin antidater cet écrit au 1er septembre ? Très certainement pour couvrir les atrocités déjà commises depuis plus d'un mois...

En tout cas, cet ordre induit l'élargissement à de nouvelles victimes de la campagne d'euthanasie des enfants. Le Führer justifie de sa décision par l'état de guerre dans lequel le Reich a été plongé, du fait des puissances occidentales décadentes et de la « juiverie internationale ». Le dictateur considère que la liquidation des « tarés » libérera des lits d'hôpitaux – le chiffre de 300 000 est avancé – et du personnel médi-

---

a. Ce sera effectivement le cas du ministre de la Justice Gürtner, qui refusera toute coopération avant de se faire communiquer le document d'habilitation – presque un an après sa signature par Hitler.

cal, économisera des deniers publics et permettra de cesser de nourrir des improductifs. Sans compter, évidemment, l'effet « purifiant » de cette opération sur le « sang » aryen.

Pour dissimuler au peuple la macabre machination, trois entités créées *ex-nihilo* travailleront de concert sur le « programme *T4* ». Les experts du *Reichsarbeits- gemeinschaft Heil- und Pflegeanstalten*, ou « groupe de travail du Reich sur les sanatoriums et les nurseries », emménagent au n° 4 de la Tiergartenstrasse, à Berlin, d'où le nom de code *T4*. Ils ont pour mission de recenser les patients à éliminer et de choisir des instituts de « désinfection », terme choisi à dessein par souci de discrétion. Pour y conduire les aliénés, une société de droit privé est constituée ; c'est la *Gekrat* [a], dont les véhicules et les conducteurs sont fournis par la SS. Enfin, la mise à mort par gazage au monoxyde de carbone, tout comme l'élimination des dépouilles, est de la responsabilité du GSA (*Gemeinnützige Stiftung für Anstaltspflege*). Cette structure est chargée de la construction des chambres à gaz et des fours crématoires, de la formation technique des personnels qui manipuleront les dispositifs de gazage, et des aspects financiers du programme *T4*. Là encore, les personnels, pour la plupart des gardes venant des camps de concentration, sont fournis par le chef du RSHA Reinhard Heydrich, à qui Himmler a demandé de collaborer pleinement à l'opération. Pour l'heure, il est chargé de déterminer la méthode de mise à mort la plus efficace.

_____

a. *Gemeinnützige Krankentransportgesellschaft*, « société de transport des malades ».

Sont nommés à la tête de *T4* : le Reichsleiter Philipp Boulher, chef de la chancellerie du Führer et responsable général du programme d'euthanasie auprès d'Hitler ; Karl Brandt, « médecin accompagnateur » d'Hitler[a] et haut-commissaire du Reich à la santé ; Werner Heyde, psychiatre et responsable de l'organisation et de la mise en œuvre de *T4* ; Richard von Hegener, « gérant » de la *Gekrat* et coresponsable du programme « enfants » de *T4* ; August Becker, chimiste, toxicologue et expert en gazage ; Leonardo Conti, professeur en médecine, *Reichsgesundheits-führer*[b] et secrétaire d'État à la Santé au ministère de l'Intérieur du Reich ; Max de Crinis, psychiatre et directeur de l'hôpital de la Charité à Berlin[c] ; Viktor Brack, responsable administratif des services de *T4* à la chancellerie du Führer et par ailleurs proche d'Himmler. Tous sont des dignitaires du régime, tous ont reçu des grades élevés dans la SS, tous sont convaincus du bien-fondé de l'*Aktion T4*… et tous ont été prévenus par Hitler : la chancellerie du Reich ne doit en aucun cas être associée publiquement à cette opération[12].

---

a. En tant que *Begleitarzt*, il est chargé d'accompagner Hitler durant ses déplacements, mais n'est sollicité que pour les cas d'urgence chirurgicale. Le véritable médecin personnel du Führer est le docteur Morell, qui éclipsera largement Brandt au cours des dernières années du Reich – exactement comme Bormann éclipsera Bouhler. (Sur cette implacable lutte interne au plus haut niveau, voir *Les Secrets du IIIe Reich*, chapitre 8.)

b. Chef des services de santé du Reich.

c. Il refusera toutefois d'y être associé publiquement, préférant se cantonner au rôle de « conseiller ».

Au n° 4 de la Tiergartenstrasse, les hommes du *Reichsarbeitsgemeinschaft*, une quinzaine de praticiens secondés par quarante assistants et encadrés par trois experts psychiatres, Herbert Linden, Hermann Paul Nitsche et Werner Heyde, entament sans délai leur sinistre besogne, amoncelant des piles de dossiers médicaux et contactant les chefs des établissements sanitaires de tout le pays. À la mi-octobre 1939, ceux-ci reçoivent des formulaires servant à recenser les cas « à traiter », avec obligation de signaler les patients inaptes au travail, appelés *Delinquenten* dans le jargon nazi. Malheureusement, la question de l'aptitude au labeur sera au cœur d'un quiproquo qui se révélera fatal à des milliers de patients, car de nombreux médecins déclareront leurs internés incapables de travailler, pensant ainsi les protéger d'une sorte de Service du travail obligatoire mis en place par le régime. En réalité, ils les enverront à la mort sans le savoir...

Le questionnaire comprend trois catégories principales de patients à signaler : la première est constituée d'internés souffrant de schizophrénie, d'épilepsie, de troubles mentaux, de sénilité, de paralysie, d'encéphalite, etc. La deuxième, de patients enfermés depuis cinq ans sans discontinuité. La troisième, de « malades mentaux criminels » et d'étrangers « n'ayant pas de sang allemand ou assimilés » ; ces derniers sont à désigner par race et par nationalité, en signalant particulièrement les catégories suivantes : « Juifs, demi-Juifs, quarts de Juifs, Noirs, mulâtres, Gitans, etc.[13] » On voit que dès l'automne de 1939, le but de l'opération s'étend bien au-delà des « malades incurables ». L'intention génocidaire est encore secrète, mais déjà apparente...

Les premières campagnes de « désinfection » commencent à l'hiver 1939-1940, en Poméranie et en Prusse-Orientale. Uniquement pour les dernières semaines de 1939, le bureau central de *T4* annonce dans une note confidentielle adressée au Führer le « règlement définitif de 8 765 cas ».

Les infortunés sont sélectionnés sur la foi de leur dossier médical et des formulaires remplis par les instituts psychiatriques, les sanatoriums, les hôpitaux pédiatriques, les hospices et les institutions sociales. À de rares exceptions près, les experts de *T4* ne voient ni n'auscultent les malades ; pis encore, pour tenir les cadences, on leur rappelle qu'ils ne peuvent consacrer que quelques minutes à chacun des cas étudiés. Ils se contentent alors, par groupes de trois, d'apposer sur les formulaires reçus de petits signes + et –, respectivement rouges et bleus ; deux + rouges signent l'arrêt de mort d'un patient. Une fois identifiés, les « sélectionnés » sont convoyés vers les « centres de traitement », pudiquement baptisés « instituts ». Ces établissements sont en réalité de véritables usines de mort, administrées par des médecins et des SS. Au début, les victimes sont tuées par injection létale, comme les enfants. Mais les doses nécessaires sont trop onéreuses, et dès le mois de janvier 1940, on recourt au gazage par monoxyde de carbone. Les premières chambres à gaz ont été conçues par le docteur Albert Widmann[a], de l'Institut technique de criminologie (KTI), et construites sous la supervision

a. Subordonné au chef de la police criminelle Artur Nebe, dont la carrière, brutalement interrompue en mars 1945, mériterait un chapitre à lui tout seul…

du *Kriminal Kommissar* Christian Wirth ; le Reichsleiter Bouhler y a ajouté deux raffinements, en les
faisant camoufler en salles de douches, auxquelles il
a recommandé d'ajouter des « vestiaires[14] ».

Le docteur en chimie, toxicologue et officier SS
August Becker a assisté à une des opérations : « Brack
me donna l'ordre d'assister à la première séance d'euthanasie à l'asile de Brandenburg, près de Berlin. Je
me rendis dans cet asile durant la première moitié de
janvier 1940. On avait construit un bâtiment spécial
à cet effet. Il y avait une pièce de trois mètres sur
cinq environ et de trois mètres de haut, carrelée et
semblable à une salle de douches. Autour de la pièce,
des bancs ; à dix centimètres du sol courait, le long du
mur, une canalisation d'environ trois centimètres de
diamètre. Ce tuyau était percé de petits orifices, par
lesquels se répandait le monoxyde de carbone. À l'extérieur étaient placées des bouteilles de gaz, reliées au
tuyau. C'était le bureau central des bâtiments de la SS
qui avait procédé à l'installation. Dans l'asile, il y avait
déjà deux crématoires mobiles qui devaient servir à
brûler les cadavres. Sur la porte d'entrée, construite
comme une porte d'abri antiaérien, était fixé un judas
rectangulaire permettant d'observer les délinquants.
C'est le docteur Widmann en personne qui effectua le
premier gazage. Il ouvrit le tuyau d'admission et régla
la quantité de gaz. Pour ce gazage, il amena dix-huit à
vingt hommes dans cette "salle de douches", conduits
par les infirmières de l'établissement. Ils se déshabil-
lèrent entièrement dans une première salle. Une fois
nus, ils se rendirent tranquillement dans la salle de
douches, sans manifester le moindre signe d'inquiétude. On ferma les portes, puis le docteur Widmann

actionna le gaz. Je pus voir à travers le judas qu'au bout d'une minute environ, tous s'étaient affaissés ou gisaient sur les bancs. Au bout de cinq minutes, l'air fut vidangé et la porte d'accès ouverte. Les infirmiers sortirent les cadavres et les placèrent sur des brancards spéciaux pour les porter aux crématoires[15]. »

Il arrive aussi que l'on élimine les patients par privations ou fusillades. Ce sera notamment le cas en Poméranie, dans le Gouvernement général et dans le Warthegau, territoire annexé par le Reich en Pologne, où des internés tomberont sous les balles des *Einsatzgruppen* et des « unités à tête de mort ». Mais ceux-là passeront pratiquement inaperçus au milieu de la grande cohorte des victimes de la « Shoah par balles ».

Les sites d'euthanasie de *T4* sont situés en Autriche et en Allemagne ; ils sont identifiés par de simples lettres, toujours par souci du secret absolu : Be pour Bernburg, en Saxe-Anhalt, B pour Brandenburg, C pour Hartheim, près de Linz, en Autriche, A pour Grafeneck, dans le Bade-Wurtemberg, D pour Pirna-Sonnenstein, en Saxe, et enfin E pour Hadamar, en Hesse. En avril 1940, les deux cents premiers patients juifs sont gazés au château de Grafeneck, et le mois suivant, Christian Wirth est nommé commandant du centre de Hartheim, près du camp de concentration de Mauthausen ; là aussi, les chambres à gaz vont fonctionner à plein régime. À l'automne, tous les patients juifs d'Allemagne commencent à être transférés en Pologne par trains entiers[16] ; leur destination finale est Lublin, où sont déjà concentrés les Juifs polonais[a].

_____

a. À partir de là, on perd leur trace, mais il n'est pas difficile d'imaginer leur sort ultérieur.

CENTRES D'« EUTHANASIE » DANS LE REICH : 1940-1945

Méthodes d'euthanasie
□ Gaz
● Injections létales

0   100   200 km

Mais en Allemagne même, malgré les mesures de discrétion prises par les autorités autour des « instituts », leur activité intrigue les populations voisines ; trop de patients sont conduits vers ces lieux sans jamais réapparaître, tandis que les cheminées de ces étranges instituts dégagent en permanence des odeurs de chair brûlée. Progressivement, le secret est éventé ; près de Hadamar, les autobus gris des SS amenant les patients à l'« institut » sont surnommés par la population les « boîtes à viande froide ». Le personnel des instituts boit beaucoup et parle de ses activités dans les bars voisins[17], tout comme les fournisseurs en vivres et matériels ; la rumeur enfle. Elle est en outre alimentée par les témoignages de familles qui ont reçu des avis de décès comportant de curieuses anomalies[a], ou même deux urnes funéraires à plusieurs jours d'intervalle...

Inquiet, Himmler exige de ses SS plus de discrétion, craignant que la nature réelle de *T4* ne soit dévoilée au public. Le 19 décembre 1940, le *Reichsführer* fait parvenir à Viktor Brack le courrier suivant : « J'apprends qu'une émotion considérable a été soulevée dans la région par l'établissement de Grafeneck. La population connaît l'auto grise de la SS et croit savoir ce qui se passe dans le crématoire qui fume sans arrêt. Ce qui se déroule là doit être secret et ne l'est plus. Le résultat est qu'un état d'esprit détestable s'est instauré, et à mon avis, il n'y a plus d'autre solution que de suspendre l'activité, tout en donnant des explications intelligentes et judicieuses

---

a. Comme « décès par appendicite » concernant un malade ayant subi une appendicectomie des années plus tôt.

qui pourraient s'accompagner de la projection dans cette région de films sur les maladies héréditaires et mentales. Je vous prie de me faire savoir comment ce difficile problème aura été résolu[18]. » Grafeneck est effectivement fermé, mais il est déjà trop tard, et la population allemande commence à montrer des signes d'indignation. Ceux-ci sont d'ailleurs relayés par le pape Pie XII qui, depuis le Vatican, condamne fermement le programme allemand d'euthanasie à la fin de 1940.

Au printemps et à l'été de 1941, le mouvement de refus ne cesse de gagner en ampleur. Les pasteurs Paul Gerhard Braune et Friedrich von Bodelschwingh interviennent directement auprès du ministre de la Justice Gürtner[19], tandis que les psychiatres Gottfried Ewald et Karl Bonhoeffer entreprennent d'intéresser à leur cause Matthias Goering, le propre cousin du *Reichsmarschall*[a]. Le clergé catholique s'engage à son tour, et le cardinal de Munich Michael von Faulhaber envoie une lettre de protestation au gouvernement. C'est bientôt au tour de Mgr Hilfrich, évêque de Limbourg, d'adresser un courrier aux ministres de la Justice et des Cultes :

« À huit kilomètres de Limbourg, dans la petite ville d'Hadamar, sur une colline dominant la ville, se trouve une institution qui fut affectée à différents services. En dernier lieu, elle fut utilisée comme asile.

---

a. Matthias Goering est un nazi convaincu, mais comme la plus grande partie de sa famille, il est opposé aux excès du régime. Il a probablement fait passer le message à son cousin, mais le maréchal du Reich est bien trop lâche pour s'opposer à des pratiques ordonnées par Hitler.

Elle a maintenant été restaurée et équipée afin qu'on puisse y pratiquer l'euthanasie.

« De l'opinion générale, celle-ci est systématiquement pratiquée depuis des mois, depuis février 1941 environ. Le fait est connu au-delà du district de Wiesbaden, car les certificats de décès sont envoyés par les bureaux de l'état civil d'Hadamar-Mönchberg aux communes d'origine des victimes.

« Plusieurs fois par semaine, des autobus arrivent à Hadamar chargés de nombreuses victimes. Les enfants du voisinage connaissent bien les voitures et disent : "Voici encore des fous qu'on va brûler !" Après l'arrivée des autobus, les habitants d'Hadamar peuvent voir une fumée monter des cheminées et sont torturés par la pensée toujours présente des malheureuses victimes, surtout lorsque les odeurs pestilentielles apportées par le vent viennent les incommoder. Les enfants pour s'injurier disent : "Tu es fou, on va t'envoyer dans le four d'Hadamar." Ceux qui ne veulent pas se marier disent : "Se marier, jamais ! Avoir des enfants pour qu'ils finissent dans les fours !" On entend des vieillards dire : "Pour la grâce de Dieu, ne m'envoyez pas dans un hôpital de l'État. Après les fous, ce sera le tour des bouches inutiles que nous sommes !"

« La population ne peut comprendre qu'on poursuive des actes systématiques qui, selon les termes de l'article 211 du code pénal allemand, sont punissables de mort. Les fonctionnaires de la police secrète de l'État, dit-on, sont en train d'essayer de supprimer, par de sévères menaces, les bruits qui courent sur ces événements. On peut le faire dans une bonne intention, dans l'intérêt de la paix publique, mais cela n'empêchera pas la population de connaître ces faits, d'en être convaincue et révoltée[20]. [...] »

Bien sûr, les membres du gouvernement qui reçoivent de tels documents seraient bien en peine d'y donner suite : au sein du Reich, un ministre n'a pas le moindre pouvoir effectif... Dès lors, les évêques font lire dans toutes les églises une lettre pastorale rappelant le cinquième commandement, et l'évêque de Münster, Clemens August von Galen, prononce le 3 août un sermon extraordinairement courageux : « Si l'on établit et applique le principe qu'il est permis de tuer les "improductifs" parmi nos semblables, alors malheur à nous tous lorsque nous vieillirons et que nos facultés déclineront ! S'il est permis de tuer les improductifs, alors malheur aux invalides, qui ont engagé, sacrifié et perdu leurs forces et leur santé dans le processus de production ! S'il est permis d'éliminer par la violence les improductifs parmi nos semblables, alors malheur à nos braves soldats, qui regagnent la patrie grièvement blessés, paralysés ou invalides ! Dès lors, c'est l'existence de chacun d'entre nous qui est remise en question. Une commission quelconque peut l'inscrire sur la liste des "improductifs" devenus "indignes de vivre" ; et aucune police ne le protégera, aucun tribunal ne connaîtra de son meurtre et ne prononcera à l'encontre de son meurtrier la sentence qu'il aura méritée[21]. »

Puissantes paroles, qui sont recopiées et distribuées clandestinement dans toute l'Allemagne ; la Royal Air Force les reproduira même dans des tracts parachutés sur les concentrations de troupes allemandes dans les pays d'Europe occupée[22] ; certains réagissent même au sein des forces armées du Reich, à l'exemple de l'as de la Luftwaffe Werner Mölders, un héros de guerre très apprécié des Allemands. Au moment où Hitler vient d'engager une lutte à mort contre l'Union soviétique, un tel coup porté au moral des populations et des troupes est proprement insupportable – d'autant que l'évêque a poussé la témérité jusqu'à lui adresser par télégramme le texte de son sermon... Bien entendu, Martin Bormann veut le faire pendre, mais Goebbels et Goering en dissuadent Hitler : l'évêque est trop connu, et son meurtre ne pourrait que provoquer des émeutes dans tout le pays. Dès lors, il faut bien céder : le 23 août 1941, Hitler ordonne officiellement de mettre un terme aux opérations d'euthanasie, qui auront conduit en deux ans au meurtre de 70 273 personnes pour les seuls « instituts ».

Mais dans les faits, rien ne cesse ; la plupart des chambres à gaz sont démontées et assemblées à l'Est[23], tandis que dans certains « instituts » parmi les plus discrets, de nombreux médecins continuent à assassiner leurs patients par des injections mortelles de morphine, de scopolamine ou de phénol. D'autres privent les malades de soins et de nourriture, jusqu'à ce que mort s'ensuive. Ces médecins, pratiquant ce que l'on appellera plus tard l'« euthanasie sauvage », sont couverts et encouragés par leur administration de tutelle et le ministère de la Santé du Reich. Les responsables de l'*Aktion T4* conseillent toujours les liquidateurs et leur fournissent les drogues mortelles ; la partie du programme portant sur les enfants de moins de trois ans est également maintenue en secret, et les experts en blouse blanche du « département spécial de pédiatrie » continuent à sillonner le « Grand Reich », allant de clinique en asile pour y accomplir leur funeste besogne. De décembre 1939 à la fin de la guerre, le bilan de *T4*, y compris l'« euthanasie sauvage », s'élève à environ 250 000 patients assassinés par les gaz, les privations alimentaires, les injections mortelles, les fusillades, etc.

Ce n'est pas tout, car en avril 1941, c'est-à-dire avant l'arrêt « officiel » de *T4*, Himmler ordonne le déclenchement de l'opération *14f13*. Ce nom de code, inspiré de la terminologie administrative propre aux services médicaux des camps de concentration[a], sert à camoufler la liquidation dans ces camps des prisonniers atteints de maux incurables, mais aussi des « agitateurs », des internés espagnols, des Tsiganes, des Juifs, puis des prisonniers de guerre soviétiques et de bien d'autres encore. Pour ce faire, le *Reichsführer* fait appel au savoir-faire acquis par les planificateurs et les exécutants de *T4*, car à cette époque, il n'a pas les techniques et les moyens matériels pour faire procéder lui-même à une liquidation de masse. Bouhler et Brandt mettent à sa disposition du personnel et des infrastructures, afin de « nettoyer » les camps de leurs internés constituant des « fardeaux ». Les commissions spéciales de praticiens et d'experts impliqués dans *T4* parcourent donc les camps de concentration, afin d'y sélectionner les détenus à liquider dans les « instituts ». Le château d'Hartheim, par exemple, sera surnommé le « sanatorium de Dachau ». Les examens y sont superficiels – lorsqu'il y en a –, et le commandant du camp a toute lati-

---

a. Par exemple, *14f1* signifiait la mort naturelle d'un détenu, tandis que *14f2* signalait un suicide ou un décès accidentel.

tude pour ajouter aux listes les détenus dont il souhaite se débarrasser. Officiellement sélectionnés pour
bénéficier d'un « congé sanitaire » – ce qui conduira
des captifs à se présenter d'eux-mêmes devant les
médecins –, les prisonniers sont en réalité conduits
à la mort dans des chambres à gaz très semblables
à des salles de douches communes ; l'affreux strata-
gème fonctionne d'ailleurs si efficacement qu'il sera
bientôt employé dans les camps d'extermination ; de
fait, à partir de 1942, les *SS Totenkopf* des camps
de concentration maîtriseront parfaitement l'assassinat industrialisé de ceux qu'ils considèrent comme
des *Untermenschen*, des « sous-hommes ». Nombreux
sont les administrateurs ou cadres des sinistres « instituts » qui, ayant entamé leur « carrière » de meur-
triers de masse avec *T4* et s'étant « perfectionnés »
dans le cadre de *14f13*, ont ensuite rejoint, voire commandé, un camp d'extermination à Chełmno, Bełzec,
Sobibór, Treblinka ou Auschwitz. C'est ainsi que des
médecins comme Irmfried Eberl et Horst Schumann,
respectivement en charge des gazages à Brandenburg
et à Pirna-Sonnenstein, participeront avec zèle à la
mise en œuvre de la Solution finale à Treblinka et à
Auschwitz.

Les « précurseurs » de l'*Aktion T4*, et surtout leurs
dirigeants, devront rendre des comptes à la fin de
la guerre. Certains, comme Bouhler, Conti, Linden,
de Crinis et Heyde, n'attendront pas la sentence des
juges alliés, préférant se suicider par pendaison ou
par absorption de cyanure ; d'autres, comme Brandt,
Brack et Hoven, seront condamnés à mort par un
tribunal militaire américain à l'issue du « procès des

docteurs » et exécutés par pendaison à la prison de
Landsberg le 2 juin 1948.

Si un homme comme Karl Brandt fera le grand
saut sans avoir jamais compris ce qui lui était repro-
ché, beaucoup verront dans la carrière de ce médecin
dévoyé l'un des meilleurs plaidoyers en faveur de la
peine capitale[a]. Mais s'il reste un élément mystérieux
dans cette affaire, c'est sans doute l'indulgence dont
feront preuve par la suite les tribunaux de l'Allemagne
fédérale envers les « petites mains » de l'*Aktion T4*
– ce chaînon trop méconnu entre l'eugénisme et les
camps d'extermination[b].

---

a. Au même titre que la carrière de son confrère français,
le docteur Petiot, guillotiné deux ans plus tôt…

b. Après 1949, ces tribunaux ne prononceront pas une
seule condamnation pour meurtre à l'encontre des parti-
cipants à l'*Aktion T4*, et au début des années 60, quatorze
infirmières ayant travaillé avec zèle dans les « institutions »
seront acquittées. La justice est-allemande, elle, n'aura pas
ces pudeurs, et prononcera des peines de mort contre plusieurs médecins exterminateurs, dont Hermann Paul Nitsche.

2

Germania,
la capitale d'empire du Führer

Quel que soit l'avis des doctes professeurs de l'Académie des beaux-arts de Vienne, Adolf Hitler n'a jamais cessé de se considérer comme un architecte[a]. En septembre 1917, au beau milieu de la Grande Guerre, cet Autrichien devenu Munichois demande à passer sa première permission à Berlin ; c'est qu'il veut absolument découvrir l'architecture de la capitale, dont il s'était fait une très haute idée. Il en reviendra plutôt déçu, et cette impression sera durable, si l'on en croit Otto Dietrich, un des membres de son proche entourage : « Avant de devenir maître du Reich en 1933, Hitler a sérieusement envisagé de faire de Munich la capitale du Reich, ou

_____

a. Il y a là un mystère qui n'a jamais vraiment été éclairci : le recteur de cette académie lui avait bien dit qu'il n'avait pas d'avenir en tant que peintre, mais qu'il était doué pour l'architecture. Pourtant, Hitler n'a jamais fait le moindre effort pour se présenter à l'école d'architecture. Il restera donc un amateur éclairé – et parfois illuminé.

encore de construire un tout nouveau siège du gouvernement quelque part au cœur de l'Allemagne[1]. »
Mais une fois au pouvoir, les problèmes politiques et
économiques l'ont suffisamment accaparé pour qu'il
renonce à ce projet… afin de se concentrer sur la
transformation complète de Berlin, destinée à être
rebâtie à la mesure de l'immense empire qu'il aura
conquis : « Berlin, en tant que capitale mondiale, ne
pourra se comparer qu'à l'ancienne Égypte, à Babylone ou à Rome ; qu'est-ce que Londres, qu'est-ce que
Paris, à côté de cela[2] ? »

De fait, l'ambition du Führer est d'offrir au Grand
Reich germanique[a] une capitale digne de son prestige reconquis. Depuis le milieu des années 30, il y
travaille constamment avec son architecte préféré,
le jeune Albert Speer, auquel il confie : « Berlin est
une grande ville, mais pas une métropole. Regardez
Paris, la plus belle ville du monde, ou même Vienne.
Voilà des villes qui ont une unité ! Mais Berlin n'est
qu'un amas anarchique de maisons. Il faut que nous
coiffions Paris et Vienne[3]. »

Welthauptstadt Germania[b] : c'est ainsi qu'Hitler
veut appeler le Berlin de l'avenir. Ce sera l'occasion de donner une seconde naissance à cette ville,
dont les habitants à l'humour volontiers impertinent
n'épargnent pas le parti nazi et ses hiérarques : les
Berlinois ne sont-ils pas à l'origine du sobriquet de
« faisan doré », désignant les hauts fonctionnaires du

----

a. *Großgermanisches Reich*, dont les frontières doivent
s'étendre de la Flandre à l'Oural et de la Crimée à la
Norvège…

b. Capitale mondiale Germania.

NSDAP à l'uniforme brun paré de dorures ? N'ont-ils pas donné le surnom de « Meyer » à Goering, parce que celui-ci s'était bien imprudemment engagé à se nommer ainsi au cas où une seule bombe ennemie tomberait un jour sur la capitale[a] ? Ainsi, raser Berlin pour construire *Welthauptstadt Germania* fournira également un prétexte idéal pour mettre au pas l'insolente population berlinoise – dont une partie devra d'ailleurs être déplacée, pour aller coloniser les territoires qu'il rêve de conquérir à l'est...

Ce fantasme mégalomaniaque s'inscrit d'ailleurs dans un plan d'urbanisme global, puisque quatre autres villes d'Allemagne et d'Autriche doivent aussi être reconstruites, afin que chacune rayonne sur le monde : Hambourg sera la capitale commerciale et maritime du Reich, Munich celle du mouvement national-socialiste, Nuremberg la capitale du parti nazi, et Linz la capitale mondiale de la culture et des arts[b] – avec notamment un gigantesque *Führermuseum* consacré à l'art germanique.

À l'été de 1936, Adolf Hitler confie le projet de Germania à Albert Speer, promu au rang de « premier architecte du Reich ». Au cours de leurs nombreuses réunions de travail à la chancellerie, les deux hommes étudient le moindre détail de chaque rue et de chaque bâtiment ; ils tracent des plans et font

---

a. Après le départ de Rudolf Hess pour l'Écosse en mai 1941, ils diront même : « Le Reich de mille ans vient d'être ramené à cent ans. Pourquoi ? Parce qu'il vient de perdre un zéro ! »

b. C'est la ville où Hitler a passé une partie de sa jeunesse, et où il envisage de se retirer « après la guerre ».

construire des maquettes pour juger des perspectives. Amoureux des arts, le dictateur entend s'inspirer des merveilles du monde et des édifices les plus majestueux des capitales du globe. Un seul mot d'ordre : plus haut, plus gros, plus grand, plus beau. Les monuments de Germania doivent dépasser en splendeur et en taille tout ce que l'homme a été capable de bâtir jusque-là…

Il est vrai que le chantier est pharaonique. Obnubilé par les grandes cités antiques, Hitler exige que Germania soit érigée selon un axe nord-sud, alors que Berlin s'est construite sur un axe ouest-est en raison du cours de la Spree, la rivière qui traverse la ville. L'oukase hitlérien implique donc, outre le détournement de la Spree, de réaliser d'innombrables percées, de détruire des milliers de bâtiments et de revoir totalement la structure des réseaux ferroviaires, au besoin en déplaçant les gares ! Speer est donc officiellement chargé le 30 janvier 1937 de la plus grande « mission architecturale » jamais confiée par le Führer. Affublé du titre d'inspecteur général de la Construction, l'homme est investi par décret de pouvoirs étendus qui dépassent ceux du bourgmestre-gouverneur de Berlin, Ludwig Steeg, et même ceux du Gauleiter de Berlin, Joseph Goebbels ! Dans les faits, Speer n'a de comptes à rendre qu'à Hitler.

L'architecte s'installe avec son équipe dans le bâtiment de l'Académie des arts, sur la Pariser Platz ; l'immeuble est proche de la chancellerie, ce qui facilite les réunions de travail entre l'architecte et son maître d'ouvrage. Speer répartit ses collaborateurs en trois services : une agence de planification chargée de l'aménagement de Germania, un bureau central s'occupant des questions financières, juridiques et administratives, et enfin un office général de la construction responsable de la voirie, des travaux de démolition et de la coordination avec les entreprises sélectionnées pour travailler sur le chantier. L'exécution des monuments phares de la mégalopole est évidemment confiée aux meilleurs architectes de toute l'Allemagne, tels Wilhelm Kreis, Paul Bonatz, German Bestelmeyer, Peter Behrens, mais aussi les sculpteurs Arno Breker et Josef Thorak. Avant que la guerre n'éclate, Speer promet à son Führer une inauguration de Germania pour l'année 1950.

La SS est elle aussi sollicitée : des milliers de détenus seront sortis des camps de concentration de Flossenbürg et de Mauthausen pour extraire et tailler les blocs de granit nécessaires aux constructions. Dans le même temps, on ouvrira sur le canal Oder-Havel le camp « Klinkerwerk », une annexe de celui de Sachsenhausen, qui fera office de briqueterie au profit de Germania. Des moyens financiers et logistiques colossaux sont mobilisés pour faciliter les choses : une commande de plus de 30 millions de reichsmarks est ainsi passée par Speer auprès de fournisseurs de pierre de Norvège, de Finlande, de Suède, des Pays-Bas, de Belgique et d'Italie. Et pour transporter ces cargaisons, l'architecte en chef établira ses propres chantiers navals à Wismar et à Berlin, afin de construire une flotte de mille péniches de 500 tonnes de charge utile !

Le coût total de cette entreprise titanesque est évalué par Speer à environ 6 milliards de reichsmarks, ce qui semble optimiste en regard du prix de certains monuments. Pour alléger le poids des dépenses, l'architecte prévoit une dotation annuelle de 500 millions de reichsmarks, ce qui représente, selon ses dires, un vingt-cinquième du total des dépenses de construction en Allemagne à cette époque. Pour lui, l'effort n'est donc pas insurmontable – à un détail près : au moment où ces calculs savants sont réalisés, le Reich n'est pas en guerre. Hitler, lui, table sur un effort collectif ; chaque ministère et chaque service public allouera une partie de son budget annuel au projet Germania. Des appels aux dons lancés auprès du peuple et des industriels permettront de réunir quelques millions supplémentaires à chaque exercice, tandis que le parti financera sur ses propres fonds la *Volkshalle* et l'arc de triomphe. En outre, la *Deutsche Reichsbahn* et la municipalité de Berlin devront elles aussi affecter une part de leur budget annuel à la transformation du réseau de voies ferrées et à l'ouverture des nouvelles routes et lignes de métro. Quant à la main-d'œuvre exploitée par les SS pour construire Germania, il est évident qu'elle ne coûtera rien...

Du reste, qu'importent les dépenses, puisque les frais de construction seront rapidement amortis par les recettes des droits d'entrée payés par les visiteurs venus du monde entier admirer la nouvelle capitale du Reich ? Au ministre des Finances Lutz Schwerin von Krosigk qui s'inquiète des calculs optimistes de Speer et d'Hitler, le Führer rappelle l'exemple du roi Louis II de Bavière, connu pour ses dépenses fastueuses : « Que le ministre des Finances pense aux sources de revenus dont l'État disposera d'ici cinquante ans à peine grâce à mes constructions ! Que s'est-il passé avec Louis II : on a déclaré qu'il était fou à cause des dépenses qu'il faisait pour construire ses châteaux. Et aujourd'hui ? Beaucoup d'étrangers viennent en haute Bavière uniquement pour voir ces châteaux. Les droits d'entrée, à eux seuls, ont depuis longtemps amorti les frais de construction. Croyez-le bien ! Le monde entier viendra à Berlin pour voir nos édifices. Il nous suffira de dire aux Américains[a] combien a coûté le Grand Dôme [la *Volkshalle*]. Peut-être exagérerons-nous un peu, au lieu d'un milliard, nous dirons un milliard et demi ! Alors ils voudront absolument voir l'édifice le plus cher du monde[4]. »

Le 20 avril 1939, lors des célébrations de son cinquantième anniversaire, Hitler parcourt en limousine les sept kilomètres de l'« axe est-ouest », inauguré par son architecte et destiné à être le boulevard principal de sa future capitale rénovée[5]. La guerre qui éclate moins de six mois plus tard ne saurait constituer un obstacle à ses ambitions architecturales – bien au contraire. Lors des premières grandes conquêtes à l'Ouest, il garde bien ses projets à l'esprit, ainsi qu'en témoigne son passage matinal à Paris le 28 juin 1940. Après une visite à l'opéra et une brève halte devant la tombe du soldat inconnu, le Führer fait arrêter sa voiture au beau milieu de l'avenue des Champs-Élysées, qu'il entreprend de traverser à grandes enjambées. En pleine chaussée, il croise un jeune homme employé à proximité, qui le voit passer la tête baissée, apparemment très concentré sur sa marche. Le jeune homme, stupéfait, ne comprendra ce curieux manège que trois décennies plus tard : Hitler, ne faisant pas confiance à ses ouvrages, voulait mesurer lui-même

---

a. Qu'Hitler tient pour un peuple de dégénérés, incapables de se battre. Voir le chapitre 4 : « Raser l'Amérique ! »

la largeur de l'avenue[a] ! Et Otto Dietrich notera :
« Dans l'avion du retour, Hitler a déclaré qu'il n'avait
guère été impressionné par les Champs-Élysées, l'Arc
de triomphe et la place de la Concorde ; il les aurait
crus bien plus imposants [...]. Mais j'ai appris ensuite
qu'il avait apporté aussitôt après des changements au
plan général de la ville de Berlin, en élargissant le
Grand Boulevard pour le porter de quarante à cent
vingt mètres[6]. »

Et tout cela se produit au beau milieu d'une
guerre mondiale, alors que le Führer n'a pas encore
conquis l'Angleterre et médite déjà d'envahir l'Union
soviétique ! Même après l'échec de la première
entreprise et le déclenchement de la seconde, ses
architectes sont invités à poursuivre leur travail, et
rien n'indique que les précieuses matières premières
nécessaires à leurs projets pourraient être désormais consacrées à l'effort de guerre... Les premiers
revers devant Moscou à la fin de 1941 n'y changent
rien, et en février 1942, les confidences d'Heinrich
Himmler à son masseur Felix Kersten restent résolument optimistes : le *Reichsführer* SS estime que le
Gau de Brandenburg, dont le sol est trop pauvre pour
l'exploitation agricole intensive, doit impérativement
être réaménagé une fois la victoire acquise. Dans un
rayon de cent vingt-cinq kilomètres autour de Germania, il est prévu que l'État rachète les terres et les
fermes ; expulsés, les propriétaires partiront s'installer dans les colonies orientales. Suivant à la lettre
les consignes de son maître, Himmler a tout réglé

---

a. L'employé et étudiant, aussitôt invité à circuler par un
policier, se nommait Georges Kersaudy.

dans les moindres détails : le déplacement devra se faire par villages et par communautés entières, afin de ne pas accroître le sentiment de déracinement et maintenir une solide cohésion entre les futurs colons lors de leur réimplantation. Autour de Germania, seules demeureront les bourgades et les grandes exploitations au rendement satisfaisant, les terres pauvres devant être reboisées par les paysans avant leur départ pour l'Est. Telle est la vision d'Hitler et d'Himmler : une capitale entourée d'épaisses forêts et d'un petit nombre de villages espacés de dix kilomètres les uns des autres[7] !

Si le maître de l'ordre noir lie la fondation de Germania à ses projets de peuplement et de colonisation des territoires de l'Est, Hitler, lui, se consacre à ceux relatifs à la symbolique, à la structure et à l'architecture de la mégapole – dont il espère que la population atteindra 8 millions d'habitants dans les dix ans suivant la fin de la guerre[a]. Cette capitale refondée sera un acte d'affirmation de la puissance aryenne ; Germania inaugurera une nouvelle ère, celle où le Führer, remisant au placard sa tenue de chef de guerre victorieux, laissera son empreinte comme bâtisseur de l'Empire germanique. Le 8 juin 1942, dans le sinistre QG forestier de Rastenburg, il développe encore ces pensées devant son entourage : « Comme Bismarck insuffla jadis l'idée "allemande" à la Bavière, à la Prusse, etc., nous devons conduire méthodiquement les peuples germaniques de l'Europe continentale à l'idée germanique. [...] Un changement du nom de "Berlin" en "Germania"

a. Berlin compte 4,33 millions d'habitants en mai 1939.

donnerait de l'impulsion à ce mouvement, car ce nom donné à la capitale du Reich sous sa nouvelle représentation serait apte à créer un sentiment d'appartenance entre cette capitale et les membres de tous les rameaux germaniques, malgré la distance géographique[8]. » Ainsi, Allemands, *Volksdeutsche*[a] des territoires de l'Est, Alsaciens, Lorrains, Suisses alémaniques, Liechtensteinois, Flamands, Néerlandais, Luxembourgeois et Scandinaves seront gouvernés depuis une même capitale, dont la consonance renforcera la cohésion nationale, en rappelant le fondement racial de l'État.

Cette nouvelle capitale du Reich que le Führer appelle de ses vœux, à quoi pourrait-elle ressembler au tout début des années 50 ? Si le visiteur descend du train sur les quais de la monumentale gare du Nord, située sur la Scharnhorststrasse, il découvrira des lieux qui n'ont plus grand-chose en commun avec l'ancienne gare de Lehrte. Avec un total de vingt grandes lignes, dix lignes régionales, neuf voies dédiées au fret, six lignes de trains de

---

a. *Reichsdeutsche* désigne pour les nazis les Allemands de métropole, c'est-à-dire du IIIᵉ Reich dans ses frontières de 1939. Les autres Allemands résidant à l'étranger, mais ayant fait partie du IIᵉ Reich et de l'Empire austro-hongrois jusqu'en 1918, ainsi que les colons allemands des pays Baltes, de mer Noire et de la Volga, arrivés en Russie dans le sillage des chevaliers teutoniques ou de la tsarine Catherine II (d'origine prussienne), sont tous appelés *Volksdeutsche*. Leur attachement à l'Allemagne, leur fiabilité politique et leur degré de germanité est soumis à l'examen de la SS, qui détermine au cas par cas si tel individu est apte à devenir colon ou nécessite une « regermanisation ».

banlieue et quatre de métro, la nouvelle gare serait l'une des plus imposantes au monde. Ce gigantisme s'explique évidemment par les consignes hitlériennes, mais aussi par des raisons techniques, les nouveaux standards des voies de chemin de fer du Reich devant passer à l'écartement large prévu pour les trains à grande vitesse et le transport de fret lourd[a]. En arpentant les quais de plus de quatre cents mètres de long, le voyageur peut d'ailleurs admirer quelques-uns de ces trains propulsés à 250 km/h par de fabuleuses locomotives couplant des moteurs diesels et des génératrices électriques. Pouvant embarquer jusqu'à 1 500 passagers dans des wagons au confort exceptionnel, ces convois comportent une voiture-restaurant, mais aussi des voitures avec cinéma, piscine, sauna et salon de coiffure[b] ! Ces trains vont relier Germania à toute l'Europe, notamment aux colonies de l'Est, dans lesquelles se rendent les estivants appréciant le soleil de Crimée, les officiers des garnisons de l'Oural, ainsi que les ouvriers des exploitations agricoles de Tauride[c], des cimenteries baltes et des champs pétrolifères du Caucase...

---

a. Soit trois mètres, l'écartement standard européen étant à l'époque de 1,435 mètre.

b. Pour plus de détails sur ces projets, voir l'ouvrage *Die Breitspurbahn : Das Projekt zur Erschliessung des grosseuropäischen Raumes 1942-1945*, par Anton Joachimsthaler (Munich, Herbig, 1999).

c. Région du sud de l'Ukraine, considérée par les nazis comme l'*hinterland* de la Crimée. Berlin prévoit après la victoire de réunir ces deux contrées en un seul Gau : l'*Ostgotengau*.

S'il parcourt le centre-ville du nord au sud, notre voyageur découvrira deux obélisques, derrière lesquels s'étend un lac artificiel. La nature marécageuse du terrain à cet endroit empêchant la construction de tout bâtiment, Speer a eu l'idée d'y aménager un plan d'eau dont les habitants de Germania peuvent profiter aux beaux jours. Des cabines-vestiaires, des restaurants et des hangars pour les canots entourent cet agréable bassin, à la surface duquel des jeunes gens portant l'uniforme de la *Hitlerjugend-Marine* font flotter les maquettes des légendaires cuirassés de la Kriegsmarine, sans oublier des terrasses ensoleillées sur lesquelles les « Germaniens » sirotent un Fanta[a]. Ce grand bassin est entouré par l'Académie de guerre (*Kriegsakademie*), l'hôtel de ville long de quatre cent cinquante mètres, l'immeuble de l'état-major de la Kriegsmarine et la préfecture de police.

En continuant vers le sud, le visiteur ne peut manquer le monument phare de Germania : la *Volkshalle* ou « Halle du peuple », qu'Hitler imaginait littéralement comme la huitième merveille du monde. C'est là que le dictateur s'adresse à la foule. Érigé au cœur de la capitale – et donc du Reich –, cet édifice presque sacré, car symbolisant à la fois la communauté du peuple allemand et son rassemblement autour de son Führer, a naturellement été conçu par le cabi-

---

a. Ce soda est né en Allemagne en 1940, du fait du blocus touchant les ingrédients nécessaires à la confection du Coca-Cola. Il est élaboré à Essen par la filiale allemande de la célèbre marque américaine, à partir de pommes, d'agrumes italiens et de saccharine.

net d'architectes d'Albert Speer. Il s'est inspiré des croquis d'un bâtiment dessiné par Hitler en 1925, du panthéon de Rome et du capitole de Washington. Il s'agit d'un gigantesque quadrilatère de trois cent quinze mètres de côté et soixante-quatorze mètres de haut[9], dont les angles sont constitués d'un pilastre cannelé en granit clair venu de Suède et de Finlande. L'entrée principale est située à l'extrémité nord de l'Adolf Hitler Platz, l'ancienne Königsplatz ; époustouflante, impressionnante, étourdissante, elle consiste en un portique dont les trente-quatre colonnes s'élèvent à trente mètres du sol. L'escalier est encadré par deux statues de presque vingt mètres ; signées Arno Breker, l'une représente Atlas portant le ciel, l'autre Tellus soutenant le globe terrestre ; la Terre et la voûte céleste sont recouvertes d'émail, les contours des continents et les constellations incrustés d'or. Décidément, rien n'est trop beau pour la ville rêvée du Führer !

Mais la principale caractéristique de la *Volkshalle* est sa coupole. Ce carré colossal sert en effet de base à un non moins gigantesque dôme de deux cent cinquante mètres de diamètre – aux proportions seize fois plus importantes que celles de la basilique Saint-Pierre de Rome ! Au sommet, à deux cent quatre-vingt-dix mètres du sol, trône l'aigle du Reich enserrant non une croix gammée, mais la Terre, symbole du rayonnement du national-socialisme à travers le monde ; car, selon les propres mots du Führer : « Pour couronner le plus grand édifice du monde, il ne peut y avoir que l'aigle dominant le globe. » Invisibles à l'œil nu, les fondations du bâtiment consistent en un bloc de plus de 3 millions de mètres cubes de béton[a].

La grande salle de la majestueuse *Volkshalle* peut accueillir jusqu'à 180 000 personnes, dans un décorum à couper le souffle : piliers en marbre, mosaïques, frises et bas-reliefs, sculptures monumentales néoantiques, tout a été conçu pour imposer le respect au visiteur. Pourtant, en dehors de ces richesses, l'architecture intérieure de la « Halle du peuple » demeure assez simple : des tribunes s'élevant sur trois rangs surplombent une fosse circulaire de cent quarante mètres de diamètre. Du côté opposé à l'entrée, se trouve la tribune du Führer, depuis laquelle il adresse ses messages au peuple du Reich. La luminosité des lieux est accentuée par une ouverture circulaire d'un diamètre de quarante-six mètres pratiquée dans le dôme.

La *Volkshalle* est bordée par la Spree faisant office de miroir d'eau, sur lequel sa silhouette se reflète, afin d'accentuer l'effet massif que produit le monument. Pour ne pas perturber le trafic fluvial, la rivière a dû être élargie aux abords du bâtiment, et un tunnel à deux voies a été creusé sous le parvis de l'édifice.

Notre visiteur est désormais parvenu jusqu'à la gigantesque Adolf Hitler Platz[b]. Bâtie sur l'ex-Königsplatz, elle est uniquement piétonne et accueille chaque année les manifestations du 1er mai, décrété

---

a. Soit une surface au sol de presque 100 000 mètres carrés, pour un volume total de 21 millions de mètres cubes !

b. Cinq cents mètres sur quatre cent cinquante, auxquels s'ajoute la superficie de l'esplanade de la *Volkshalle*.

jour de la *Volksgemeinschaft* [a]. Précédée d'un tambour-major, une fanfare de la *Leibstandarte SS Adolf Hitler* [b] y défile au pas de l'oie, en jouant des marches militaires et des airs du parti. Parmi les milliers de touristes venus de toute l'Allemagne, des colonies ou de l'étranger qui arpentent la place avec leur appareil photo en main, se dissimulent des agents de la Gestapo, la police secrète d'État créée par Hermann Goering, qui se tiennent prêts à déjouer tout acte malveillant ou tentative d'attentat. Car le lieu est entouré des bâtiments les plus sensibles du Reich : l'ancien Reichstag, faisant office de modèle réduit à côté de la « Halle du peuple », l'immeuble du haut commandement de la Wehrmacht (OKW), le bâtiment administratif de la chancellerie du Reich et surtout le palais du Führer (*Führerbau*).

Conçu par Speer en personne selon les critères imposés par Hitler, le *Führerbau* se veut l'un des plus majestueux édifices de Germania, mais aussi l'un des plus étendus, car avec les jardins et la palmeraie, sa superficie atteindrait les 2 millions de mètres carrés. Démesure, encore et toujours ! Gardée par d'imposantes sentinelles de la *Leibstandarte SS Adolf*

---

a. Communauté du peuple allemand.

b. Le régiment de gardes du corps SS d'Hitler. Pour l'intégrer, le candidat doit être âgé de dix-sept à vingt-deux ans, mesurer au minimum 1,80 mètre, avoir un casier judiciaire vierge, répondre aux critères raciaux correspondant à l'idéal aryen défini par les nazis (c'est-à-dire ne pas avoir de sang juif et pouvoir prouver ses racines allemandes jusqu'en 1800 – jusqu'en 1750 pour les officiers), et être dans une forme physique exemplaire ; le port de lunettes est éliminatoire, de même que, jusqu'en 1936, le moindre plombage dentaire.

Hitler, la façade comprend au rez-de-chaussée des colonnes géminées, avec en arrière-plan des peintures murales et des mosaïques. Au centre du bâtiment, à quatorze mètres du sol, un balcon orné d'un aigle nazi permet à Hitler de se montrer à la foule. En passant le portail, le visiteur pénètre dans une cour d'honneur de cent dix mètres de long, donnant elle-même sur deux autres cours entourées de colonnes. « De la cour, explique Speer, on passait dans les salons qui conduisaient à une série de salles en enfilade. On aurait donc eu plusieurs enfilades de pièces d'un quart de kilomètre de long ; sur la face nord du palais, l'une d'elles aurait même eu trois cent quatre-vingts mètres. Puis on passait, après avoir traversé un vestibule, dans la grande salle à manger[10]. » Jusqu'à 2 000 invités peuvent festoyer en même temps dans cette pièce de quatre-vingt-douze mètres sur trente-deux.

Le palais est divisé en trois parties : le centre abrite le cabinet de travail du Führer ; l'aile nord, les appartements privés d'Hitler, depuis lesquels, en empruntant une suite de galeries, il peut accéder directement à la *Volkshalle* ; l'aile sud est occupée par les services administratifs indispensables aux tâches quotidiennes du dictateur. De vastes escaliers garnis de tableaux de maîtres et de longs couloirs richement décorés relient chacune des ailes. Et ce n'est pas tout, comme le précise Albert Speer : « Pour les réceptions de gala, huit salles gigantesques étaient prévues. La machinerie la plus moderne avait été conçue pour un théâtre de quatre cents places, imitation des théâtres princiers de l'époque baroque et rococo[11]. » Dans l'enceinte de ce splendide théâtre, les convives disposent de fauteuils confortables ; Hitler, lui, a sa propre loge.

Aussi sûrement que le faste des lieux, la voie d'accès des diplomates, longue de cinq cent quatre mètres, se doit d'impressionner durablement les plénipotentiaires envoyés par toutes les chancelleries du monde ; comme l'explique l'architecte : « On traversait un salon de trente-quatre mètres sur trente-six, une salle au plafond en berceau de cent quatre-vingt mètres sur soixante-sept, une salle carrée de vingt-huit mètres sur vingt-huit, une galerie de deux cent vingt mètres, un vestibule de vingt-huit mètres sur vingt-huit[12]. »

Bien plus qu'édifice de prestige, le *Führerbau* est en fait pensé par Adolf Hitler comme un legs à ses successeurs, dont il doute qu'ils aient sa trempe et son autorité : « Ceux qui me succéderont un jour, ceux-là auront bien besoin d'un tel apparat. Pour beaucoup d'entre eux, ce sera la seule façon de se maintenir. On ne saurait croire le pouvoir qu'acquiert sur ses contemporains un petit esprit quand il peut profiter d'une telle mise en scène. De tels lieux, quand ils sont empreints d'un passé historique, élèvent même un successeur sans envergure à un rang historique. Voyez-vous, c'est la raison pour laquelle nous devons construire tout cela de mon vivant ; afin que j'aie vécu là et que mon esprit confère une tradition à cet édifice[13]. »

De l'autre côté de l'Adolf Hitler Platz se dresse le *Großdeutscher Reichstag*, le nouveau parlement adjacent à la Halle du peuple, où siègent les 1 200 députés, tous naturellement acquis à la cause du national-socialisme. À ses côtés, l'ancien Reichstag a été préservé par le Führer, contre l'avis de Speer qui souhaitait le détruire. Le maître du Reich, qui aime beaucoup ce bâtiment de Paul Wallot, l'a en revanche complété par de nouvelles ailes le reliant côté sud au siège de l'état-major de la Wehrmacht, et côté nord à la Halle du peuple. Ce Reichstag, dont l'incendie a servi de prétexte aux nazis pour interdire le parti communiste et mettre au pas l'opposition en 1933, abrite désormais des salles de lecture et de repos pour les députés, la salle des séances ayant été transformée en bibliothèque.

Enfin, au sud de la place, l'immeuble de l'OKW et l'aile d'entrée de la chancellerie du Reich sont parfaitement symétriques, la partie centrale de ces deux édifices étant en forme de tour, tandis que le toit est surmonté à chaque angle de somptueuses statues de lions sculptées par Arno Breker. Entre les deux bâtiments passe la Grande Avenue, qui débouche sur l'Adolf Hitler Platz. C'est le seul axe permettant d'accéder à la place, et cela n'a rien d'anodin, Hitler souhaitant protéger le cœur décisionnel de son empire d'éventuelles vindictes populaires : « Il n'est quand même pas exclu que je sois une fois obligé de prendre des mesures impopulaires. Peut-être y aura-t-il alors une révolte. Il faut se prémunir contre cette éventualité : toutes les fenêtres des bâtiments donnant sur cette place devront être munies de lourds volets blindés coulissants en acier, les portes elles aussi devront être en acier, et l'unique accès de la place doit être fermé par une lourde grille de fonte. Le centre du Reich doit pouvoir être défendu comme une forteresse[14]. » Outre ces dispositifs de sécurité, la caserne du régiment d'élite *Großdeutschland* est située à seulement huit cents mètres au nord de la *Volkshalle*, et l'unité peut donc intervenir rapidement. Celle de la *Leibstandarte SS Adolf Hitler* [a] se trouve à sept kilomètres plus au sud, mais en cas de manifestation hostile, le Führer a pensé à tout : « S'ils [les SS] montent me rejoindre avec leurs véhicules blindés en roulant sur toute la largeur de cette [grande] avenue, il n'y aura pas de résistance possible[15]. »

Si le dictateur avait disparu quelques années seulement avant la venue de notre touriste, celui-ci aurait pu admirer un autre monument élevé sur l'Adolf Hitler Platz [b] par un Heinrich Himmler désireux d'apporter sa pierre à l'édifice berlinois – et de rendre hommage à son maître en lui bâtissant un temple funéraire digne de la pyramide de Khéops. Manifestement désireux de faire reposer la dépouille d'Hitler dans la capitale, le « fidèle Heinrich » confie la nature de son gigantesque projet de mausolée à son masseur Felix Kersten, qui rapporte ainsi ses propos : « Immédiatement après la guerre, nous avons l'intention d'ériger une construction qui sera la plus grande et la plus belle du monde. Ses plans ont été dessinés en 1938. Ce monument coûtera 50 milliards de reichsmarks [*sic*]. Il se dressera sur la Königsplatz à Berlin.

---

a. Rassemblant les meilleures recrues de l'armée de terre (parfaite condition physique, excellente vue, casier judiciaire vierge, taille d'au moins 1,70 mètre), le régiment de la Garde *Großdeutschland* est lié à Hitler, dont il est chargé de la protection personnelle, en sa qualité de chef de l'État, *a fortiori* lorsqu'il devient commandant en chef des forces armées.

b. Du moins à ses abords, car on peine à imaginer l'endroit exact, compte tenu de la densité des constructions sur la place.

En hauteur, il fera trois cent cinquante-cinq mètres, et sera d'un diamètre de 1 500 mètres. Les fondations coûteront à elles seules 3 milliards de reichsmarks. La crypte contiendra un tombeau plus grand et plus beau que tout ce que les pharaons ont jamais conçu. Cela est tout à fait approprié, car il contiendra le corps du plus grand chef de tous les temps, Adolf Hitler. Sa dépouille reposera dans un cercueil en or serti de pierres précieuses provenant des montagnes de l'Oural. Le monument sera également composé de grands couloirs et de grandes salles pour des célébrations, pouvant accueillir de 200 000 à 300 000 personnes. Il y aura aussi un panthéon où seront placés les bustes et les noms de tous les hommes qui auront été les plus fidèles collaborateurs d'Hitler. Tous ceux qui, en ces jours justes et difficiles, l'auront aidé de manière désintéressée dans la tâche immense de faire revivre l'Allemagne seront immortels. [...] Dans les centaines d'années à venir, les habitants de toutes les régions d'Allemagne – et elle s'étendra des montagnes de l'Oural à la Manche, et de l'Arctique à la Méditerranée – viendront en pèlerinage sur la tombe du plus grand Allemand qui ait jamais vécu. Ce monument sera un édifice sacré et un lieu central de la véritable religion allemande[16]. »

De quoi renforcer la signification religieuse – celle d'un prophète ou d'un messie – qu'Hitler aura attribuée à sa personnalité tout au long de son existence. Du point de vue spirituel, d'ailleurs, notre voyageur n'aura jusqu'ici remarqué la présence d'aucun édifice religieux ; et il n'en trouvera pas... Bien entendu, pas la moindre synagogue, puisque la quasi-totalité a été incendiée par les SS et les SA durant la Nuit de cristal en novembre 1938, et que les 75 000 Juifs berlinois ont été déportés à Auschwitz durant la guerre. Malgré la signature du Concordat en 1933, l'Église catholique allemande, en raison de ses prises de position contre le régime – notamment au sujet du programme d'euthanasie des malades mentaux[a] –, n'est plus en odeur de sainteté auprès des nazis[b] ; tout comme l'Église protestante, du reste…

La fièvre néopaganiste qui s'est emparée très précocement de certains cercles nazis, influencés par le mouvement *Völkisch*, par le mysticisme de la société de Thulé et par les idées du théoricien du parti Alfred Rosenberg – antichrétien et favorable à la renaissance du culte de Wotan[c] –, a suscité de nombreux cultes religieux occultes, à l'image des rituels adoptés par l'« ordre chevaleresque païen SS » pour ses baptêmes, ses mariages et ses enterrements. Ce contexte ne pouvait que conduire à l'éviction des Églises de Germania. En guise de dédommagement vis-à-vis de celles-ci, Speer s'était bien engagé à reconstruire ailleurs les édifices chrétiens détruits par les travaux, mais Martin Bormann, chef de la chancellerie du parti, lui avait rappelé qu'elles ne devaient obtenir aucun terrain à bâtir. Églises protestante et catholique, foyers d'opposition potentiels au nazisme, ne devaient surtout pas pouvoir prendre racine dans la nouvelle capitale du Reich ! La seule cathédrale de Germania devait être la *Volkshalle*, d'où retentiraient les paroles prophétiques du Führer.

---

a. Voir le chapitre 1 : « L'*Aktion T4*. »

b. Si tant est qu'elle l'ait été un jour…

c. Wotan est le dieu principal de la mythologie germanique ; il est appelé Odin dans la mythologie nordique.

Sorti de la place Adolf-Hitler, notre touriste pénètre sur la Prachtallee[a], la plus grande avenue du monde : plus communément appelée Grande Avenue, elle mesure cent vingt mètres de large pour cinq kilomètres de long ! Conformément au vœu du Führer, elle dépasse en toutes proportions ce qu'il convenait d'appeler jusqu'alors « la plus belle avenue du monde » : « Les Champs-Élysées, a dit Hitler, ont cent mètres de large. Notre avenue aura en tout cas vingt mètres de plus. Quand, au XVIIe siècle, le grand prince Électeur fit construire l'avenue Unter den Linden[b], et qu'avec une grande clairvoyance il décida qu'elle aurait soixante mètres de large, il pouvait tout aussi peu prévoir le trafic actuel qu'Haussmann quand il conçut les Champs-Élysées[17]. » Allée de prestige où se déroulent les défilés militaires, la Prachtallee est d'un trafic routier réglementé et limité. D'ailleurs, pour ne pas embouteiller les principaux axes de la capitale, il est prévu de creuser des tunnels routiers de six mètres de large, disposant d'un éclairage ultramoderne conçu pour ne pas éblouir les automobilistes.

S'il poursuit sur la Grande Avenue en direction du sud, le visiteur traverse le parc Großer Tiergarten, avant d'accéder à la nouvelle chancellerie du Reich, construite par Speer en 1938. D'un volume de 1,2 million de mètres cubes, elle est née du souhait d'Hitler de quitter l'hôtel particulier de la Wilhelmstrasse, qu'il considérait comme « tout juste bonne pour des fabricants de savon[18] », afin de s'installer dans un bâtiment digne de la gouvernance d'un empire.

---

a. Littéralement « avenue des splendeurs ».
b. « Sous les tilleuls. »

S'il délaisse la nouvelle chancellerie pour continuer sur la Grande Avenue, notre touriste découvre bientôt l'imposante *Soldatenhalle*, le mémorial du soldat dessiné par Wilhelm Kreis. De part et d'autre du bâtiment principal, les ailes donnant côté rue sont ornées de bas-reliefs de Breker. Tout à la fois lieu de commémoration et salle des trophées, où est exposé un butin représentatif du matériel pris à l'ennemi durant la guerre, ce lieu recèle des pièces indissociables des triomphes des forces armées allemandes, comme le wagon de la clairière de Rethondes, dans lequel ont été signés la capitulation allemande du 11 novembre 1918, puis l'armistice avec la France en juin 1940. Dans ce panthéon guerrier sont inhumés le roi de Prusse Frédéric II et les plus illustres généraux allemands[a].

Juste derrière le mémorial du soldat, on trouve les bâtiments de l'état-major de l'armée de terre ; mesurant quatre cent cinquante mètres sur trois cents, ce complexe en forme de U comporte un gratte-ciel rappelant ceux de New York – qui est pour Hitler un objet de fascination autant que d'exécration.

De l'autre côté, toujours à l'extrémité nord de la Grande Avenue, face à la *Soldatenhalle*, se dresse le monumental palais du *Reichsmarschall* Goering, dont le coût de construction est estimé à 160 millions de reichsmarks. Dessiné par Speer, qui s'est apparemment inspiré du palais Pitti de Florence tout en conservant un style néoclassique, ce bâtiment

---

a. Comme Helmuth von Moltke, Alfred von Schlieffen, Gerhard von Scharnhorst – la plupart transférés du cimetière des Invalides, rasé pour faire place au nouvel hôtel de ville.

regroupe l'ensemble des services dirigés par Hermann Goering. Et il y en a, puisque ce dignitaire ventripotent cumule les fonctions de chef de la Luftwaffe, président du Reichstag, ministre de l'Air, ministre des Eaux et Forêts, ministre-président de Prusse, *Reichsstatthalter* de Prusse et député de la 4e circonscription de Potsdam – sans oublier la charge de grand-veneur du Reich[19] !

L'entrée dans le palais – gardée par le *Wach-Bataillon Hermann Goering*[a] – se fait par un porche, depuis lequel on gagne un hall fastueux qui ouvre sur un escalier baroque large de quarante-huit mètres et haut de quarante-deux, soit quatre étages : « escalier d'apparat », s'empresse de préciser Speer, car chacun préfère évidemment emprunter l'ascenseur ! Dans ce hall, où Goering prononce chaque année son mot d'ordre aux officiers de la Luftwaffe, le *Reichsmarschall* a fait élever un monument en hommage à l'architecte : « Dans le hall de cet escalier, le plus grand du monde, Breker doit élever un monument à l'inspecteur général de la Construction. Il sera érigé ici même pour honorer l'homme qui a créé un édifice aussi grandiose[20] », avait-il annoncé en mai 1941. De part et d'autre du hall se trouvent des cours inté-

---

a. Autre garde prétorienne du régime, ce bataillon d'escorte de Goering a pour origine une police politiquement dévouée au NSDAP, formée par lui-même alors qu'il était ministre de l'Intérieur de Prusse : la *Landespolizeigruppe,* qui s'était très vite taillée une réputation de grande brutalité. Conformément à l'idéal du surhomme germanique, les unités militaires « Hermann Goering » recrutent sur des critères raciaux stricts, le certificat d'aryanité étant naturellement exigé.

rieures. Au niveau principal, seules les ailes sont véritablement occupées, le centre étant constitué de la longue galerie qui les relie entre elles : celle située au nord, de même dimension que la façade principale, comprend la grande salle des banquets, la salle des fêtes, les appartements privés et le cabinet de travail de Goering, pièces que l'on imagine parées de ses innombrables trophées de chasse et des œuvres d'art de sa gigantesque collection ; celle orientée au sud abrite les bureaux, la salle de conférence et la salle d'état-major. Au dernier étage sont situées les chambres à coucher. Speer a recouvert le palais du *Reichsmarschall* d'une couche de terre végétale de quatre mètres d'épaisseur, afin que de grands arbres puissent y prendre racine. Ce parc de 11 800 mètres carrés, situé à plus de quarante mètres au-dessus du jardin zoologique, est embelli de colonnades, de fontaines, de bassins et de pergolas ; il comprend même une piscine, un court de tennis et un théâtre d'été pouvant accueillir jusqu'à deux cent cinquante spectateurs... Bref, Goering dispose de ses propres jardins suspendus de Babylone ! Pensant aux fêtes qu'il donnerait sur cette somptueuse terrasse, l'as de l'aviation avait dit en découvrant les plans de Speer : « Je ferai illuminer le grand dôme [la *Volkshalle*] par des feux de Bengale, et j'y ferai tirer un grand feu d'artifice pour mes invités. » En plus de constituer un hommage symbolique à la fonction de ministre des Forêts du *Reichsmarschall*, ce parc recouvert d'arbres sert à camoufler le palais des bombardiers ennemis ; c'est pourtant une précaution que le *Generalbauinspektor* s'était bien gardé de prendre lorsque le docteur Kurt Knipfer, directeur du département de la protection antiaérienne au ministère de l'Air, s'était alarmé des dimensions du dôme de la Halle du peuple, aisément repérable depuis le ciel... Dans le sous-sol du palais, le *Reichsmarschall* Hermann Goering dissimule une fosse pour ses lions préférés, ainsi qu'une cave à vin rassemblant les plus belles bouteilles de sa collection.

Un peu plus loin sur la Grande Avenue se trouve la place ronde (Runder Platz) avec sa grande fontaine, au centre de laquelle trône une gigantesque statue représentant Apollon. Le monument fait office de carrefour giratoire, autour duquel, outre le palais de Goering, ont été bâtis la *Soldatenhalle*, l'office de tourisme de Germania dont Hitler a posé la première pierre le 14 juin 1938, la Maison des artistes allemands, un luxueux cinéma et une caserne d'officiers.

Au sud de la Runder Platz, la Prachtallee est davantage inspirée du Ring, le plus beau boulevard de Vienne. Un soin particulier a également été apporté à l'homogénéité des bâtiments, avec leurs dimensions standardisées, leur architecture néoclassique, leurs façades symétriques et leurs cours intérieures. Hitler et Speer ont pris soin de ne pas transformer les lieux en quartier administratif, de façon à ce qu'ils restent animés de jour comme de nuit. Comme l'explique l'architecte : « Nous étions conscients du fait que construire sur la nouvelle avenue uniquement des bâtiments publics risquerait de donner l'impression d'une absence de vie, par conséquent nous avions réservé les deux tiers de sa longueur à des constructions privées[21]. » Ainsi, en descendant la Grande Avenue, notre visiteur découvrira que ces immeubles abritent des hôtels de luxe, des restaurants, des habitations de grand standing, des bureaux, des cinémas, des théâtres, des music-halls, des magasins et les sièges sociaux de prestigieuses sociétés allemandes, dont les firmes Agfa et AEF, ou encore l'agence de presse Trans-Ocean.

Un peu plus bas, le visiteur débouche sur le quartier ministériel, qui regroupe onze grands ministères séparés les uns des autres par de magnifiques jardins paysagés. Côté est, disposés sur deux rangées, les ministères de la Propagande, de la Justice, des Affaires étrangères, de l'Intérieur, de l'Éducation, des Finances, de l'Alimentation et du Travail ; côté ouest, ceux des Transports, des Colonies et de l'Économie. Quelques bâtiments viennent « briser » le caractère gouvernemental de ce quartier, comme la résidence de l'orchestre philharmonique de Germania et le nouvel opéra du Reich, placés entre les ministères des Affaires étrangères et de l'Intérieur, ainsi que les sièges de plusieurs firmes industrielles du secteur automobile. La Prachtallee se termine par deux immeubles parmi les plus surveillés de Germania, car particulièrement sensibles : le quartier général de la SS et de la Gestapo sur le trottoir ouest, et le siège du NSDAP sur le trottoir est.

Au-delà, on découvre la place de la gare du Midi qui, à l'exception notable du ministère des Postes, concentre l'essentiel des activités culturelles et de loisirs de Germania, avec un opéra-comique, des théâtres – dont un de 4 000 places –, un palais des congrès appelé « Maison des nations », un centre de divertissement administré par le Front allemand du travail, un cinéma de 6 000 places et une gigantesque piscine couverte inspirée des thermes romains.

Cette place de la gare du Midi est remarquable à plus d'un titre ; s'étendant sur une longueur de mille mètres et une largeur de trois cent trente mètres, elle

est la plus grande place pavée du monde, avec ses
330 000 mètres carrés. Surtout, en s'en approchant
depuis le nord, le visiteur distingue l'autre monument emblématique de Germania : l'arc de triomphe.
Construit par Albert Speer d'après une esquisse tracée
par Hitler en 1925, cet édifice de cent dix-sept mètres
de haut, cent soixante-dix de long et cent dix-neuf de
profondeur est quatre fois plus volumineux que l'arc de
triomphe de Paris, qui pourrait aisément être contenu
sous sa voûte s'élevant à quatre-vingt-dix mètres du
sol ! Paré de vingt-quatre statues et bas-reliefs sculptés
par Breker, ce monument colossal fait lui aussi office
de mémorial, puisque les noms des 1,8 million de soldats allemands tombés au champ d'honneur durant la
Première Guerre mondiale doivent y être gravés.

Autre symbole de la soumission des peuples vain-
cus par les armes de la Wehrmacht, il est prévu que la
place de la gare du Midi soit décorée de pièces d'artillerie prises à l'ennemi. La présence de matériels de
guerre exhibés en trophées est d'ailleurs récurrente
dans Germania, puisque Hitler a aussi fait placer des
canons et des chars capturés en d'autres points de la
Grande Avenue – deux cents au total.

Au bout de la place se trouve évidemment la gigantesque gare du Midi (*Süd-Bahnhof*), qui constitue
l'aboutissement visuel de la Grande Avenue. Également conçue par Albert Speer, elle répond en partie aux besoins induits par l'entière restructuration
du réseau ferroviaire berlinois. C'est le seul édifice
de Germania dont la construction fait principalement appel à des matériaux modernes, avec sa char-
pente métallique couverte de plaques de bronze et
de cuivre. Ce bâtiment de plus de 200 000 mètres

carrés se distingue par son hall carré de trois cents mètres de côté. Une allée centrale permet de gagner les quais, mais aussi les deux grands pavillons de réception de la gare, comprenant l'un et l'autre des salles d'attente, un cinéma, des galeries marchandes, des buffets, etc. C'est aussi là qu'est installé le siège de la toute-puissante *Deutsche Reichsbahn*, ainsi qu'un hôtel de 3 000 lits. Sous terre, quatre niveaux de circulation superposés, reliés entre eux par des escaliers roulants et des ascenseurs, forment un nœud de communication entre tous les transports publics de Germania. Avec ses vingt-deux voies ferrées, sa station de métro, sa gare routière et ses correspondances avec les aéroports internationaux de la capitale, la gare du Midi dépasse de loin les capacités de transport de l'immense Grand Central Terminal de New York !

En définitive, remplaçant les nombreuses têtes de ligne – gares de Lehrte, de Stettin, de Silésie, d'Anhalt et de Potsdam –, les nouvelles gares du Nord et du Midi absorbent la totalité du trafic ferroviaire urbain, régional, national et continental convergeant vers la capitale. Cette restructuration du réseau s'est traduite par la destruction de 50 000 logements[a], mais la suppression des cinq gares et le déplacement des voies de garage, de dépôt et de triage en dehors de Germania auraient permis de créer une zone résidentielle capable d'accueillir près de 400 000 personnes[b].

---

a. Notamment dans le quartier juif du *Scheunenviertel* (quartier des granges), dont les habitants ont été expulsés, puis déportés vers les camps de la mort.

b. Un total de 650 000 appartements nouveaux est calculé pour Germania.

Si l'axe est-ouest est secondaire par rapport à la Grande Avenue, il n'en est pas pour autant dénué d'intérêt. En effet, si notre visiteur descend à la station de métro Alexanderplatz, puis marche vers l'est, il découvrira l'île aux musées. Au nord, trois d'entre eux sont nés sous le crayon de Wilhelm Kreis : le Musée germanique, le Musée égyptien et le musée du XIXe siècle, tous d'un style très différent, mais dont l'ensemble architectural s'accorde parfaitement avec le Kaiser-Friedrich Museum situé à proximité. Au sud de la rivière se trouve le musée d'Ethnologie, puis celui de la Première Guerre mondiale, où la muséographie doit mettre en valeur le courage du Führer dans les tranchées.

Le quartier d'Unter den Linden a été préservé par Hitler et Speer. La célèbre porte de Brandebourg, couronnée du quadrige de la déesse de la Victoire, autrefois monument emblématique de Berlin, est toujours là, mais elle est aujourd'hui reléguée au rang d'édifice anodin au milieu du gigantisme des nouvelles constructions de Germania. Juste à droite de la porte se dresse le siège du géant de l'industrie chimique IG Farben. Plus bas, sur la Wilhelmstrasse, à l'angle de la Prinz Albrecht Strasse, s'élève le ministère de l'Air, inauguré en mai 1936 : il s'agit d'un imposant complexe de plusieurs immeubles comprenant une cour d'honneur, dans laquelle Goering organisait de fastueuses soirées pour fêter les victoires de « sa » Luftwaffe.

Plus loin, le touriste pénètre dans le quartier de Charlottenburg, avant de rejoindre l'ancienne Adolf Hitler Platz, rebaptisée Mussolini Platz : « Je parais faire un grand honneur au Duce en lui cédant ma place. J'ai déjà dessiné moi-même l'ébauche d'un monument Mussolini[22] », avait dit Hitler à Speer lors des esquisses des plans de Germania. De là, on accède à la grande cité universitaire, ainsi qu'à l'hôpital de la ville, un gigantesque bâtiment de trente étages en forme de H.

Juste au nord se trouve toujours le complexe sportif[a], où se sont déroulés les Jeux olympiques d'été de 1936. Au sud du campus, divers bâtiments ont été édifiés en bordure de la forêt de Grünewald, autour d'une grande place rectangulaire enjolivée de fontaines et de plantations : trois instituts de recherche militaire, un institut d'ergonomie et le Service des brevets du Reich, auquel Hitler accorde une importance toute particulière. Comme le notera son sténographe : « Il est stupide de communiquer à l'étranger nos procédés de fabrication par le système des licences. Même le Brésil, qui n'a à son crédit aucune invention notable, croit pouvoir profiter des circonstances pour suspendre la protection des brevets et utiliser les nôtres sans frais. Le Führer désire donc qu'à l'avenir, tous les brevets allemands demeurent secrets. Il a déjà remarqué depuis longtemps que divers peuples, par exemple les Russes et les Japonais, qui n'ont eux-mêmes réalisé aucune découverte importante, quand ils désirent fabriquer un article déterminé, disons une machine-outil, en font venir un modèle d'Amérique, un d'Angleterre et un d'Allemagne, s'en procurent

---

a. Comprenant, d'est en ouest, le stade olympique d'une capacité de 110 000 places, réservé aux épreuves d'athlétisme ; le Champ de mai conçu pour 60 000 spectateurs, où se déroulent les épreuves hippiques de polo et de dressage ; le théâtre de verdure de 22 000 sièges, prévu pour les compétitions de gymnastique ; et tout à fait au nord, la piscine olympique.

les plans si possible, et, en se servant des trois, en construisent un qui est naturellement meilleur[23]. »

Juste à côté de ces bâtiments a été élevée une grande construction abritant le Service des forêts du Reich et un musée de la Chasse, le premier avec une architecture richement décorée, le second beaucoup plus sobre. Sur le modèle du bois de Boulogne parisien, le Grünewald est ouvert au public et propose aux habitants de Germania des sentiers de promenade, des aires de repos, des terrains de sport et des restaurants. Albert Speer y a d'ailleurs fait planter des dizaines de milliers d'arbres feuillus, afin de reconstituer l'ancienne forêt mixte déboisée par Frédéric II pour le financement de ses guerres.

Ces terrains sont directement bordés par l'autoroute périphérique, dont le tracé marque la limite effective de Germania. De l'autre côté des voies rapides, conformément aux projets de reforestation de la marche de Brandenburg imaginés par Himmler, des espaces verts ont été aménagés par un haut fonctionnaire des Eaux et Forêts doté des pleins pouvoirs. Celui-ci a transformé la forêt de conifères caractéristique de la région en une forêt d'arbres à feuilles caduques. Ces bois sont parsemés de terrains de sport et de jardins potagers ouverts à tous ; des chemins de randonnée, des pistes cyclables et des allées cavalières permettent de sillonner ces bois en tous sens.

S'il s'aventure à l'extérieur de la capitale, notre touriste découvrira de vastes quartiers résidentiels, à l'instar de la banlieue de *Südstadt* accueillant 210 000 habitants, ou d'*Oststadt*, faubourg dessiné pour pouvoir y loger 445 000 personnes avec le confort le plus moderne. Écoles, crèches et foyers

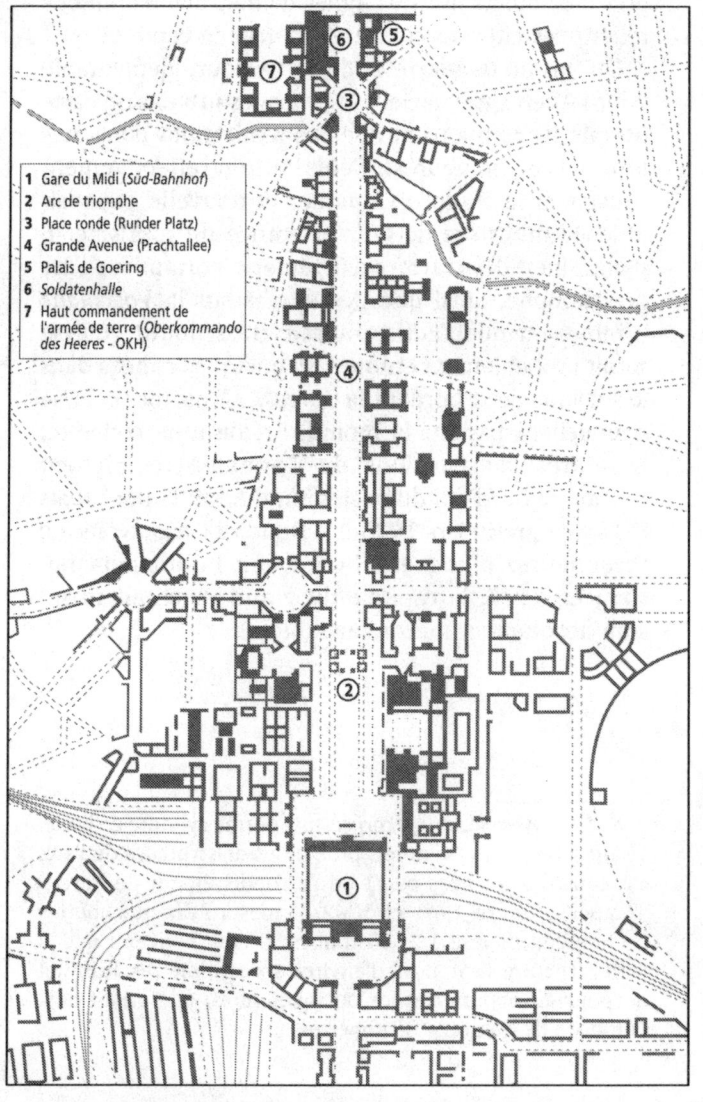

1 Gare du Midi (*Süd-Bahnhof*)
2 Arc de triomphe
3 Place ronde (Runder Platz)
4 Grande Avenue (Prachtallee)
5 Palais de Goering
6 *Soldatenhalle*
7 Haut commandement de l'armée de terre (*Oberkommando des Heeres* - OKH)

des Jeunesses hitlériennes y sont systématiquement présents, tandis que des lignes de métro et d'omnibus relient ces cités au centre de la grande capitale.

Du fait de la guerre et de sa tournure défavorable pour l'Allemagne nazie, ces paysages urbains de carte postale ne connaîtront que des réalisations concrètes tout à fait mineures. Seuls seront effectivement construits le stade olympique, la nouvelle chancellerie, le ministère de l'Air et l'office du tourisme. Il y aura bien des travaux d'ingénierie portant sur l'arc de triomphe, ainsi que des études sur la *Volkshalle* – montrant que l'édifice aurait été si lourd qu'il se serait probablement enfoncé en quelques années dans le sol spongieux bordant la Spree[a]… Mais tout cela ne débouchera pas sur la moindre réalisation concrète. Les rares constructions de Germania témoignent encore aujourd'hui du projet fou d'Adolf Hitler ; mais il l'avait prédit en 1935 : « Dans dix ans, vous ne reconnaîtrez plus Berlin ! » L'avenir lui donnera raison ; en 1945, la capitale du grand Reich allemand sera absolument méconnaissable…

---

a. Le *Schwerbelastungskörper*, un énorme cylindre de béton visant à tester les éventuels problèmes de structure de l'arc, est construit au nord-ouest de l'arrondissement de Berlin-Tempelhof entre 1941 et 1942. Il mesure dix-huit mètres de hauteur et pèse 12 650 tonnes. Il était convenu que si cette structure s'enfonçait d'environ six centimètres, le projet ne pourrait aboutir ; après quelques mois, elle s'était déjà enfoncée de quatorze centimètres.

3

Churchill, ennemi mortel

Le lecteur aura compris que le Führer est un anglophile impénitent, mais que dans son esprit, le rêve d'une alliance avec la Grande-Bretagne est subordonné à celui d'une expansion illimitée. On en trouvera une confirmation dans les paroles suivantes, qu'il prononce un an avant sa prise de pouvoir : « Aujourd'hui, l'Angleterre appartient à l'Europe, même si jusqu'à présent, elle n'a pas voulu le croire. C'est contre la Russie et l'Amérique qu'elle doit faire front. Ce combat a déjà commencé sur les champs de pétrole persans, il se poursuivra en Inde et en Extrême-Orient, et pour finir, il englobera tout l'Empire. [...] En outre, l'Europe a besoin des céréales, de la viande, du bois, du charbon, du fer et du pétrole de la Russie pour pouvoir se maintenir dans le combat décisif contre l'Amérique. C'est dans l'intérêt de l'Angleterre comme dans le nôtre. L'Angleterre et l'Allemagne sont pareillement menacées[1]. »

Au nom de cette menace largement imaginaire, le très paranoïaque dirigeant du parti national-socialiste se promet donc de mener une guerre de conquête contre l'URSS et les États-Unis, avec l'aide de la Grande-Bretagne ! À cette époque, rien n'indique qu'il ait reçu le moindre encouragement de la part des cercles dirigeants britanniques, pour lesquels une confrontation avec l'URSS serait désastreuse et une guerre contre les États-Unis suicidaire. Du reste, le Führer n'a pas rencontré de politiciens anglais à ce stade, et il n'expose clairement ses projets de conquêtes que devant quelques proches acolytes[a]. Mais au printemps de cette même année 1932, le député Winston Churchill se rend en Bavière pour visiter les champs de bataille où s'est illustré son ancêtre le duc de Marlborough[b]. Le fils de Churchill, Randolph, jeune journaliste en quête d'un article sensationnel, avait pris contact de longue date avec le responsable de la presse étrangère du parti national-socialiste, Ernst Hanfstaengl, afin qu'il organise une rencontre entre son père et Hitler. Hanfstaengl racontera la suite en ces termes : « J'ai rejoint Hitler à la Maison Brune et je suis entré en trombe dans sa chambre. "*Herr Hitler*, lui ai-je dit, M. Churchill est à Munich et veut vous rencontrer. C'est une occasion fantastique. Ils veulent que je vous accompagne à l'hôtel Continental pour dîner ce soir." J'ai pratiquement vu tomber le rideau d'amiante : "*Um Gottes Willen*[c], Hanfstaengl, ils ne voient pas que je suis occupé ? Et de quoi veux-tu

---

a. Même si ces projets étaient déjà inscrits en filigrane dans *Mein Kampf*, où il évoquait une alliance avec la Grande-Bretagne, contre deux ennemis qui étaient la France et l'URSS.

b. Dont il a entrepris d'écrire la biographie.

c. Pour l'amour de Dieu.

que je lui parle ?" J'ai protesté : "Mais, *Herr Hitler*, rien au monde n'est plus aisé que de converser avec cet homme-là – art, politique, architecture, tout ce que vous voudrez ! C'est un des personnages les plus influents d'Angleterre. Vous devez absolument le rencontrer." [...] Mais Hitler a trouvé un millier d'excuses, comme il le faisait toujours lorsqu'il craignait de rencontrer quelqu'un. [...] J'ai tenté une dernière approche : *"Herr Hitler*, j'irai dîner avec eux et vous arriverez après, comme si vous vouliez me parler, et vous resterez pour le café." Non, il verrait, nous devions partir tôt le lendemain matin – première nouvelle, je pensais que nous avions deux ou trois jours devant nous... "De toute façon, a-t-il ajouté, on dit que votre Monsieur Churchill est un francophile enragé[a]."

« J'ai rappelé Randolph en essayant de cacher ma déception, [...] et j'ai laissé entendre, sans trop y croire, que Hitler pourrait se joindre à nous pour le café. Quant à moi, je me suis présenté à l'heure convenue. [...] Nous étions dix à table, j'étais assis à la droite de madame Churchill et mon hôte était en vis-à-vis. Nous avons parlé de choses et d'autres, puis M. Churchill m'a attaqué au sujet de l'antisémitisme d'Hitler. [...] À l'heure du café, du cognac et des cigares, il en est venu aux confidences : "Dites-moi, que pense votre chef d'une alliance entre votre pays, la France et l'Angleterre[b] ?" J'étais pétri-

---

a. À défaut d'être courageux, le Führer est bien informé.

b. Il faut se souvenir que cela se passe en 1932, alors que Churchill ne sait pratiquement rien d'Hitler. Les diatribes antisémites du Führer le mettent mal à l'aise, mais il admire

fié. [...] Maudit Hitler, pensai-je, voilà par excellence ce qui pourrait lui donner du prestige, et il n'a pas même le courage d'être là pour en parler ! En désespoir de cause, j'ai réussi à lui dire combien Hitler serait heureux de discuter d'un tel sujet [...]. Je me suis dit qu'il fallait absolument que je contacte Hitler, et en me tournant vers madame Churchill, je lui ai demandé de m'excuser, en prétextant que j'avais oublié de téléphoner à la maison pour dire que je rentrerai tard. [...] J'ai appelé la Maison Brune, mais Hitler était parti, puis j'ai appelé son appartement, mais *Frau* Winter ne l'avait pas vu. [...] Au moment où je sortais de la cabine téléphonique pour regagner le hall, qui vois-je dans l'escalier – Hitler, avec son manteau blanc sale et son chapeau vert ; il était en train de prendre congé d'un Hollandais ami de Goering. [...] J'étais hors de moi. "*Herr Hitler*, que faites-vous ici ? Vous vous rendez compte que les Churchill sont dans le restaurant ? Ils ont pu vous voir passer. Ils apprendront certainement par le personnel que vous étiez là. Ils vous attendent pour le café et prendront cela pour une insulte délibérée." Non, il m'a répondu qu'il ne s'était toujours pas rasé, ce qui était vrai. "Alors, pour l'amour de Dieu, rentrez chez vous, rasez-vous et revenez. Je leur jouerai du piano en attendant votre retour." "J'ai trop à faire, Hanfstaengl, il faut que je me lève de bonne heure demain." Il a fait un pas de côté pour m'éviter et il est sorti. Faisant contre mauvaise fortune bon cœur,

---

la résolution dont il a fait preuve depuis la Grande Guerre. Une traduction anglaise abrégée de *Mein Kampf* ne paraîtra qu'en octobre 1933.

je suis retourné auprès des convives, en pensant qu'il finirait peut-être par se montrer. [...] Mais il n'est jamais venu. Il s'était dégonflé[2]. » C'est un fait : Hitler, orateur hors pair devant les foules, est terriblement mal à l'aise lors d'entretiens en tête à tête – et bien plus encore lorsque l'interlocuteur potentiel est précédé d'une réputation mondiale de combattant, d'homme d'État, d'écrivain et de rhéteur...

Le vieux président Hindenburg, pressé par son entourage[a], ayant finalement fait appel à Hitler le 30 janvier 1933, Churchill, comme beaucoup d'autres, peut escompter que le nouveau chancelier s'apaisera sous l'influence des responsabilités gouvernementales. Au cours des mois suivants, l'incendie du Reichstag, l'instauration d'un État policier, la mise au pas de l'opposition politique, des syndicats et des églises, les premières mesures de répression contre les juifs et le début du réarmement vont commencer à le détromper, mais c'est la Nuit des longs couteaux, avec son cortège d'arrestations et d'assassinats, qui achève de lui ouvrir les yeux : l'Allemagne est désormais sous la coupe d'un régime criminel, entièrement dépourvu de scrupules et terriblement dangereux pour la paix du monde. Dès lors, cette conviction ne cessera plus de se refléter dans les discours aux Communes et les articles de presse du député Churchill, qui invite le gouvernement à la fermeté diplomatique, au resserrement des alliances sur le continent et à l'abandon du désarmement : « Nous ne pouvons nous permettre

---

a. Notamment son fils Oskar et l'ancien chancelier von Papen.

d'assister à la prédominance du système nazi, avec ses attributs actuels de cruauté et d'intolérance, avec ses rancœurs et ses armes étincelantes. »

De fait, entre 1935 et 1937, le réarmement terrestre et naval, la remilitarisation de la Rhénanie, les outrances de la propagande et la diplomatie d'intimidation en Europe centrale révèlent clairement les ressorts agressifs de la politique hitlérienne. Pourtant, le gouvernement conservateur de Stanley Baldwin est aussi insouciant que conciliant, et l'on voit durant toute cette période d'innombrables membres des cercles dirigeants britanniques se succéder à Berlin comme à Berchtesgaden : le propriétaire de l'*Observer* lord Astor, l'ancien Premier Ministre Lloyd George, le lord du Sceau Privé Charles Londonderry, le magnat de la presse lord Rothermere, le ministre des Affaires étrangères lord Halifax, le ministre de l'Intérieur John Simon, le leader fasciste Oswald Mosley, sa belle-sœur Unity Mitford, l'ancien secrétaire d'État aux Indes lord Lothian, le duc de Windsor et bien d'autres encore. Tous admirent l'étalage de puissance des nazis, la plupart voient en Hitler la meilleure garantie contre l'expansion du communisme, et beaucoup lui disent ce qu'il veut entendre : Churchill n'a plus la moindre influence dans son pays.

Pourtant, le Führer, réputé pour son sixième sens, ne se laisse pas rassurer aussi aisément ; à présent qu'il est fermement installé au pouvoir, il pense pouvoir subjuguer par sa puissance ce prodigieux tribun, dont les discours nuisent malgré tout à son image dans le monde. Après tout, Churchill ne s'était-il pas prononcé en faveur d'une réconciliation anglo-allemande ? N'est-il pas le plus vieil antibolchevique du Royaume ? Avec un tel homme, il doit être possible de s'entendre, et par deux fois, en 1936 et 1937, Churchill est invité à Berlin. Il ne donnera pas suite, mais en mai 1937, nullement découragé, Hitler le fait inviter à l'ambassade du Reich par son représentant Joachim von Ribbentrop, qui lui expose sans ambages les propositions du Führer : l'Allemagne doit conquérir un espace vital à l'Est, qui inclura entre autres la Pologne, la Biélorussie et l'Ukraine. Tout ce qui est demandé à la Grande-Bretagne, c'est qu'elle lui laisse les mains libres pour procéder à ces annexions, en échange de quoi Hitler est prêt à garantir et même à défendre l'intégrité du Commonwealth et de l'Empire britannique. Mais Churchill lui répond sans hésiter que son pays, même s'il est en mauvais termes avec l'URSS, ne pourra jamais permettre à l'Allemagne d'occuper l'Europe centrale et orientale. Ribbentrop lui ayant déclaré que dans ce cas, une guerre était inévitable, Churchill lui lance cet avertissement : « En parlant de guerre, vous ne devez pas sous-estimer l'Angleterre. C'est un curieux pays, dont peu d'étrangers comprennent la mentalité. Il ne faut pas la juger d'après l'attitude du régime actuel. Une fois confronté à un grand défi, ce même gouvernement et cette même nation sont capables de toutes sortes de réactions imprévues. Si vous nous plongez tous dans une nouvelle Grande Guerre, l'Angleterre lancera le monde entier contre vous, exactement comme la dernière fois[3]. »

C'est une mise en garde aussi explicite que prophétique, mais Hitler n'en tient aucun compte, et la politique d'apaisement du nouveau Premier Ministre Neville Chamberlain semble plutôt l'encourager dans la voie de l'expansion à outrance ; à l'Anschluss de mars 1938 succèdent les menaces contre la Tchécoslovaquie, dont Hitler va obtenir le démembrement à la suite de la conférence de Munich au mois de septembre. Contrairement à l'immense majorité de ses compatriotes, Churchill considère Munich comme une capitulation aussi honteuse que dangereuse de la part de Chamberlain, et le 5 octobre, il prononce aux Communes l'un de ses plus remarquables réquisitoires : « Nous avons subi une défaite totale et sans mélange. [...] Vous verrez que dans quelque temps, un temps qui se mesurera peut-être en années, mais peut-être aussi en mois, la Tchécoslovaquie sera entièrement engloutie par le régime nazi. [...] Notre peuple doit savoir que nous avons subi une défaite sans guerre, dont les conséquences nous accompagneront longtemps sur notre chemin. [...] Et ne croyez pas que c'est fini ; ce n'est que le début du règlement de comptes, la première gorgée, le premier avant-goût d'une coupe amère qui nous sera présentée, année après année, à moins que, dans un ultime sursaut de santé morale et de vigueur martiale, nous nous relevions pour défendre notre liberté, comme au temps jadis[4]. »

Cette majestueuse diatribe contre « l'homme qui a sauvé la paix » sera soutenue par quelques rares hommes politiques, comme l'ancien ministre des Affaires étrangères Anthony Eden et le Premier lord de l'Amirauté Duff Cooper[a], mais elle fera aisément de Churchill l'homme le plus impopulaire du Royaume.

---

a. Qui démissionnera en guise de protestation contre les accords de Munich.

Plus encore, elle va attirer sur lui les foudres du maître de l'Allemagne, déjà outré par les réactions négatives de la presse internationale à son endroit depuis la conférence de Munich. Le 6 novembre, dans son discours de Weimar, il s'en prend nommément à son antagoniste, en bafouillant littéralement de rage : « Si M. Churchill passait moins de temps dans les cercles d'immigrés, c'est-à-dire avec des traîtres à leur pays, et davantage de temps avec des Allemands, il se rendrait compte de la folie et de la stupidité de ses propos ineptes. [...] Tant que d'autres parlent de désarmement, alors qu'ils continuent à pousser à la guerre, nous devons en conclure qu'ils ne veulent rien d'autre que nous dépouiller de nos armes, afin de nous réserver à nouveau le sort de 1918-1919. Et dans ce cas, ma seule réponse à M. Churchill et à ses semblables sera celle-ci : c'est arrivé une fois, et cela ne se répétera jamais[5] ! »

Churchill répond presque immédiatement dans un discours aux Communes, et c'est la première fois que les deux hommes dialoguent par tribunes interposées : « Je suis surpris que le dirigeant d'un grand État s'en prenne à des membres du Parlement britannique qui n'ont aucune responsabilité gouvernementale et ne sont pas même des chefs de partis. Une telle action de sa part ne peut que renforcer leur prestige, car leurs concitoyens ont eu tout loisir de se faire une opinion sur leur compte et n'ont vraiment pas besoin d'assistance étrangère à cet égard. *Herr Hitler* se trompe en supposant que MM. Eden, Duff Cooper, moi-même et les chefs des partis libéral et travailliste sont des bellicistes. Aucun d'eux n'a jamais songé à commettre un acte d'agression contre l'Allemagne. Il est vrai, par contre, que nous sommes soucieux de faire en sorte que notre pays soit convenablement défendu, afin que nous puissions demeurer libres et en sécurité, et aussi aider tous ceux envers qui nous avons des obligations[6]. »

Deux jours plus tard, dans un discours célébrant le quinzième anniversaire du putsch manqué de Munich, Hitler revient à son obsession : « En France et en Grande-Bretagne, les hommes qui veulent la paix sont au gouvernement ; mais demain, peut-être seront-ils remplacés par ceux qui veulent la guerre. M. Churchill pourrait être Premier Ministre demain[7] ! » Et puis, comme souvent, le Führer oublie ses craintes et toute prudence, pour se lancer à nouveau dans une politique d'agression effrénée : en mars 1939, ses troupes occupent ce qui reste de la Tchécoslovaquie, et les premières menaces pèsent sur Varsovie. L'entrée à Prague sans la moindre réaction de Londres ou de Paris achève de convaincre Hitler qu'il a « affaire à des nullités », et qu'il peut sans risque passer au plan *Weiss*, l'attaque de la Pologne. Les propos tenus devant ses officiers sont entièrement dépourvus d'ambiguïté à cet égard : « La situation ne nous a jamais été aussi favorable. Nous avons de l'avance en matière d'armements, tandis que l'Angleterre est à la traîne. J'ai rencontré à Munich Chamberlain, l'homme au parapluie, ainsi que *Herr* Daladier. Ils ne pourront pas m'empêcher de régler la question polonaise. Les commères des salons de thé londoniens et parisiens vont devoir se tenir tranquilles cette fois encore. Il faut poursuivre les préparatifs du plan *Weiss*. […] S'il y a une guerre, elle restera limitée à la Pologne. Ce plan *Weiss* ne débouchera jamais, jamais, jamais sur une guerre mondiale. Si une confrontation avec l'Angleterre devenait inévitable, c'est moi qui en choisirais le moment, […] mais pas avant 1943-1944. Nous n'avons rien à perdre, tout à gagner. Nos adversaires ont des dirigeants qui sont en dessous de la moyenne. Pas de personnalités, pas de maîtres, pas d'hommes d'action[8]. »

À l'évidence, Churchill a été entièrement oublié – ou bien Hitler pense qu'il est toujours aussi impopulaire dans son pays, et tenu éloigné du pouvoir par cet « homme au parapluie » prêt à toutes les bassesses pour préserver la paix. Ce n'est pas déraisonnable, mais le Führer a fatalement sous-estimé la pression de l'opinion publique, de la presse et du Parlement sur Neville Chamberlain depuis le dernier coup de force allemand sur Prague. Or, à la fin du mois d'août 1939, cette pression est telle que le Premier Ministre n'est plus vraiment maître de sa politique ; et lorsque la Wehrmacht pénètre en Pologne au début de septembre, il n'a d'autre choix que de faire ce qu'Hitler était persuadé qu'il ne ferait jamais : déclarer la guerre à l'Allemagne et inclure Churchill dans son gouvernement. Les deux mesures pratiquement simultanées vont causer au Führer un choc assez rude, et dans l'après-midi du 3 septembre, alors qu'Albert Speer attend d'être reçu à la chancellerie du Reich, il voit le maréchal Goering sortir du bureau d'Hitler en tenant à la main le communiqué de presse annonçant la nomination de Winston Churchill au poste de Premier lord de l'Amirauté : « Goering, notera Speer, s'est laissé tomber dans le fauteuil le plus proche, et il a dit d'une voix lasse : "Churchill dans le cabinet, cela veut dire que la guerre commence pour de bon[9]." »

Comme toujours, Hermann Goering est la voix de son maître…

Pourtant, Hitler, dont la capacité d'autosuggestion est sans limites, a tôt fait de se persuader que la Grande-Bretagne et la France, ayant déclaré la guerre pour la forme, n'oseront jamais la mener. De fait, elles n'entreprennent rien pour secourir la Pologne, qui est vaincue en moins de quinze jours avec la complicité active de l'URSS[a]. Même après cela, le conflit à l'Ouest va se limiter pendant tout l'hiver à quelques escarmouches sur mer et dans les airs, ainsi qu'à une guerre de propagande très active, qui sert surtout aux protagonistes à remonter le moral de leurs populations civiles.

À partir du printemps de 1940, lorsque la parole est aux armes, c'est Hitler qui triomphe : entre avril et juin, sa Wehrmacht et sa Luftwaffe se rendent maîtres successivement de la Norvège, du Danemark, de la Belgique, des Pays-Bas et de la France. Mais c'est précisément son éclatante victoire en Norvège qui a entraîné ce qu'il redoutait le plus : à Londres, le 10 mai, Churchill a remplacé Chamberlain au poste de Premier Ministre. Le Führer, qui ne doute de rien, pense que Churchill acceptera de négocier avec lui, plutôt que de subir une invasion devenue inévitable. Tel est le sens de son discours du 19 juillet au Reichstag, à l'occasion duquel il tend à son adversaire un rameau d'olivier au bout d'un sabre d'abordage : « Peut-être, pour une fois, M. Churchill

---

a. En vertu des accords secrets du pacte de non-agression signé par Ribbentrop et Molotov le 23 août 1939.

devrait-il me croire lorsque je prédis qu'un grand empire sera détruit – et pourtant, je n'ai jamais voulu le détruire, ou même lui nuire. [...] Je considère comme mon devoir d'en appeler une fois de plus à la raison et au bon sens. Je crois pouvoir lancer cet appel, parce que je ne suis pas le vaincu qui quémande des faveurs, mais le vainqueur qui parle au nom de la raison. Je ne vois pas pourquoi cette guerre devrait se prolonger[10]. »

Churchill, lui, le voit parfaitement, et il laisse lord Halifax, l'ancien chantre de l'*appeasement*, rejeter cette offre de paix sommaire et condescendante. C'est que le nouveau Premier Ministre et ministre de la Défense a bien d'autres tâches : il organise, supervise, galvanise, tyrannise, arme les citoyens, encourage les alliés, exhorte les neutres, défie les adversaires : « Notre politique, c'est de faire la guerre, sur mer, sur terre et dans les airs, de toute notre puissance et avec toute la force que Dieu pourra nous donner ; de faire la guerre contre une monstrueuse tyrannie, sans égale dans tout le sombre et lamentable registre des crimes de l'humanité. Notre but, c'est la victoire ; la victoire à tout prix, la victoire en dépit de toutes les terreurs, la victoire, si long et difficile que puisse être le chemin[11]. »

Hitler enrage ; puisque décidément, cet infernal bonimenteur refuse d'entendre raison et que son peuple semble le suivre, il va falloir à nouveau faire parler les armes. À la mi-août 1940, la Luftwaffe s'attaque pour de bon aux îles Britanniques, afin d'ouvrir la voie à une invasion navale. Mais cet instrument perfectionné qu'est l'aviation allemande va bientôt s'enrayer : conçue pour la *Blitzkrieg*, elle n'est pas adaptée à une guerre d'attrition loin de ses bases, d'autant qu'elle se heurte à un ennemi courageux, bien équipé, guidé par radar et combattant sur son propre terrain. À l'approche de l'automne, lorsque les pertes de la Luftwaffe se font trop lourdes et l'opération navale trop incertaine, Hitler renonce à l'invasion.

C'est qu'il a commencé dès la fin de juillet à faire étudier l'attaque de l'URSS, afin, dit-il à ses généraux, « de retirer à l'Angleterre sa dernière base sur le continent [...] et toute possibilité d'alliance ». Bien sûr, son rêve, maintes fois exprimé depuis quinze ans, était d'enrôler les Anglais de sang aryen dans une croisade contre l'Union soviétique, alors qu'il prétend maintenant vaincre l'URSS pour mieux se retourner par la suite contre l'Angleterre. Mais qui a jamais compris l'esprit tourmenté du Führer ? Pour l'heure, en tout cas, il va devoir mener la guerre sur deux fronts – et même trois, car celui de Méditerranée, entre Grèce et Libye, n'est pas le moins animé...

Au printemps de 1941, Hitler peut encore espérer décourager les Britanniques, qui sont malmenés en Grèce, en Crète, en Cyrénaïque et en Tripolitaine – et peut-être même les décider à rejoindre sa croisade antibolchevique. Mais le 22 juin 1941, lorsque se déclenche l'opération *Barbarossa*, il va devoir déchanter : dans un discours radiodiffusé, Churchill annonce : « Tout homme, toute nation, qui poursuivra la lutte contre le nazisme aura notre appui. [...] Il s'ensuit que nous apporterons toute l'aide possible à la Russie et au peuple russe[12]. »

À travers toutes les péripéties de la guerre en URSS, en Méditerranée, dans l'Atlantique, en Libye, en Égypte, dans la Manche, en Sicile, en Italie, dans les Balkans, en Europe centrale, en France et au-delà, Hitler va continuer à écouter Churchill sur les ondes, à l'invectiver et à l'observer au travers des documents décryptés, des écoutes[a], des rapports, des rumeurs, des publications et des indiscrétions. C'est Otto Dietrich, le chef des services de presse du Reich, qui décrira le mieux l'attitude du Führer face à son ennemi juré : « Churchill, ce bon vivant avec son goût immodéré du whisky et son inévitable cigare à la bouche, était une abomination aux yeux d'Hitler, l'abstinent et le non-fumeur. Lorsqu'il a appris que Churchill avait l'habitude de dicter le matin depuis sa salle de bains, et lorsqu'il a vu une photo de Churchill penché sur un évangile en train de prier pour la victoire, il est devenu absolument fou de rage. Je lui donnais toujours le texte intégral ainsi que le résumé des discours exaltants de Churchill. Il les lisait avec soin, et d'après ses commentaires parfaitement superficiels et insignifiants, je pouvais conclure qu'il les admirait en secret. Mais il n'en discutait jamais sérieusement. Comme la plupart des hommes de son entourage ne cachaient pas que ces discours les impressionnaient, Hitler lui-même se cantonnait dans un silence glacé [...]. Il était incapable d'admettre

---

a. Les techniciens allemands sont parvenus à poser une « bretelle » sur le câble transatlantique entre la Grande-Bretagne et les États-Unis. Au début de 1944, Hitler a ainsi pu prendre connaissance de certaines des conversations téléphoniques « secrètes » entre Churchill et Roosevelt... (Voir Walter Schellenberg, *Aufzeichnungen,* Moewig Verlag, Salzburg, 1981, p. 405.)

que Churchill avait les qualités d'un grand homme. Ce même Churchill, qui n'avait jamais cessé de s'en prendre au bolchevisme, s'était allié à Staline contre lui. Pour cela, Hitler le haïssait à tel point que tout jugement objectif s'en trouvait exclu[13]. »

C'est exact ; au soir du 18 octobre 1941, il déclare ainsi à ses invités : « C'est étonnant, la façon dont l'Angleterre a glissé dans la guerre. L'homme qui a combiné cela, c'est Churchill, cette marionnette de la juiverie qui tire les ficelles[14]. » Le 7 janvier 1942 : « Je n'ai jamais rencontré un Anglais qui n'exprimait pas sa désapprobation à l'endroit de Churchill. Je n'en ai jamais rencontré un qui ne disait pas qu'il était fou[15]. » Et six jours plus tard : « Churchill a une conception politique démodée – celle de l'équilibre des forces en Europe. Elle n'appartient plus au monde des réalités. Et pourtant, c'est à cause de cette superstition que Churchill a lancé l'Angleterre dans la guerre. Quand Singapour tombera, Churchill tombera aussi ; j'en suis convaincu[16]. » Le mois suivant, Hitler continue à prendre ses désirs pour des réalités : « Churchill est comme un animal aux abois. […] Il est dans la même situation que Robespierre à la veille de sa chute. Ce citoyen vertueux ne recevait que des louanges, quand soudainement, la situation s'est inversée. Plus personne ne soutient Churchill[17]. » Et le 18 février, au général Rommel : « Churchill est le type même du journaliste corrompu. Il n'y a pas de pire prostitué parmi les politiciens. C'est une créature parfaitement amorale et répugnante. Je suis persuadé qu'il s'est déjà ménagé un refuge de l'autre côté de l'Atlantique[18]. » Enfin, au soir du 31 août 1942 : "Churchill est un porc sans principes. Il suffit de parcourir ses mémoires pour s'en convaincre ; il s'y révèle tout entier devant le public. Que Dieu aide une nation qui accepte d'être dirigée par un machin pareil[19]." Pourtant, Hitler ne cessera jamais de guetter dans la presse anglaise et internationale la moindre information indiquant que ce "machin" serait sur le point d'être renversé par le Parlement, par l'armée, ou par un soulèvement populaire...

Comme il ne se produit rien de tel, le Führer décide de prendre les devants, et il ordonne tout bonnement l'assassinat de Churchill... Le premier à recevoir cet ordre est le chef de l'Abwehr II[a], Erwin von Lahousen : « En ce qui concerne ma propre section, déclarera-t-il plus tard, je me souviens qu'après l'arrivée de Churchill à Casablanca [le 13 janvier 1943], Keitel m'a transmis l'ordre, venant sans doute du Führer, de faire assassiner Churchill par des nationalistes arabes. Hitler pensait probablement à certains de nos agents du Maroc espagnol. Mais en dehors même de l'impossibilité technique de monter à l'improviste une telle opération, l'amiral [Canaris] avait formellement interdit de telles activités[20]. » En l'occurrence, Canaris a dû donner son instruction habituelle dans de tels cas : « Bien entendu, nous ne ferons rien[21] ! » – et c'est à l'évidence ce qui s'est produit...

On sait que le Führer néglige souvent de contrôler la mise en œuvre de ses ordres, mais dans une affaire de cette importance, le laxisme n'est pas de mise ; au printemps de 1943, c'est donc le *Sicherheitsdienst* de la SS qui est chargé de l'exécution. Le 1er juin 1943,

a. Section de l'Abwehr chargée des opérations de sabotage et de subversion.

alors que Churchill rentre d'Alger, les agents de
Himmler repèrent sur l'aéroport de Lisbonne, devant
un avion de la BOAC en partance pour Londres,
un homme chauve et replet qui fume un cigare. Le
résultat ne se fait pas attendre : l'avion est abattu
par la Luftwaffe au-dessus de l'Atlantique, englou-
tissant à jamais son équipage et ses treize passagers
– dont le célèbre acteur britannique Leslie Howard
et l'expert financier Alfred Chenfalls, qui ressemblait
vaguement à Churchill. Ce dernier évoquera l'affaire
avec indignation dans ses Mémoires : « La cruauté
des Allemands n'eut d'égale que la stupidité de leurs
agents. Comment pouvait-on s'imaginer que, disposant de toutes les ressources de la Grande-Bretagne,
je serais allé prendre place dans un avion désarmé
et sans escorte, pour faire en plein jour le voyage de
Lisbonne jusqu'à Londres[22] ? » De fait, si les hommes
de main du SD sont redoutablement efficaces en Allemagne et dans les territoires occupés, ils paraissent
assez maladroits en territoire neutre ou ennemi.

Verdammt[a] *!* Encore manqué ! Cette tentative malheureuse semble avoir encore accru la véhémence
d'Hitler à l'égard du Premier Ministre de Sa Majesté ;
la secrétaire du Führer, Christa Schroeder, se souviendra ainsi que lorsque le Führer dictait le nom
de Churchill, il l'accompagnait invariablement du
qualificatif « alcoolique », et sa voix se faisait nettement plus aiguë. Il y a là de la haine, mais aussi
du mépris : Hitler, oubliant que ses troupes ont été
battues successivement à El-Alamein, Tunis, Messine,

---

a. *Damned !* (On notera la parenté étymologique entre
les deux langues...)

Rome, Caen, Toulon, Bastogne et Strasbourg, n'en considère pas moins que Churchill, « le chacal », « le poivrot », « le sac à vent », « le menteur congénital », « l'agent stipendié des Juifs », est en outre un très mauvais stratège[a] : « Lorsqu'on compare Churchill au Lloyd George de la dernière guerre, affirme-t-il, on ne peut nier que la qualité des dirigeants britanniques s'est effroyablement dégradée[23]. »

Le Führer parle là de ce qu'il ne connaît pas ; s'il est exact que Churchill est un stratège inquiétant, il n'en reste pas moins infiniment plus compétent que Lloyd George en tant que maître de guerre. Du reste, sans doute par effet de miroir, le Führer pense que Churchill détermine à lui seul la stratégie britannique. Or, il n'en est rien, car le Premier Ministre et ministre de la Défense de Sa Majesté est solidement encadré par de grands professionnels comme le maréchal Brooke, l'amiral Cunningham et le maréchal de l'air Portal[b], qui reconnaissent son génie mais ne manquent jamais de le ramener à la raison lorsqu'il bat la campagne. C'est même ce qui fera la supériorité du lutteur Churchill sur cet autre

_____

a. Curieusement, Hitler exprimera un tout autre respect pour les capacités stratégiques du maréchal Staline, sans rien connaître de son processus de prise de décision.

b. Ces noms semblent inconnus du Führer, de même que ceux des chefs d'état-major américains Marshall, King et Arnold. Plus généralement, rien n'indique que Hitler ait reconnu le rôle déterminant du comité des chefs d'état-major, des *Joint Chiefs of Staff* et des *Combined Chiefs of Staff* dans l'élaboration de la stratégie alliée – ces organismes n'étant jamais mentionnés lors de ses conférences de situation ou de ses entretiens particuliers.

stratège amateur qui préside aux destinées de l'Allemagne national-socialiste, où les généraux, les maré-
chaux et les amiraux sont réduits à l'état de simples
courroies de transmissions, chargées d'appliquer les
inspirations géniales du Führer. Voilà qui explique
pour une large part que le grand Reich millénaire
rétrécisse comme peau de chagrin dès la fin de 1944.

Le 30 avril 1945, Hitler, ayant épuisé toutes
les ressources de sa stratégie, choisit de quitter le
théâtre de ses tristes exploits. Auparavant, il rédige
un testament politique dans lequel on peut lire : « La
guerre a été voulue et provoquée uniquement par des
hommes d'État d'origine juive ou travaillant pour les
intérêts juifs[24] ». Dans l'esprit passablement perturbé
du Führer, ce second terme désigne en tout premier
lieu Winston Churchill[a]...

---

a. Le premier terme désignant Franklin Roosevelt. Pour
des raisons connues de lui seul, Hitler a toujours été persuadé que Roosevelt était juif.

4

Raser l'Amérique !

Qui a jamais compris l'attitude d'Hitler envers les États-Unis ? C'est très malaisé, car elle n'a cessé d'osciller entre l'indifférence, le mépris, la haine et la peur – avec l'ignorance pour ciment, et des conséquences qui se feront sentir bien longtemps après la chute du IIIᵉ Reich...

Pourtant, le Führer n'a jamais manqué de conseillers dans ce domaine, à commencer par le germano-américain Ernst Hanfstaengl, le *Pressechef* Otto Dietrich et l'aide de camp Fritz Wiedemann[a]. Mais à l'évidence, les conseils les plus avisés n'ont jamais pesé bien lourd face aux préjugés tenaces d'Adolf Hitler : « Durant ma décennie de lutte pour éclairer l'esprit d'Hitler, se souviendra l'*Alter Kämpfer*[b] Hanfstaengl, je n'ai jamais vraiment réussi à lui faire prendre conscience de l'importance de l'Amérique en

a. L'ancien capitaine du régiment d'Hitler, devenu son aide de camp personnel quinze ans après la Grande Guerre.
b. Ancien combattant (des temps héroïques de la lutte pour le pouvoir).

tant que facteur incontournable de la politique euro-
péenne. Les questions qu'il me posait montraient combien ses idées sur les États-Unis étaient superficielles.
Il voulait tout savoir sur les gratte-ciel et était fas-
ciné par les détails sur les progrès techniques, mais il
était absolument hors d'état d'en tirer des conclusions
logiques[1]. » C'est bien le même homme qu'a connu
Otto Dietrich : « Des victoires de voitures de course
allemandes dans les compétitions internationales
en temps de paix, [...] Hitler a tiré des conclusions
erronées sur l'état de développement technologique
et le potentiel industriel des États-Unis. Il a décidé
que l'Allemagne était très en avance sur l'Amérique.
Certaines personnes qui connaissaient l'état des
choses tentaient de l'avertir, mais il répondait qu'il
se refusait à croire "ces exagérations, propagandes et
bluffs typiquement américains"[2]. » Et l'aide de camp
Wiedemann de confirmer : « Sa méconnaissance de
l'Amérique et des Américains était plus grande encore
que son ignorance de l'Angleterre et des Anglais. Il
semblait toujours confondre quelque peu les Américains et les Indiens, les considérant comme à demi
sauvages. [...] Il était prêt à croire n'importe quelle
ânerie qu'on lui rapportait sur l'Amérique. [...] Il
m'a même assuré un jour que les États-Unis allaient
connaître sous peu une révolution communiste[3]. ».

À la base de tout cela, on retrouve quelques éléments intangibles : Hitler a forgé ses conceptions géo-
politiques à l'aube du XXᵉ siècle, et beaucoup d'entre
elles datent du siècle précédent[a] ; le Führer ne parle

a. Notamment sa conception d'un monde eurocentré,
ses ambitions d'expansion territoriale par les armes, son

aucune langue étrangère, il n'a pratiquement jamais franchi les frontières de l'espace austro-allemand, mais il a une confiance absolue en ses certitudes et ses intuitions ; ses lectures, à base de vieilles encyclopédies, de romans policiers bon marché et de feuilletons sur le Far West imaginaire de Karl May, ne lui donnent guère plus de clés pour comprendre le Nouveau Monde que les films de gangsters et les comédies musicales dont il s'abreuve presque quotidiennement ; les journaux allemands n'y changent rien, car depuis 1933, ce ne sont plus que des instruments de propagande, et ses services de presse ne lui soumettent que les traductions d'articles étrangers favorables au Reich ; c'est également le cas des rapports de ses diplomates à Washington, soigneusement rédigés de façon à épouser ses préjugés chauvins, racistes et xénophobes[a] ; quant aux diplomates américains en poste à Berlin depuis 1933, ils ne peuvent que le renforcer dans ses convictions, car ainsi qu'il le dira lui-même, « ces représentants des États-Unis

─────────

admiration pour les « samouraïs » japonais vainqueurs de la Russie en 1904, de même que son idée fixe sur l'existence d'un antagonisme fondamental entre Anglais et Américains, ainsi que son évocation permanente des doctrines militaires de Clausewitz et de Frédéric II... Son vocabulaire lui-même date du siècle précédent : il emploie presque toujours « Russie » pour URSS, « Angleterre » pour Royaume-Uni et « Amérique » pour États-Unis.

a. Toutefois, les ambassadeurs Dieckhoff et Thomsen, de même que l'attaché militaire Boetticher, rendent régulièrement compte de la montée en puissance du potentiel économique et militaire américain. Mais Hitler ne retient des rapports diplomatiques que ce qu'il veut y trouver.

d'Amérique étaient complètement abrutis[4][a] ». Enfin et surtout, le Führer ne voit l'Amérique et ses gouvernants que sous le prisme étroit de son antisémitisme maladif : « Il n'était pas vraiment antiaméricain, se souviendra Ernst Hanfstaengl, mais il se contentait de considérer l'Amérique comme une partie du problème juif. Wall Street était contrôlée par les Juifs, l'Amérique était dirigée par les Juifs, et il ne pouvait donc pas les prendre en considération. Ils étaient hors de sa portée, en quelque sorte, et pas vraiment un problème immédiat. Il ne pensait qu'en termes européens. [...] C'était exactement comme si l'homme qui avait infléchi le cours de la Grande Guerre, Pershing, et ses millions de soldats transportés à travers l'Atlantique [...] n'avaient jamais existé[5]. »

Tout cela peut sembler difficile à croire, mais pour s'en convaincre, il faut laisser la parole au Führer lui-même : « Quel rôle pourrait jouer l'Amérique ? Il suffirait de faire sauter le canal de Panama, et

---

a. Ce en quoi on ne peut lui donner entièrement tort : William Dodd, un professeur d'université sexagénaire aspirant à une retraite tranquille, était arrivé à Berlin en 1933 sans aucune expérience diplomatique, mais avec une candeur illimitée. Quant à sa fille Martha, vingt-quatre ans, elle était devenue presque aussitôt la maîtresse du premier chef de la Gestapo, Rudolf Diels. Hugh Wilson, le successeur de William Dodd, était certes un diplomate professionnel, mais sa servilité envers les nazis et sa façon de trouver l'antisémitisme allemand « compréhensible » l'avaient fait passer pour un dangereux benêt – jusqu'à ce qu'il soit rappelé aux États-Unis en 1938, après la Nuit de cristal. Il n'y aura plus ensuite qu'un chargé d'affaires dans l'ambassade de la Pariser Platz.

leur marine cesserait d'être un moyen de pression à l'est comme à l'ouest. [...] Qu'est-ce que l'Amérique, sinon des millionnaires, des reines de beauté, des disques stupides et Hollywood ? [...] De là où je suis, je vois l'Amérique bien plus clairement que vous ne l'avez jamais connue[6][a]. » « La valeur des Américains en tant que combattants est négligeable. D'ailleurs, le peuple américain n'existe pas en tant qu'unité. Ce n'est rien d'autre qu'une masse d'immigrants issus de nations et de races hétéroclites[7]. » « L'Amérique est en permanence au bord de la révolution[b], et il ne me sera pas difficile d'y fomenter des émeutes et des troubles, de façon que MM. les Américains soient suffisamment occupés par leurs propres affaires. Ces gens-là n'ont rien à voir en Europe. [...] Depuis la guerre de Sécession, les Américains sont entrés dans la phase de la décadence politique et raciale. Sous l'apparence trompeuse de la puissance économique et politique, l'Amérique a été entraînée dans le tourbillon de l'autodestruction progressive. [...] La réac-

---

a. Ceci assené à un germano-américain qui avait passé la moitié de sa vie aux États-Unis et avait étudié à Harvard en même temps que Franklin Roosevelt...

b. On remarquera que ces paroles, rapportées par Hermann Rauschning, sont pratiquement mot à mot ce dont se souvient l'aide de camp Fritz Wiedemann. Or, Rauschning écrit en 1939 et Wiedemann en 1964. Il en est de même pour les propos méprisants d'Hitler sur la valeur des soldats américains durant la Grande Guerre, qu'Albert Speer rapporte trente-deux ans après Rauschning – et pratiquement dans les mêmes termes. Pour ceux qui doutent toujours, ce sont deux preuves supplémentaires de l'authenticité du récit d'Hermann Rauschning.

tion contre les nègres, contre les gens de couleur en général et contre les Juifs, la loi de Lynch, la naïveté de l'Américain moyen, le scepticisme de certains milieux intellectuels et leurs doutes sur la "prospérité", tout cela me donne la certitude que les éléments encore sains des États-Unis se réveilleront un jour, comme ils se sont réveillés en Allemagne. Seule l'idéologie nationale-socialiste est capable de délivrer le peuple américain de la clique de ses oppresseurs et de restaurer là-bas les conditions de croissance d'une grande nation. [...] Cette tâche d'assainissement, je l'entreprendrai moi-même, en commençant par rétablir la suprématie de nos Germano-Américains. [...] Pour le moment, le peuple américain n'est pas encore une nation au sens où nous entendons ce mot ; c'est un conglomérat d'éléments disparates. D'ici très peu de temps, nous aurons une organisation de SA aux États-Unis. Nous dresserons nos jeunes gens et nous aurons alors des hommes auxquels la pourriture yankee n'aura personne à opposer. [...] Comparés aux Anglais et aux Français, les Américains se sont battus comme des gamins. L'Américain n'est pas un soldat[a]. Toute l'infériorité et la décadence de ce prétendu Nouveau Monde éclate dans son incapacité militaire. [...] Je vous garantis, Messieurs, qu'au moment voulu, je la façonnerai à ma guise, votre Amérique, et qu'elle sera notre meilleur sou-

---

a. Durant la Grande Guerre, Hitler a combattu dans les Flandres, contre les Britanniques. S'il s'était trouvé sur les fronts de la Marne, de la Meuse ou de la Meurthe, il aurait sans doute conçu un tout autre respect pour le combattant américain.

tien le jour où l'Allemagne bondira d'Europe vers les espaces d'outre-mer, [...] et dans tous les cas, il ne se trouvera plus un Wilson pour lancer l'Amérique contre l'Allemagne[8]. »

Il s'agira au contraire de lancer l'Allemagne contre l'Amérique... Mais en 1938, ce n'est que la dernière étape des plans de conquête du Führer : il lui faut d'abord constituer un noyau solide de 100 millions d'Allemands régnant sur tout le continent européen, depuis la Manche jusqu'à l'Oural ; après cela, avec ou sans l'alliance des Britanniques, on se rendra maître du Moyen-Orient, de l'Afrique centrale et des îles de l'Atlantique Sud ; enfin, à partir de ces tremplins, le Nouveau Monde sera soumis à l'Ancien, au moyen de l'intimidation, de la subversion ou de la conquête militaire[9]. Ainsi, la danse du globe, immortalisée par Charlie Chaplin deux ans plus tard, n'était pas qu'une simple fiction... Car le 29 octobre 1940, au moment même où l'on projette *Le Dictateur* en Occident, le commandant von Falkenstein, officier de liaison de la Luftwaffe à l'OKW, note depuis le quartier général d'Hitler : « Le Führer est absorbé par la question de l'occupation des îles de l'Atlantique, dans l'optique d'une guerre future contre l'Amérique[10]. »

Ce n'est naturellement à ce stade qu'un plan prévisionnel : même après l'occupation de la France, les deux premières étapes restent à franchir, et pour cela il faut éliminer ces deux adversaires de taille que sont la Grande-Bretagne et l'Union soviétique. Mais Hitler n'en reste pas moins obsédé par les États-Unis, et surtout par leur président, ainsi qu'en témoignera le général Walter Schellenberg, à l'époque chef du contre-espionnage de la SS[a] : « Hitler a dit entre autres [à Himmler] que le président Franklin D. Roosevelt était un homme malade, sans aucune conception politique personnelle ; ce n'était qu'un homme de paille de Tammany Hall, l'appareil du parti démocrate dirigé par les Juifs. Et ce Tammany Hall n'était qu'une machine de corruption de tout premier ordre, dans laquelle se mêlaient tous les milieux de la société, jusqu'au monde de la pègre. [...] Hitler demandait au service secret d'infiltrer Tammany Hall à n'importe quel prix, car il était convaincu qu'en dépit de la guerre, cet appareil entretenait toujours des relations avec le milieu de la pègre internationale. Nous devions utiliser celle-ci pour entreprendre contre Roosevelt quelque chose allant du scandale de corruption jusqu'à l'attentat[11]. » Schellenberg devra donc recruter à cet effet dans toutes les prisons de l'Europe occupée des malfaiteurs de haut vol, « de préférence des escrocs, des trafiquants de drogue et des souteneurs ». Trente sont finalement sélectionnés, dont six femmes, et Schellenberg poursuit : « Je m'en suis fait présenter quelques-uns, et j'en suis arrivé à la conclusion que ces gibiers de potence s'empresseraient de trahir leur mission au service secret ennemi contre rémunération. J'ai fait part avec précaution de mon point de vue à Himmler, et après quelques hésitations celui-ci m'a demandé quel serait le meilleur moyen d'enterrer l'affaire[12]. » Ce sera bientôt chose faite, et Franklin Roosevelt sera triomphalement réélu contre Wendell Willkie le 5 novembre 1940...

---

a. Le RSHA (*Reichssicherheitshauptamt*), *Amt III (Inland)*.

Si le déclenchement d'un règlement de comptes final avec les États-Unis est manifestement prématuré, rien n'empêche de le préparer avec tous les moyens techniques disponibles. En fait, le vecteur le plus à même de frapper le moral des populations civiles américaines est encore le bombardier, comme l'ont montré les raids de terreur allemands sur Guernica, Rotterdam, Belgrade et Londres[a]. Mais comment bombarder New York, Boston ou Philadelphie avec des appareils Heinkel, Dornier et Junkers conçus pour la guerre éclair et ayant un rayon d'action de 2 000 kilomètres au maximum[b] ? Car même en décollant depuis la Bretagne occupée, New York se trouve encore à plus de 5 500 kilomètres de distance. Il n'est donc pas question d'un vol sans retour : le vol aller est déjà irréalisable.

Pourtant, les ingénieurs de la firme aéronautique Messerschmitt avaient lancé en secret dès 1937 l'étude d'un quadrimoteur à long rayon d'action,

---

a. Ce dernier exemple n'est guère probant à l'automne de 1940, mais on sait que le Führer n'apprend pas de ses erreurs…

b. Dans une optique de guerre éclair, des quadrimoteurs à long rayon d'action n'avaient *a priori* aucun intérêt. En outre, la construction de tels avions était coûteuse en matières premières et dépassait les possibilités industrielles du Reich. En 1936, Hermann Goering avait profité de la mort accidentelle de l'influent général Walther Wever, chef d'état-major de la Luftwaffe et promoteur du bombardier stratégique, pour faire annuler les projets de quadrimoteurs imaginés par Dornier et Junkers – privant ainsi la Luftwaffe de cette capacité de frappe stratégique qui fera toute la puissance de la RAF et de l'US Air Force.

prévu pour des missions de bombardement et de reconnaissance lointaine[a]. Ce « projet n° 1061 » étant financé sur fonds propres, sa progression avait été très lente, mais en décembre 1940, les ingénieurs de Messerschmitt, informés des ambitions d'Hitler concernant le Nouveau Monde, reprennent sérieusement les travaux sur le prototype – désormais baptisé « Messerschmitt Me 264 », ou « *Amerika Bomber* ». Il est prévu que l'appareil puisse décoller de Brest pour rejoindre New York, en faisant éventuellement escale sur les bases vichystes des Antilles et de Guyane. En mars 1941, le ministère de l'Air ordonne donc à l'avionneur de construire six prototypes de son appareil, prélude à la production d'une présérie de vingt-quatre exemplaires. Dans le même temps, le Führer considère à nouveau la possibilité de s'emparer de l'archipel des Açores, qui n'est situé qu'à 3 900 kilomètres de la côte est de l'Amérique du Nord, constituant ainsi une base idéale pour des bombardiers stratégiques censés attaquer l'Amérique. Il reste que ces îles sont administrées par le Portugal, qui est un pays neutre ; mais depuis l'invasion du Danemark, de la Norvège, de la Belgique et des Pays-Bas, ce genre de considérations n'est pas de nature à dissuader Hitler.

---

a. La même année, le commandant Paul Deichmann, chef des opérations à l'état-major de la Luftwaffe, était parvenu à convaincre ses supérieurs de l'utilité d'études préliminaires sur un appareil doté d'une autonomie de 12 000 kilomètres et capable de larguer jusqu'à cinq tonnes de bombes sur New York – voire de mener des reconnaissances sur la côte ouest du pays.

Dans l'intervalle, en dépit de l'attitude de plus en plus provocante des États-Unis dans l'Atlantique et de leur aide massive à la Grande-Bretagne, le Führer fait tout son possible pour éviter un conflit prématuré. Bien sûr, il enrage, et le 24 mars 1941, après l'annonce du vote de la loi prêt-bail, il déclare à son entourage : « Les Américains ont enfin jeté le masque. Si l'on voulait, on pourrait déjà y voir un *casus belli*. Mais pour l'heure, cela ne ferait pas mon affaire. D'une façon ou d'une autre, on en viendra à une guerre contre les États-Unis. [...] Il est seulement regrettable que nous n'ayons pas encore d'avions capables de bombarder les villes américaines ; j'aurais bien aimé donner une bonne leçon aux Juifs américains[13]. »

Sans doute, mais pour l'heure, la clé du succès pour le Reich reste la guerre sous-marine, et la coopération étroite des navires britanniques et américains dans l'Atlantique rend inefficace le siège de la Grande-Bretagne – sans que l'on puisse y remédier, car « concernant la guerre sous-marine, je ne répéterai pas la faute que nous avons commise pendant la Première Guerre mondiale[14][a] ». En d'autres termes, Hitler veut à tout prix éviter une guerre sur deux fronts – surtout après l'invasion de l'Union soviétique en juin 1941. Le 8 juillet, on peut encore lire dans le journal de guerre de l'état-major de la marine ce résumé des instructions d'Hitler : « Tout incident avec les États-Unis doit absolument être évité. [...] L'attitude de l'Allemagne reste donc comme auparavant : ne pas se laisser provoquer par les États-Unis[15]. »

---

a. Celle qui avait entraîné l'entrée en guerre des États-Unis en 1917, à la suite du torpillage du *Lusitania*.

C'est l'entrée en guerre du Japon qui va changer d'un seul coup toutes ces bonnes résolutions : le 7 décembre 1941, alors que lui parvient la nouvelle de l'attaque japonaise contre la flotte américaine à Pearl Harbor, Adolf Hitler jubile : « Maintenant, nous ne pouvons plus perdre la guerre ! » Convaincu, sur la base d'impressions vieilles de quarante ans et de renseignements militaires très imprécis, que le Japon est une puissance considérable, Hitler en déduit que les États-Unis seront désormais neutralisés et ne représenteront plus une menace sérieuse pour l'Allemagne ; en outre, les sous-marins allemands vont désormais être libres de couper les lignes d'approvisionnement vitales du Royaume-Uni dans l'Atlantique : « Je préfère, exulte le Führer, qu'il soit désormais clair pour tous que le drapeau des États-Unis ne protège plus des torpillages[16]. » Ainsi s'explique l'effarante bévue de la déclaration de guerre aux États-Unis le 11 décembre 1941. Comme toujours lorsque les événements semblent le favoriser, le Führer oublie d'un seul coup tous les éléments de ses calculs précédents, pour en revenir à ses illusions premières : les États-Unis sont un colosse aux pieds d'argile, un ramassis hétérogène d'immigrants dégénérés, ils sont au bord de la révolution, leurs soldats sont incapables de se battre et leur capacité de production a été très exagérée. Pour provoquer l'effondrement de ce système si fragile, il suffit de désorganiser son industrie de guerre et de démoraliser sa population par quelques frappes judicieusement ciblées. Les sous-marins ne sont pas adaptés à cette tâche : il faut donc repenser aux bombardiers...

Bénéficiant de moyens importants, les techniciens de Messerschmitt ont effectivement réalisé de gros progrès, et à la fin de 1941, l'*Amerika Bomber* est déjà en cours de fabrication ; des contrats de sous-traitance pour produire ses ailes et ses empennages ont été signés avec l'usine Fokker d'Amsterdam, et le reste est déjà réparti entre les usines allemandes autour d'Augsburg. Pourtant, la débâcle allemande devant Moscou et le suicide d'Ernst Udet[a], auquel succède le général Erhard Milch[b], ennemi intime de Messerschmitt, portent un rude coup au programme. Au début de l'année 1942, Milch réduit le nombre de prototypes commandés de six à trois, puis annule la construction des vingt-quatre quadrimoteurs de série, écartant l'*Amerika Bomber* au profit de modèles concurrents inadaptés à des raids transatlantiques. Comme bien souvent dans les hautes sphères du

---

a. Le général Ernst Udet était directeur général de l'équipement (*Generalluftzeugmeister*) au ministère de l'Air, sous les ordres de Hermann Goering. Passionné d'aviation, Udet était un excellent pilote de voltige et un as de la Grande Guerre. En revanche, c'était un piètre administrateur, ce qui lui valait de nombreuses inimitiés. Morphinomane, alcoolique, sujet à des délires paranoïaques, joueur compulsif et dépressif, effaré par la décision d'attaquer l'Union soviétique et par la lâcheté de Goering, Udet s'est suicidé le 17 novembre 1941.

b. Observateur aérien durant la Première Guerre mondiale, Erhard Milch, devenu inspecteur général de l'aviation, voue une haine tenace à Willy Messerschmitt depuis que Hans Hackman, l'un de ses proches amis, s'est tué aux commandes du prototype de l'avion de transport Messerschmitt M20.

Reich, les querelles de personnes et le clientélisme s'imposent au détriment de toute rationalité.

Willy Messerschmitt a cependant quelques amis fidèles et influents, dont le général Carl-August von Gablenz[a] qui, en avril 1942, parvient à redonner vie au programme en envoyant à Augsburg un groupe d'experts qui rédige un rapport extrêmement favorable à l'*Amerika Bomber*. Remis au *Reichsmarschall* Goering le 12 mai, ce document compare les capacités théoriques de l'avion avec celles de cinq de ses concurrents. Des missions types sont définies, telles que des liaisons aériennes avec le Japon, mais aussi et surtout des raids de bombardement au-dessus de l'Union soviétique et, naturellement, des États-Unis[b] : Detroit, Pittsburgh, Indianapolis, Cincinnati, Brooklyn et East Hartford sont sélectionnés, notamment parce qu'on y produit de l'aluminium et des matériels militaires. Bien sûr, conformément aux souhaits du Führer, New York n'est pas oubliée. Quelques jours plus tard, l'état-major de la Luftwaffe se réunit pour estimer les effets prévisibles de tels raids sur la population américaine. Il en ressort que ces attaques audacieuses auraient une portée psychologique et symbolique considérable sur les civils, même en cas de dégâts limités. En outre, ils contrain-

---

a. Pilote militaire durant la Grande Guerre, pionnier de l'aviation, spécialiste du vol aux instruments, membre du comité directeur de la Lufthansa et de la firme Junkers, responsable d'un département technique au sein du ministère de l'Air, le général von Gablenz est un homme respecté – et qui sait se faire entendre…

b. Le Canada n'est pas oublié, puisque la ville de Vancouver doit aussi être frappée.

draient les Américains à mobiliser sur leur territoire de nombreuses escadrilles et des unités d'artillerie antiaérienne, autant de moyens militaires qui leur manqueraient sur d'autres fronts. Le raisonnement des militaires allemands est cohérent et ils parlent d'expérience, car depuis l'arrivée en Grande-Bretagne des bombardiers quadrimoteurs de la *8th Air Force* américaine, c'est justement leur Luftwaffe qui doit conserver toujours plus d'avions et de pilotes dans ses unités défensives, au détriment des autres secteurs !

Pour l'heure, en tout cas, ces bombardements transatlantiques relèvent du fantasme, aucun avion à long rayon d'action n'étant prêt à entrer en service dans un avenir prévisible[a]. Dès lors, le Führer s'impatiente et cherche d'autres solutions. Toujours hypnotisé par sa propre propagande, il considère qu'un coup de main exécuté par une poignée d'hommes décidés pourrait provoquer l'effondrement moral et matériel de ce pays si vulnérable, et obliger son président « malade[b] » à se retirer du conflit... Hitler convoque donc l'amiral Canaris, chef de l'Abwehr, et lui ordonne de lancer sans délai une vaste campagne de sabotage contre les

---

a. Certains officiers allemands en viennent alors à imaginer des missions spéciales et uniques, avec des appareils qui survoleraient l'Atlantique, puis bombarderaient leur objectif aux États-Unis, avant d'amerrir au large des côtes américaines ; là, des sous-marins pourraient récupérer les équipages, à condition bien sûr que les avions ne se soient pas désintégrés en heurtant les flots et que la météo permette leur sauvetage. Heureusement pour les aviateurs allemands, cette idée loufoque restera dans les cartons...

b. Et même « malade mental » (*Geisteskrank*), d'après les propos de table d'Hitler en date du 23 mars 1942.

centres vitaux de l'économie américaine. Canaris présente naturellement des objections : une entreprise de cette ampleur dépasserait les ressources du Reich, qui ne dispose même pas aux États-Unis d'un service de renseignements adéquat ; d'ailleurs, les agents allemands sur place sont étroitement surveillés par le FBI. Mais on ne discute pas les ordres du Führer, et il faut bien s'exécuter. Précisément, l'*Auslandsorganisation* du parti[a], dirigée par le Gauleiter Ernst Bohle, est très désireuse de se mêler d'actions d'envergure à l'étranger, et elle vient proposer à l'Abwehr les services d'une dizaine de germano-américains, tous nazis convaincus et tous volontaires pour exécuter une mission dans leur ancienne patrie. Ces hommes n'ont pas la moindre expérience du sabotage, mais Canaris sait que Bohle a l'oreille du Führer, et qu'un refus de sa part serait très mal vu à la chancellerie du Reich. Les dix volontaires sont donc envoyés à l'école de sabotage de l'Abwehr II à Brandenburg, pour un stage de six semaines.

C'est déjà un délai bien court pour former des hommes capables de paralyser l'économie américaine... Car tel est bien le but de l'opération *Pastorius* : détruire les centrales électriques de la Tennessee Valley Authority ; saboter les usines d'aluminium d'Alcoa, East St. Louis et Massena ; faire sauter des écluses et des ponts de chemin de fer sur l'Ohio, des tunnels à New York et la Pennsylvania Station à Newark – pour commencer ! Mais les futurs saboteurs ayant été présentés par le parti, l'Abwehr n'a pas cru devoir faire une enquête approfondie sur

---

a. Organisation du parti national-socialiste à l'étranger.

leurs antécédents ; or, ces nazis germano-américains rapatriés au début de la guerre n'ont pas exactement des profils de James Bond : certains, comme Heinrich Heink ou Richard Quirin, sont des petits truands sans envergure ; d'autres, comme Werner Thiel ou le germano-canadien Hans Schmidt, n'ont jamais exercé de profession définie ; Heinrich Wanner est un Allemand des Sudètes émotif... et objecteur de conscience ! Edward Kerling semble plus fanatique que compétent ; Herbert Haupt n'a que dix-neuf ans et agit en conséquence ; Hermann Otto Neubauer, ancien mécanicien et cuisinier, a un gros problème d'alcoolisme ; Hans Peter Burger est un colonel SS, entré dans le groupe sur ordre de la Gestapo – qui veut garder un œil sur l'opération ; enfin, George John Dasch, ancien plongeur d'hôtel à New York, a tant fréquenté les milieux de la gauche américaine que ses convictions nationales-socialistes s'en sont trouvées quelque peu affectées...

À la fin du mois de mai 1942, cette fine équipe, dûment formée à sa tâche par les experts de l'Abwehr, est discrètement acheminée vers Lorient, son port d'embarquement. Mais après cela, tout se complique : deux hommes découvrent au dernier moment qu'ils n'ont pas vraiment la vocation, et ils sont renvoyés à Berlin ; les autres font du scandale dans les hôtels et les bars de Lorient, parlent à tue-tête en anglais, et déclarent même après boire qu'ils partent pour l'Amérique ! Mais ils conservent assez de lucidité pour s'apercevoir que les 200 000 dollars qui leur ont été remis pour accomplir leur mission présentent quelques défauts : certains billets sont marqués de caractères rouges... en japonais, ce qui est assez peu

discret six mois après Pearl Harbor ; d'autres cou-
pures ont été démonétisées neuf ans plus tôt. Voilà
qui semble indiquer que l'Abwehr ne prend pas au
sérieux l'opération *Pastorius*, et la suite des événements lui donnera raison. La première équipe de
quatre agents, déposée au soir du 13 juin 1942 avec
six caisses d'explosifs sur la plage d'Amagansett, en
Nouvelle-Angleterre, par le sous-marin *U-202*, connaît
d'emblée quelques difficultés : elle est repérée par
un policier, puis enterre son matériel au beau milieu
d'une base de gardes-côtes, et laisse en évidence sur
la plage un paquet de cigarettes allemandes et une
bouteille de schnaps ! Après cette arrivée en fanfare,
nos quatre saboteurs aussi maladroits que malchan-
ceux disparaissent dans la nuit et parviennent sans
encombre jusqu'à New York, tandis que la seconde
équipe débarque – plus discrètement – près de Jack-
sonville, en Floride. Voilà donc l'ennemi dans la
place, et l'Amérique directement menacée…

À partir de là, rien ne va plus : le chef de la première
équipe, le national-socialiste germano-américain
George John Dasch, s'aperçoit brusquement qu'il est
plus socialiste que national-socialiste, plus américain
qu'allemand, et plus désireux de vivre comme citoyen
américain que de mourir comme saboteur allemand ;
il s'en ouvre à son second, le colonel SS et agent
de la Gestapo Hans Peter Burger, dont il connaît les
convictions idéologiques vacillantes[a]. C'est avec son
assentiment qu'il va prendre contact avec le FBI – qui
pense avoir affaire à un fou, jusqu'à ce que Dasch

_____

a. Burger avait protesté en 1940 contre les crimes nazis
en Pologne, ce qui lui avait valu quelques ennuis.

exhibe un sac contenant 80 000 dollars... L'effet est
magique : en se fondant sur ses indications, consi-
gnées dans 254 pages d'interrogatoire, les agents
fédéraux arrêtent en douceur les sept autres équi-
piers. Pour le directeur du FBI Edgar Hoover, il s'agit
de présenter l'affaire comme un succès attribuable
uniquement à la sagacité de ses agents ; les huit saboteurs en puissance sont donc condamnés à mort, et
au début d'août 1942, six d'entre eux seront exécutés
sur la chaise électrique[a].

Décidément, il faut en revenir au bombardier...
Pressé par un *Reichsmarschall* mégalomane et harcelé par un Führer qui rêve toujours de « donner une
leçon aux Juifs américains », Erhard Milch relance à
contrecœur le programme de l'*Amerika Bomber*, et
trente avions sont précommandés. Reprenant l'an-
tienne hitlérienne à son compte, Milch considère
que l'objectif est « de forcer les Américains à utiliser
une part des armements qu'ils produisent pour leur
propre défense. Nous n'avons nul besoin d'envoyer
une flotte de bombardiers. Avec quelques appareils
seulement, nous devons y parvenir. Le but n'est pas
de détruire New York, mais d'obliger les Américains à
installer des défenses antiaériennes. Par conséquent,
New York ne devra pas être la seule ville visée et il
faudra étendre les bombardements à d'autres zones ».
L'heure étant à la prospective, pour ne pas dire à la
science-fiction, Milch s'autorise à ajouter : « Peut-être
pourrons-nous utiliser Petsamo, en Finlande, comme

---

a. Mais aux États-Unis, on respecte le *fair-play* autant que
le dollar : la peine de Dasch et Burger est commuée en trente
ans de détention, et ils seront discrètement libérés en 1948...

base de départ et atteindre San Francisco en survolant le pôle Nord. Ce ne devrait guère être plus éloigné. En incluant la réserve de 10 % [de carburant], cela fait 7 700 kilomètres[17]. »

La mise au point du Messerschmitt Me 264 avance donc à grands pas ; entièrement métallique, avec ses ailes hautes et sa double dérive, ce quadrimoteur de 45 tonnes au décollage a fort belle allure. Son nez vitré facilite la vision du pilote et du navigateur, tandis que sa cabine pressurisée est aménagée de façon à proposer un confort maximal aux huit membres d'équipage lors de ses missions lointaines : un compartiment de repos, situé à l'arrière de l'avion, comprend une cuisine, quatre couchettes et des toilettes. En emportant 26 000 litres d'essence, son rayon d'action est de 15 000 kilomètres. Le prototype effectue son vol inaugural à la fin décembre 1942, et deux modèles sont conçus pour menacer les États-Unis : celui de bombardement, le Me 264 B, doit pouvoir emporter une tonne de bombes en partant de Brest et en y revenant ; quant au Me 264 A, modèle de reconnaissance lointaine, il pourra, grâce à des réservoirs supplémentaires, effectuer des vols d'observation ou de bombardement léger sur le New Jersey, la Pennsylvanie, l'Ohio et même l'Indiana. Voilà qui devrait satisfaire le Führer !

Mais voici que de nouveaux problèmes techniques surgissent, et que les ingénieurs d'Augsburg demandent un délai supplémentaire pour parachever leur œuvre. La nouvelle tombe comme un couperet : la mise en service de l'avion serait repoussée à l'automne de 1944 ! En mars 1943, Goering explose de colère lors d'une réunion : « Je me rappelle bien qu'à

Augsburg, c'était il y a exactement un an, on m'avait montré un *Amerika Bomber* qui n'attendait plus que d'être produit en masse. Il devait voler jusqu'à la côte est des États-Unis et jusqu'à la côte ouest en partant des Açores, et également emporter beaucoup de bombes. C'est ce qu'on m'a dit sérieusement ! Mais à cette époque, je devais encore faire confiance à tout le monde pour avoir pu croire à moitié que cela était possible[18] ! » Le lendemain, le ministère de l'Air interdit par décret aux constructeurs aéronautiques de poursuivre le moindre travail sur des bombardiers lourds, mais l'injonction sera ignorée par les avionneurs. La mise au point du prototype du Me 264 se poursuit donc à Augsburg, d'autant qu'Hitler soutient toujours son protégé Willy Messerschmitt – à la condition expresse que l'*Amerika Bomber* puisse également être utilisé comme appareil de reconnaissance maritime[a]... Comme pour tant d'autres matériels militaires, y compris l'avion à réaction Me 262, le Führer impose ses vues aux ingénieurs, au prix d'une perte de temps et de ressources considérable !

Mais à l'été de 1943, l'irrationalité ne se limite pas au domaine technique ; six mois après le désastre de Stalingrad, trois mois après l'abandon définitif du littoral nord-africain, deux mois après la perte de la bataille de l'Atlantique, un mois après le débarque-

---

a. En l'occurrence, l'oukase hitlérien est parfaitement absurde, car l'avion aurait été traqué et détruit par les appareils alliés à long rayon d'action basés aux États-Unis, au Canada, en Islande et en Écosse – sans oublier les chasseurs embarqués à bord des porte-avions d'escorte qui quadrillent l'Atlantique.

ment allié en Sicile, une semaine après la tempête de feu qui a ravagé Hambourg[a], le Führer songe encore à « punir l'Amérique » ! Pourtant, ses moyens à cet égard sont de plus en plus limités : comment attaquer la côte est des États-Unis en traversant l'Atlantique, alors que l'on n'a pas pu franchir la Manche ? Comment menacer la côte ouest des États-Unis, alors qu'il n'y a pratiquement aucune coordination stratégique avec le Japon ? Comment fomenter un soulèvement dans l'Amérique profonde, alors que tous les agents allemands sur place ont été neutralisés par le FBI[19] ? Comment forcer le président Roosevelt à sortir du conflit en bombardant quelques villes américaines, alors que l'entreprise a manifestement échoué en Grande-Bretagne comme en Russie ?

Il n'y aura jamais de réponses à toutes ces questions. Dans son évaluation des États-Unis – comme de l'URSS –, Hitler fait toujours preuve d'un minimum de réalisme et d'un maximum d'aveuglement. Pour lui, ces deux pays étant toujours au bord de l'effondrement, il suffit de vouloir et de tenir le temps nécessaire pour que le miracle s'accomplisse. Ni les défaites allemandes, ni les statistiques de la production industrielle américaine, ni les renseignements sur le renforcement permanent de l'Armée rouge ne résistent à cette propension dévorante à prendre ses désirs pour des réalités…

Le 18 mars 1944, une réalité au moins vient s'imposer à lui, sous la forme d'un raid destructeur de l'aviation américaine qui sonne le glas de l'*Amerika*

---

a. Au cours de dix jours de bombardement par 1 000 avions alliés, qui font plus de 40 000 victimes.

Bomber : l'usine aéronautique d'Augsburg est ravagée, et le prototype du Me 264 fortement endommagé. Pis encore, 80 % des machines-outils et des installations nécessaires à la production du quadrimoteur sont perdues. Dès lors, Goering n'a d'autre choix que d'annuler définitivement le développement de l'avion. Une fois le quadrimoteur de Messerschmitt hors jeu, certains officiers de l'OKW préconisent des raids improvisés – à l'exemple du colonel von Lossberg, qui imagine de bombarder les États-Unis en utilisant des hydravions géants Wiking[a], ravitaillés dans l'Atlantique par des sous-marins. Ce projet, jugé sans intérêt par l'état-major allemand, témoigne de l'impuissance de la Luftwaffe comme de son impréparation totale au bombardement stratégique.

Il est vrai que depuis le centre d'essais de Peenemünde, Wernher von Braun et son équipe se consacrent depuis la fin des années 30 à la conception de la fusée balistique A4 – le futur V2. Sa portée était limitée, mais ses concepteurs cherchaient depuis 1940 à la doubler par adjonction d'ailes en flèche : c'était le modèle A4b, bientôt abandonné sur ordre du colonel Walter Dornberger[b], chef du département des fusées au bureau des armements, qui voulait concentrer l'ensemble des moyens sur le développement de la fusée

---

a. Le Blohm & Voss Bv 222 Wiking est un hydravion lourd construit à treize exemplaires seulement. Initialement conçu à des fins commerciales, il sera principalement utilisé par la Luftwaffe comme transport de troupes.

b. Officier d'artillerie, Walter Dornberger dirige les programmes des fusées et des missiles allemands depuis les années 30.

A4, jugée plus prometteuse. Malgré cette interdiction, une petite équipe avait poursuivi ses recherches sur un missile intercontinental capable d'atteindre la côte est de l'Amérique. Ces ingénieurs traçaient des croquis et réalisaient des calculs portant sur un engin à deux étages : la fusée balistique « intercontinentale » (*Interglobalrakete*) A9/A10 venait de naître – sur le papier tout au moins. Le missile se présentait sous la forme d'un énorme V2 de 24 mètres de haut : l'étage supérieur, dénommé A9, et comprenant une tonne de charge explosive était une sorte d'A4b à ailes delta, alors que l'étage inférieur, appelé A10, fournissait la poussée initiale au décollage. Propulsé par un moteur-fusée de 200 tonnes de poussée, l'A10 amenait l'A9 à 4 300 km/h dans la thermosphère. À cette altitude de 180 à 190 kilomètres, l'A10 cessait de fonctionner, et l'A9 s'en séparait pour parcourir les 5 500 kilomètres restants vers son objectif, après quoi, ayant brûlé tout son carburant, elle était programmée pour amorcer sa chute sur la cible à presque 8 000 km/h. Telle était la théorie, mais en 1943, il restait trois inconvénients majeurs : la difficulté de développer cette motorisation surpuissante de 200 tonnes pour la propulsion initiale ; le guidage de l'engin au-dessus de l'objectif, aucun moyen connu ne permettant alors de contrôler une fusée à 5 000 kilomètres de distance ; enfin et surtout, les délais, car les ingénieurs de Peenemünde ne pouvaient promettre un vol inaugural de l'A9/A10 que pour l'année 1946 – au plus tôt ! Dès lors, sur ordre du Führer, le programme A9/A10 est définitivement arrêté au printemps de 1944. Ainsi, aucune fusée élaborée par le Reich ne pourra servir en dehors du théâtre européen...

Mais Hitler persiste et signe ; en dépit de l'effondrement de son front à l'est et du débarquement des Alliés en Normandie, il exige toujours que l'on trouve un moyen de porter le fer et le feu outre-Atlantique. Les principaux constructeurs aéronautiques du Reich, réunis à Dessau en août 1944 sous la présidence de Goering, reçoivent pour consigne de se pencher sur la réalisation d'un bombardier *à réaction*, capable d'embarquer 4 tonnes de bombes sur 9 000 kilomètres de distance. Le but immédiat est de se doter d'un avion en mesure de frapper durement les aérodromes alliés, y compris les plus lointains, afin d'endiguer la campagne de bombardement menée par la RAF et l'US Air Force ; mais bien sûr, il doit avoir aussi la capacité de mener des raids de représailles contre des villes de la côte est des États-Unis – New York, Washington, Boston et Philadelphie. L'exigence de Goering est aussi limpide qu'irréaliste, au moment où le Reich est acculé à la défensive sur tous les fronts. D'ailleurs, aucun des industriels convoqués à Dessau ne sera en mesure de produire un projet conforme à l'appel d'offres impératif du *Reichsmarschall*.

C'est alors qu'un autre constructeur aéronautique reprend le flambeau de l'*Amerika Bomber*. En dépit de leur jeune âge – respectivement trente et un et vingt-neuf ans en 1944 –, les frères Walter et Reimar Horten sont certainement parmi les avionneurs les plus visionnaires du pays[a], et ils viennent à peine de faire voler le prototype de leur fantastique chasseur Ho 229 : c'est une aile volante sans fuselage ni

---

a. Ce duo n'en est pas à son coup d'essai, puisqu'il a conçu son premier planeur en 1933 et son premier avion en 1935.

empennage, la cellule et les ailes ne formant qu'un élément unique et homogène. Quant à l'équipage, il est installé dans un cockpit intégré aux ailes, une sorte de cocon dans lequel les pilotes sont allongés sur le ventre. Or, en novembre 1944, les frères Horten reçoivent la visite du colonel Siegfried Knemeyer[a], directeur de la division technique au ministère de l'Air ; Knemeyer est convaincu que leur concept éminemment novateur est le seul pouvant permettre à un bombardier d'atteindre les États-Unis. Étant spécialisés dans la conception de chasseurs plutôt que de bombardiers, les frères Horten n'avaient pas été conviés à la conférence de Dessau, mais Knemeyer les insère dans la compétition lancée pour le nouvel *Amerika Bomber*. Enthousiasmés, Walter et Reimar parviennent à dessiner les plans de leur Ho XVIII A en quelques jours ! Il s'agit d'une gigantesque aile volante, avec six turbines de réacteur logées dans le fuselage et un rayon d'action de 11 000 kilomètres – bref, un bombardier à long rayon d'action spécifiquement conçu pour attaquer les États-Unis. La structure de l'appareil est en bois, et les différents éléments sont assemblés au moyen d'une colle composée d'un mélange de charbon de bois et de sciure. L'intérêt est double : le bois est un matériau abondant, et l'absence de masse métallique importante réduira la signature radar de l'appareil – qui constitue de fait le tout premier modèle d'avion furtif…

---

a. Ingénieur en aéronautique et pilote spécialisé dans les vols de reconnaissance, Siegfried Knemeyer est notamment l'inventeur d'un calculateur permettant aux navigants d'établir leur route sans risque d'erreur.

Goering est impressionné par le rayon d'action et la capacité d'emport de l'aile volante ; surtout, le recours à des matériaux de construction économiques et abondants dans un Reich qui manque de matières premières intéresse grandement la Luftwaffe. Convoqués à Karinhall, Reimar et Walter Horten s'entendent confirmer la construction de leur appareil, mais l'homme lige du Führer ajoute que, pour réduire les délais, il leur faudra œuvrer de concert avec les ingénieurs de chez Junkers, la firme étant associée au développement comme à la production de l'appareil. Dès lors, plus rien ne se passera comme prévu : à la demande des ingénieurs de Junkers, passés maîtres dans la lutte d'influence, le ministère de l'Air impose d'importantes modifications à la silhouette du Ho XVIII A ; au lieu d'être intégrés dans le fuselage pour gagner en aérodynamisme, les six réacteurs Jumo sont désormais placés dans deux nacelles ventrales, contenant aussi le train d'atterrissage ; une dérive verticale intégrant le poste de pilotage fait son apparition, ce qui rompt totalement avec le principe de l'aile volante ! Ces ingérences, révélatrices des rivalités incessantes entre les avionneurs et des abus du clientélisme, retardent durablement le programme. Rendu furieux par les modifications imposées à son aéronef, Reimar Horten dessine en un temps record le Ho XVIII B, qui fait fi de la dérive verticale mais conserve les deux nacelles, l'équipage restant installé dans un habitacle à l'avant du fuselage[20]. Les nouveaux plans sont présentés à Goering, qui les valide et programme la mise en service du bombardier Horten pour... l'automne 1945. Au milieu d'un pays en ruine, dont les usines sont méthodiquement dévastées et les centres industriels en passe d'être occupés par l'ennemi, le *Reichsmar-schall* et son maître croient encore pouvoir disposer du temps nécessaire...

Pourtant, l'irréalisme ne saurait faire obstacle au fanatisme, et même à l'approche de l'effondrement final, l'attaque des États-Unis figure toujours parmi les priorités absolues. Le bombardier se révélant décevant et la fusée intercontinentale manifestement hors de portée, le dernier recours sera le sous-marin. C'est encore le moyen le plus discret de pénétrer dans les eaux territoriales américaines et d'y porter des attaques dévastatrices, d'autant que les nouveaux modèles de type XXI[a] avec schnorchel peuvent naviguer presque indéfiniment en plongée, à une vitesse de 17 nœuds. Dès 1943, Otto Lafferenz, un cadre de l'*Arbeitsfront*, a imaginé de tirer des fusées A4/V2 à partir de ces sous-marins[b]. Il a pensé à tout : comme le sous-marin ne peut embarquer à son bord le V2, il servira à remorquer le missile placé dans un silo étanche et tracté à l'horizontale durant la traversée ; parvenu sur sa zone de lancement, à moins de 300 kilomètres des côtes américaines, le silo sera repositionné à la verticale

---

a. *Walter-Elektro-U-Boote*. Les modèles précédents, tous dérivés du modèle *Wilhelm Bauer*, pouvaient être considérés comme des navires de surface ayant la capacité de plonger...

b. Le 4 juillet 1942, au large de Peenemünde, le sous-marin *U-511*, équipé de lance-roquettes de 300 mm fixés sur son pont, avait tiré en immersion une salve de vingt roquettes à une profondeur de 15 mètres. À défaut de connaître une suite, cette expérimentation avait servi de base aux travaux de Lafferenz.

grâce à un système de ballasts, et le V2 mis à feu pourra délivrer sa cargaison mortelle sur les États-Unis. L'idée séduit quelques hiérarques nazis, dont le général Walter Dornberger, qui se déclare très favorable au concept.

Les travaux sur le projet, désigné *Apparat F*, débutent donc en novembre 1944 dans le plus grand secret à Peenemünde. Les ingénieurs prévoient qu'un sous-marin de type XXI, parti d'une base en France[a] ou en Norvège, remorquera sous l'océan à une vitesse de 12 nœuds trois caissons de 500 tonnes, mesurant 37 mètres de long pour presque 6 mètres de diamètre, et contenant les V2 solidement arrimés sur une plateforme. Pour les amener au large des États-Unis, il faudra trente jours de mer. Après avoir eu la chance d'échapper aux destroyers, porte-avions d'escorte et autres hydravions ennemis, le submersible fera surface une fois parvenu à portée de tir de la cible, et les servants du missile rejoindront les conteneurs à bord de canots pneumatiques. Descendant dans les silos à l'aide d'échelles, ils retireront les cales de stabilisation et feront le plein de carburant[b]. Cette phase de préparation au tir devra durer moins d'une demi-heure, afin de minimiser les risques d'exposition à une attaque aérienne. Leur travail fini, les techniciens remonteront à bord du sous-marin, d'où sera effectuée la mise à feu grâce à une table de contrôle installée en kiosque. Les fusées seront

---

a. Les sous-marins ont tous quitté leurs bases françaises pour gagner la Norvège en octobre 1944.

b. Les réservoirs d'alcool et d'oxygène liquide étant stockés sous la plateforme de lancement.

ensuite guidées jusqu'à leur cible par des ondes radio depuis le sous-marin.

Tout ceci suppose naturellement que les conditions météorologiques soient clémentes, mais que les avions et navires ennemis n'en profitent pas pour patrouiller dans le secteur – d'autant qu'ils bénéficient désormais du radar centimétrique embarqué, permettant de repérer le kiosque d'un sous-marin à plusieurs kilomètres de distance, de jour comme de nuit et par n'importe quel temps. En outre, le code Triton de transmissions des sous-marins et de leurs ravitailleurs a été décrypté par les Alliés depuis le mois de mars 1943, ce qui accroît encore la vulnérabilité de l'*Apparat F*…

Mais rien de tout cela n'est clairement perçu par les responsables du bureau des armements, et le concept du silo sous-marin est validé ; vingt-quatre exemplaires en sont commandés le 9 décembre 1944. Il faudra non seulement construire les caissons, mais aussi transformer quelques sous-marins de type XXI pour leur permettre de les remorquer. Enfin, des tests supplémentaires seront nécessaires pour mettre au point l'ensemble du système, et tout comme les chantiers navals, les sites d'expérimentation de Peenemünde et Mittelwerk sont bombardés en permanence. C'est pourquoi un nouveau site pour les essais de plate-formes, de caissons et de missiles est ouvert par la Kriegsmarine sur les rives du Toplitzsee, au cœur de la mythique forteresse alpine[a]. Mais dans les faits,

---

a. Ce qui explique que les Américains occupant cette base secrète à partir de mai 1945 n'y trouveront pas que des faux billets. (Voir chapitre 5 : « La forteresse alpine ».)

plus aucune avancée sérieuse sur le programme *Appa-rat F,* comme sur tous les précédents, n'est réalisée avant la capitulation de l'Allemagne le 8 mai 1945.

L'obsession du Führer de vouloir frapper l'Amé-rique aura donc été à l'origine d'un grand nombre de programmes et d'un foisonnement d'idées. Au regard des capacités technologiques de l'époque, et compte tenu de la minceur des ressources disponibles comme de l'intensité des bombardements alliés, les espoirs placés dans ces inventions souvent géniales se sont révélés chimériques. Pourtant, le projet de fusée balistique intercontinentale A9/A10, l'*Apparat F*, l'aile volante des frères Horten et l'*Amerika Bomber* vont tous connaître de multiples descendants durant le demi-siècle suivant la fin du IIIe Reich – à commen-cer par le missile Minuteman, le sous-marin Polaris lanceur d'engins, les bombardiers à réaction Tornado, Stratojet et B-52, et même l'avion furtif B-2. C'est ainsi qu'en définitive, les Américains auront été les premiers bénéficiaires des efforts d'Hitler pour les détruire...

5

La forteresse alpine

Pour les généraux alliés comme pour la plupart de
leurs homologues allemands, la « forteresse alpine » a
été l'un des plus grands secrets de la guerre – et sans
doute celui qui aura les plus lourdes conséquences
dans l'après-guerre... Mais il faudra pour cela une
extraordinaire réaction en chaîne, jointe à l'invrai-
semblable confusion consécutive aux derniers soubre-
sauts d'un IIIᵉ Reich agonisant.

C'est une perspective encore lointaine à l'automne
de 1944, même si la situation militaire de l'Allemagne
est déjà très sombre à cette époque : après sa fulgurante offensive d'été, l'Armée rouge vient de libérer
la Biélorussie et d'occuper la Lituanie et la Roumanie,
tandis qu'en Italie, les armées anglaises et américaines
ont atteint la ligne Gothique, dernier barrage avant la
plaine du Pô ; en France, les Américains et les Français, venus de Normandie et de la vallée du Rhône,
convergent sur la Bourgogne et l'Alsace ; en Belgique,
les Britanniques libèrent Anvers et Bruxelles. Ainsi,
Hitler se trouve désormais menacé depuis l'ouest, le
nord-est, l'est, le sud-est, le sud et le sud-ouest...

Pourtant, ce que le Führer a nommé « la forteresse du Reich » est encore inviolé, si l'on excepte les incessants bombardements aériens anglo-américains sur l'ensemble du territoire. Mais ceux-ci ont largement épargné la Bavière, la Basse-Autriche et le Tyrol du Sud ; c'est le cas de la petite ville autrichienne de Bregenz, sur les rives du lac de Constance, où est installée une antenne du *Sicherheitsdienst Amt VI (Ausland)*, le service de renseignements extérieurs de la SS[a]. Son rôle se borne généralement à relayer vers Berlin les interceptions radio, les documents et les renseignements d'agents en provenance de la Suisse voisine ; mais à la mi-septembre, son commandant, le *Sturmbannführer*[b] Hans Gonthard, reçoit copie d'une interception remarquable : il s'agit du texte d'une note ultrasecrète envoyée à Washington par un agent américain basé à Zurich[c]. « Ce rapport, expliquera Gonthard, laissait prévoir un effondrement du front allemand pour le milieu de 1945, mais évoquait avec inquiétude la possibilité de la constitution d'un "réduit alpin". Si les Allemands devaient réussir à étendre vers le nord leurs positions fortifiées au sud des Alpes, il existerait un danger de formation d'une "redoute alpine", dont la réduction demanderait six à huit mois de plus que pour les autres

---

a. Sous la direction du *Brigadeführer* SS Walter Schellenberg. C'est une des branches du RSHA, *Reichssicherheitshauptamt*, le service principal de sécurité de la SS dirigé par l'*Obergruppenführer* Ernst Kaltenbrunner, successeur de Reinhard Heydrich.

b. Commandant.

c. Désigné sous le nom de Braker ou Barker – manifestement un agent de l'OSS, dirigé à Bern par Allen Dulles.

secteurs. [...] Dans le cas d'un approvisionnement suffisant en vivres et d'un stockage correspondant en matériel et armement [...], un tel "réduit alpin" bien fourni et entretenu pourrait se maintenir jusqu'à deux années[1]. »

Voilà qui laisse perplexe le *Sturmbannführer* Gonthard, un fin connaisseur de cette région montagneuse aux confins de la Suisse, de l'Allemagne, de l'Autriche et de l'Italie ; car pour autant qu'il le sache, rien ne semble justifier les mises en garde de l'agent américain. Un an plus tôt, à la suite de l'armistice italien et de l'occupation allemande de la péninsule[a], des ingénieurs de la Wehrmacht et de l'organisation Todt étaient certes venus inspecter les fortifications autrichiennes de la Grande Guerre au Tyrol du Sud et au-delà de la frontière italienne ; quelques expertises locales avaient également été effectuées depuis lors à partir d'Innsbruck. Mais plus au nord, tout le long des Alpes bavaroises entre les frontières suisse et tchèque, il n'existe pas la moindre position fortifiée ; en cherchant bien, on trouverait une ou deux cavernes où l'on construit des pièces détachées pour les chasseurs Messerschmitt 109 et Focke-Wulf 190, un centre expérimental de la marine sur le Toplitzsee, et bien sûr un dédale d'abris antiaériens et de réserves souterraines sur les hauteurs de l'Obersalzberg, autour du Berghof d'Adolf Hitler. Malgré tout, c'est bien peu pour alerter un agent du renseignement américain, qui semble par

a. Le 3 septembre 1943, cinq semaines après la destitution de Mussolini, le gouvernement du maréchal Badoglio avait signé un armistice avec les Alliés, ce qui avait provoqué l'occupation éclair de l'Italie par la Wehrmacht.

ailleurs avoir fondé son rapport sur des possibilités plutôt que sur des faits concrets. L'expression même de « réduit alpin » a visiblement été empruntée aux Suisses, qui ont construit à partir de 1940 un réseau de fortifications de montagne très dissuasif entre Sargans, le Saint-Gothard et Saint-Maurice[a]. Mais les Alpes suisses se prêtent bien davantage à la défensive que les reliefs bavarois et autrichiens, qui sont entaillés de larges vallées ; par ailleurs, il a fallu deux ans et d'énormes ressources aux Suisses pour constituer leurs fortifications, et le Reich ne dispose manifestement plus de délais et de moyens comparables. C'est sans doute pourquoi l'officier SS Gonthard considère ce rapport comme une curiosité plutôt divertissante et, l'ayant fait suivre à Berlin, il en transmet une copie au Gauleiter du Tyrol-Vorarlberg, Franz Hofer.

Le Gauleiter Hofer, lui, prend la chose très au sérieux – à tel point même qu'au début de novembre 1944, il envoie un long mémorandum au Reichsleiter Martin Bormann[b], en le priant de faire suivre sans délai au Führer[c]. C'est qu'il voit son vaste domaine montagneux de plus en plus menacé par l'avance alliée en Italie et en Alsace, ce qui lui semble justifier des mesures de défense immédiates : « Je demande instamment que soient ordonnés au plus tôt la construction et l'approvisionnement par tous les

---

a. De fait, il dissuadera à deux reprises Hitler d'envahir la Suisse.

b. Qui est son supérieur direct en tant que chef de la chancellerie du parti.

c. Il ne s'y est pas résolu sans hésitation, car il n'était pas censé avoir vu le rapport intercepté par le SD.

moyens et dans les meilleurs délais d'une "forteresse alpine", dans le sens du rapport en provenance de Suisse concernant un "réduit alpin". » Suit une longue énumération des premières mesures préconisées : édification d'une « position fortifiée » au nord des Alpes, qui soit reliée aux places fortes déjà existantes dans le sud ; désignation du secteur alpin comme zone interdite, afin d'empêcher les réfugiés d'y accéder ; approvisionnement en vivres et matières premières essentielles sur une grande échelle et pour un temps prolongé ; constitution des plus grands stocks possibles d'armes et de munitions ; transfert dans la zone alpine de 30 000 prisonniers américains et anglais, « officiers de préférence », manifestement pour servir d'otages ; repositionnement de l'« armée du Sud » sur la partie méridionale de la forteresse alpine ; enfin, limogeage du ministre des Affaires étrangères von Ribbentrop, « comme préalable à l'ouverture rapide de négociations diplomatiques[2] ».

Les mesures proposées sont évidemment surprenantes, dans la mesure où le Gauleiter Hofer s'immisce à la fois dans la stratégie militaire, dans l'économie de guerre et dans la politique étrangère – trois domaines qui sortent très largement de ses attributions et sont exclusivement réservés à Hitler. Martin Bormann en est manifestement conscient, puisqu'il s'empresse de classer ce mémorandum impertinent – d'autant qu'il sait bien qu'aux yeux d'un Führer qui ne pense qu'en termes d'offensives, ces propositions de retranchement défensif apparaîtraient immédiatement comme « défaitistes » et coûteraient cher à leurs auteurs...

De fait, c'est justement à cette époque qu'Adolf Hitler prépare l'offensive dont il escompte son plus

grand triomphe : l'opération *Wacht am Rhein* contre
les armées alliées imprudemment dispersées dans
les Ardennes. Elle est finalement déclenchée le
16 décembre 1944, avec trois armées comprenant
200 000 hommes et 600 chars, qui remportent de
beaux succès initiaux ; les premières lignes américaines sont enfoncées, la Meuse est en vue dès le
22 décembre, et le Führer compte bien exploiter la
percée jusqu'à Bruxelles et Anvers, provoquant ainsi
une rupture de la coalition anglo-américaine. Mais à
partir du 24 décembre, sa Wehrmacht, déjà entravée
par l'exiguïté des routes et la pénurie d'essence, se
trouve harcelée par l'intervention de 5 000 avions,
qui vont enrayer l'offensive en moins de trois jours et
ouvrir la voie à une vaste contre-attaque alliée. Dès
lors, en laissant 100 000 hommes et 500 chars sur le
terrain, le Reich perd son ultime capacité offensive.

Hitler est naturellement incapable de l'admettre,
mais il y a dans son entourage un homme qui sait
remédier à la faiblesse militaire par de puissantes
offensives verbales : c'est Joseph Goebbels. Le
ministre de la Propagande, qui scrute toujours avec
attention la presse étrangère, n'a pas manqué de
remarquer diverses informations dans les journaux
alliés et neutres concernant le « réduit alpin » – à
commencer par un long article du journaliste américain Harry Vosser, qui décrit dans le *New York
Times* du 12 novembre 1944, sous le titre « Hitler's
Hideaway[a] », les installations fortifiées des environs
de Berchtesgaden ; il y est question d'immenses caves
et tunnels remplis de provisions et de matériel mili-

---

a. « La cachette d'Hitler. »

taire. Ce correspondant de presse imaginatif a pu découvrir depuis son bureau de la banlieue londonienne qu'« en guise de précaution supplémentaire, tout le district, sur une longueur de trente-trois kilomètres et une largeur de vingt-quatre, est miné et peut exploser moyennant une pression sur un seul bouton. On dit que ce bouton fatidique se trouve sur la table de travail d'Himmler, dont le bureau souterrain est enterré dans la falaise, sous le bungalow du Führer[3] ».

Le Berghof, un bungalow ? Et le bureau d'Himmler serait situé sous la résidence d'Hitler ? Pour Goebbels, ces Américains sont décidément impayables[a] ! Mais les rumeurs continuent à circuler dans la presse occidentale, et le mois suivant, le *Daily Worker* croit savoir – « de source digne de foi » – que « le réduit national sera défendu avec fanatisme, jusqu'à la dernière goutte de sang[4] ». Goebbels comprend bien le parti qu'il peut tirer de ces affabulations, et il constitue dans son ministère une section spéciale chargée d'accentuer la rumeur du « réduit alpin », en fournissant à la presse des pays neutres et alliés tous les éléments propres à attiser les peurs ; dès le mois de janvier 1945, avec la coopération des services secrets d'Himmler, les premiers éléments de désinformation fabriqués à Berlin apparaissent en Suisse, en Espagne et en Suède – d'où ils passent directement en Grande-Bretagne et aux États-Unis ; leur thème est toujours le même : des fortifications imprenables, des usines souterraines, des

---

a. Hitler se méfie d'Himmler et le tient à distance. De fait, le bureau du chef de la SS est situé dans les faubourgs de Salzbourg, à plus de vingt-sept kilomètres du Berghof...

armements et des provisions profondément enterrés dans des caves à l'épreuve des bombes, et bien sûr d'innombrables divisions d'élite pour les défendre[5].

Pour les journalistes, particulièrement les Américains, il y a là matière à de nombreux articles sensationnels, comme celui de *Collier's Magazine* du 27 janvier 1945 ; intitulé « Hitler's final V-Weapon[a] », il révèle qu'aux environs de Bad Aussee, à quelque quatre-vingts kilomètres au sud-est de Berchtesgaden dans les montagnes du Salzkammergut, on entraîne la crème des SS et des Jeunesses hitlériennes à mener des opérations de guérilla sur une grande échelle après l'occupation du Reich ; baptisés *Werwölfe*[b], ils auraient des armes secrètes particulièrement sophistiquées et seraient menés par Ernst Kaltenbrunner, le successeur d'Heydrich à la tête du RSHA – le service de sécurité de la SS[6]. Les 4, 5 et 15 février 1945, Hanson Baldwin, le spécialiste des questions militaires du *New York Times*, assure également qu'après la chute de Berlin, les combats se déplaceront vers le secteur alpin[7]. À l'OSS du général Donovan comme au SHAEF d'Eisenhower, où l'on a appris que plusieurs ministères évacuaient déjà Berlin et que des travaux de fortification étaient menés dans la région de Bregenz, tout cela est pris très au sérieux – d'autant que la résistance acharnée des Allemands le long du Rhin et sur la ligne Gothique[c], qui contrôle l'accès à la plaine

---

a. « L'ultime arme de représailles d'Hitler. »

b. « Loups-garous » ; c'est une invention d'Himmler – hautement improvisée, comme la plupart des initiatives militaires du *Reichsführer*...

c. Au nord de Florence et au sud de Bologne.

du Pô, laisse prévoir un baroud d'honneur prolongé, même après la chute de la capitale.

C'est précisément dans la plaine du Pô – théoriquement sous l'administration de la « République sociale italienne » de Mussolini, mais en fait solidement tenue par 800 000 hommes aux ordres du maréchal Kesselring[a] – que le monolithe commence à montrer des failles. Si les soldats de la Wehrmacht sont occupés à tenir la ligne de front au sud de Bologne, toute la plaine entre les Apennins et les Alpes – avec les villes de Turin, Gênes, Milan, Vérone et Venise – est contrôlée par les unités SS du *Höchster SS und Polizeiführer in Italien*[b], le général Karl Wolff. Sous ses ordres à Turin, Milan et Vérone, il a le lieutenant Zimmer, le colonel Dollmann, le colonel Rauff et le général Harster, tous membres du *Sicherheitsdienst*, le service de sécurité et de renseignements extérieurs de la SS[c]. C'est au nom des deux premiers que le baron Luigi Parrilli,

a. Formant le groupe d'armées C (Sud-Ouest), constitué des 10e et 14e armées – 23 divisions au total. S'y ajoutent les 4 divisions fascistes du général Graziani, récemment entraînées en Allemagne. Mais les formations allemandes sont très éprouvées par les combats des dix-sept derniers mois dans la péninsule, tandis que les divisions fascistes n'ont pas encore vu le feu – et ne sont pas très pressées de le voir.

b. Commandant suprême des SS et de la police pour l'Italie.

c. Il n'y a pas d'enfants de chœur parmi eux, même s'ils ont de bonnes relations parmi les cardinaux italiens. Wolff, Rauff, Zimmer et Harster se sont rendus par le passé coupables de crimes de masse contre les partisans soviétiques, les Juifs et les résistants italiens.

un industriel italien, prend contact à Lucerne le 26 février 1945 avec le bras droit d'Allen Dulles, le principal agent de l'OSS à Berne[a]. Selon Parrilli, certains membres haut placés de la SS, peut-être même leur chef suprême, seraient disposés à venir négocier en Suisse, afin d'éviter la destruction complète des industries et des œuvres d'art de l'Italie du Nord. Les Américains, qui ont déjà été approchés par divers agents nazis, se méfient et demandent des gages[b], mais dès le 8 mars, il apparaît que la proposition de négociation est sérieuse lorsque le général Wolff, accompagné de son aide de camp, le commandant Wenner, et de Luigi Parrilli, se rend à Zurich pour négocier personnellement avec Dulles une cessation des hostilités[8].

Pour les Américains, c'est une occasion providentielle : les SS contrôlent l'accès au col du Brenner, et si celui-ci devait tomber aux mains des Alliés, les chances de résister avec succès dans le « réduit alpin » se trouveraient fortement compromises. Mais tout cela est loin d'être acquis : d'une part, la reddition ne pourrait se faire qu'avec l'accord du maréchal Kesselring, qui reste tout dévoué à Hitler. D'autre part, le général Wolff est venu en Suisse à l'insu de toute la hiérarchie SS – Himmler, Kaltenbrunner, Schellenberg et « Gestapo » Müller. Que cette amorce de négociation vienne à s'ébruiter, et Wolff serait immé-

---

a. Par l'intermédiaire du major Waibel, des services de renseignements suisses.

b. Principalement la libération de deux grands résistants italiens, Ferruccio Parri et Antonio Usmiani, qui seront effectivement conduits en Suisse dix jours plus tard.

diatement relevé de ses fonctions. En outre, Mussolini lui-même a été maintenu dans l'ignorance de ce
qui se trame ; s'il l'apprenait, il ne manquerait pas
d'alerter Hitler – avec des effets tout aussi prévisibles.
Enfin, les marges de négociation sont terriblement
étroites : les émissaires allemands comptent sur une
cessation des hostilités au sud-ouest pour pouvoir
tenir au nord-est les fronts de Hongrie, d'Autriche,
d'Istrie et de Bohême-Moravie contre l'avance soviétique ; les Américains, eux, s'en tiennent à la position
alliée proclamée depuis la conférence de Casablanca :
capitulation sans conditions. On voit qu'il y a encore
loin de la coupe aux lèvres...

En Allemagne, dans l'intervalle, le front s'est à
nouveau animé ; à l'est, les Soviétiques sont certes
restés sur l'Oder le temps de réduire les « citadelles[a] »
et d'isoler les grandes villes de Gdańsk, Gdynia et
Königsberg, mais elles ont pris Budapest et avancent
vers Vienne. À l'ouest, dès le 7 mars, la chute de
Trèves et la capture du pont de Remagen donnent une
nouvelle impulsion aux opérations anglo-américaines,
et depuis la mer du Nord jusqu'à la frontière suisse,
ce sont 85 divisions alliées qui vont atteindre le Rhin
avant la fin du mois. Pour le commandant suprême
Eisenhower, pour les chefs d'état-major anglais et
américains, pour Churchill et Roosevelt enfin, le but
ultime est fixé depuis longtemps ; le 15 septembre
1944, Eisenhower écrivait encore au maréchal Montgomery : « Il ne fait aucun doute à mes yeux que nous
devons concentrer toutes nos énergies et toutes nos
ressources pour une avancée éclair en direction de

---

a. Notamment Poznań, Stargard, Elbing et Graudenz.

Berlin. [...] J'ai l'intention de l'atteindre par la voie la plus directe et la plus rapide[9]. »

Mais aussi remarquable que cela puisse paraître, c'est la désinformation du docteur Goebbels et du *Reichsführer* Himmler qui va infléchir radicalement la stratégie du commandant suprême : à la suite de nouveaux articles dans les journaux suisses et américains au début de mars[a], un rapport du 12ᵉ groupe d'armées du général Bradley mentionne le 21 mars que, selon ses services de renseignements (G-2), « tout indique que la direction politique et militaire de l'ennemi est en train de se déplacer vers la "redoute" en Basse-Bavière[10] ». Le G-2 précise que ses renseignements « proviennent d'agents et de prisonniers de guerre » – le vecteur d'intoxication favori du *Sicherheitsdienst*...

Le 25 mars, un rapport du service de renseignements de la 7ᵉ armée va encore plus loin : selon des « sources assez fiables », Himmler aurait ordonné de concentrer dans le réduit alpin des provisions pour 100 000 hommes, et « tout le secteur serait défendu par quatre-vingts unités d'élite, comprenant chacune entre 1 000 et 4 000 hommes ». Les meilleures armes que puisse produire l'Allemagne devaient être affectées au réduit, où arrivaient des trains scellés en provenance des usines Skoda. Beaucoup de ces trains emportaient « un nouveau modèle de canon », et une usine souterraine était capable de produire « un Messerschmitt complet ». Les défenseurs pourraient

---

a. Dont le *Journal de Genève*, le *New York Times* et à nouveau le *Daily Worker* communiste, dans ses éditions des 14 et 24 mars.

mettre à contribution « toutes les capacités de production des vallées du Pô et du Danube, de Bohême et des Balkans ». En conclusion, le réduit serait défendu par des combattants comprenant entre 200 000 et 300 000 vétérans de la SS et des troupes de montagne « totalement fanatisés par l'esprit nazi », et qui risquaient de combattre jusqu'au dernier homme. Une carte des contours présumés de ce réduit alpin est même jointe en appendice[11].

Depuis le début de mars, le SHAEF est également en possession d'un rapport des services de renseignements de la 1re armée française du général de Lattre intitulé « Maquis allemand et réduit national ». Eux aussi estiment que la région alpine est en passe de devenir une base pour un mouvement de partisans allemands, et ils font également état de vastes cavernes pleines d'armes, d'essence synthétique et même d'avions. Enfin, ils croient savoir que l'on a commencé à diriger les civils non combattants vers d'autres secteurs, et que l'on s'apprête à concentrer dans ce réduit les otages étrangers les plus importants, dont le roi des Belges, le fils de Staline[a], le maréchal Pétain, Léon Blum, Paul Reynaud, le général Weygand et Pierre Laval[12].

C'est ainsi que l'on trouve au QG d'Eisenhower une gigantesque carte, constamment remise à jour et intitulée « Le bastion national d'après les rapports d'agents ». On y voit une région couvrant environ 35 000 kilomètres carrés de territoire allemand, autrichien et italien, avec pour centre le secteur de

---

a. En réalité, Yakov Staline a été tué deux ans plus tôt au camp de concentration de Sachsenhausen.

l'Obersalzberg, près de Berchtesgaden. Des petits drapeaux rouges signalent les champs d'aviation, les secteurs fortifiés, les dépôts de munitions, de carburant et de gaz de combat, ainsi que les casernes, les réserves de vivres, les centrales électriques et les stations émettrices, sans oublier les points de concentration des unités allemandes au milieu des montagnes[13]. À cet égard, chaque jour apporte de nouvelles informations, dont pas une seule ne peut être confirmée...

Peu importe : le général Bedell Smith, qui traduit d'ordinaire la pensée d'Eisenhower, assure qu'« il y a toutes raisons de penser que les nazis ont l'intention de se livrer à un baroud d'honneur au milieu des escarpements[14] ». C'est aussi l'opinion du général Bradley, qui estime qu'il faudrait réorienter la stratégie alliée pour l'en empêcher. Mais c'est un télégramme envoyé le 27 mars par le chef d'état-major américain Marshall au général Eisenhower qui va se révéler décisif : « Que diriez-vous d'une poussée rapide des forces américaines, disons sur les axes Nuremberg-Linz ou Karlsruhe-Munich ? À la base de cette idée, il y a le fait [...] qu'une action éclair pourrait empêcher la formation d'îlots de résistance organisée. Le terrain montagneux dans le Sud est considéré comme offrant une possibilité à cet égard[15]. »

Marshall est visiblement influencé par les rapports de Bradley, de Bedell Smith et des services de renseignements alliés, et il a l'habitude d'exprimer ses souhaits sous forme de suggestions. Eisenhower, qui le sait parfaitement, câble en réponse dès le lendemain qu'il est parfaitement conscient de l'importance de prévenir des regroupements ennemis dans le Sud, et

LA FORTERESSE ALPINE

Camp de travail
Frontières
Périmètre défensif (théorique)
Points d'appui
Château

ALLEMAGNE

BOHÊME-MORAVIE

Mauthausen
Linz
Redl-Zipf
Steyr
Ebensee
Bad Ischl
Toplitzsee
Bad Aussee

Munich
Bad Tölz
Rosenheim
Bad Reichenhall
Salzbourg
Berchtesgaden
Radstadt
Bruck
Mauterndorf
Leoben

Murnau
Garmisch
Wörgl
Kufstein
Itter
Kitzbühl
Zell am See

AUTRICHE

Spittal
Villach
Klagenfurt

Füssen
Reichenau
Innsbruck
Niederdorf
Karfreit
Udine

Col du Brenner
Bolzano

Tyrol

Tyrol du Sud

ITALIE

Feltre

Bregenz
Lac de Constance

SUISSE

YOUGOSLAVIE

0   50   100 km

qu'il va « initier un mouvement en direction de Linz et Munich dès que les circonstances le permettront[16] ». Sans mentionner cet échange de télégrammes, Ike écrira dans ses Mémoires : « Si nous laissions les Allemands constituer un réduit, ils pourraient nous obliger à mener une guerre de guérilla prolongée ou un siège coûteux. Ils pourraient ainsi entretenir l'espoir désespéré que, grâce à des désaccords entre les Alliés, il leur serait possible d'obtenir des termes de reddition plus favorables que ceux de la capitulation sans conditions. Il était manifeste qu'ils allaient essayer, et je décidai de les en empêcher par tous les moyens[17]. »

Le principal moyen n'est autre qu'un changement radical de stratégie : dès le 28 mars, Eisenhower informe Staline du fait qu'il a décidé d'arrêter le mouvement de ses troupes lorsqu'elles auront atteint l'Elbe, laissant ainsi Berlin à l'Armée rouge, tandis que les avant-gardes américaines se dérouteront vers le sud, en direction de Leipzig et de Dresde ; une seconde avance en direction de Linz par Ratisbonne lui permettra « d'empêcher la résistance allemande de se consolider dans le réduit de l'Allemagne du Sud ». C'est donc bien de cela qu'il s'agit... Naturellement, Staline répond avec ravissement qu'« une telle proposition coïncide entièrement avec les plans du haut commandement soviétique », et que de toute manière « Berlin a perdu toute l'importance stratégique qu'elle avait naguère[18] ». Les Britanniques, qu'Eisenhower n'informe que le lendemain, sont atterrés ; ils en appellent au général Marshall, sans savoir que c'est précisément lui qui est à l'origine de ce revirement.

Toutes leurs démarches seront donc vaines[a], mais ce sera une décision fatale pour le demi-siècle à venir...

La situation dans le secteur alpin a-t-elle vraiment changé au point de justifier un tel bouleversement dans la stratégie alliée ? On relève certes depuis janvier 1945 le début de travaux pour constituer une ligne de défense fortifiée le long de la frontière suisse, entre Bregenz et Feldkirch, mais l'organisation Todt n'emploie dans le secteur que 2 000 ouvriers assez peu motivés ; pour le reste, il y a les habituels travaux de creusement ordonnés par Bormann autour de l'Obersalzberg, qui est devenu depuis des années un véritable gruyère de caves et de souterrains. En outre, le chef du RSHA, Kaltenbrunner, est venu installer son nouveau QG à Bad Aussee, au sud-est de Berchtesgaden, et plusieurs usines d'armement allemandes et autrichiennes ont emménagé dans les cavernes de cette région du Salzkammergut pour échapper aux raids aériens[b]. Des ateliers de montage et d'expérimentation de fusées V2 ont également essaimé dans le secteur, mais l'aménagement et l'élargissement des cavernes nécessaires sont loin d'être terminés en mars 1945. Enfin, on relève bien des travaux de fortification menés avec une certaine énergie le long des frontières hongroises et yougoslaves, mais tout cela se déroule bien trop à l'est et au sud-est de l'Autriche pour être inclus dans le « réduit alpin »...

---

a. Le président Roosevelt, auquel Churchill fait appel, répond – tout comme Marshall – qu'il faut laisser la décision finale au général Eisenhower.

b. Notamment l'usine de véhicules Steyr-Daimler-Puch à Ebensee, près du lac de Traun.

Peut-on au moins confirmer en mars 1945 un mouvement massif de troupes d'élite en direction des Alpes ? En vérité, l'essentiel des effectifs de la Wehrmacht est mobilisé à cette époque le long du Rhin, de l'Oder, du Danube et du Pô. On note certes un mouvement de la 8e division de cavalerie SS Florian Geyer en direction de Fishhorn, au sud de Salzbourg, mais il s'agit des débris d'une formation de 30 000 hommes sévèrement étrillée par l'Armée rouge devant Budapest[a]. Pour le reste, il n'y a pas de renforts significatifs des troupes encasernées dans la région, y compris dans l'école de formation des SS à Bad Tölz, entre Munich et la frontière autrichienne. En revanche, il y a bien un mouvement depuis la capitale en direction du secteur alpin : c'est d'abord celui des familles de dignitaires nazis, qui sont ainsi mises à l'abri des bombardements ; mais elles ne sont pas seules, car dès le 7 mars, Goebbels note avec dégoût dans son journal que « Keitel a ordonné que l'on prépare cent dix trains à Berlin pour évacuer le personnel de l'OKW et de l'OKH[19] ». Il y aurait également 50 000 hommes prêts à quitter au plus vite la capitale – principalement des ministres et des membres influents du parti…

Il y a aussi des trains de marchandises qui se dirigent vers le cœur de la présumée redoute alpine, mais ils ne transportent pas d'armes, ni même de

---

a. Sous la direction du général SS Waldemar Fegelein, ils ne sont plus que 800 à l'arrivée en Autriche – et manifestement hors d'état de reprendre le combat. Du reste, il s'agissait à l'origine d'une troupe de police uniquement formée pour chasser les partisans et les Juifs derrière les lignes.

vivres ; ce sont les fruits de douze années de rapines que Kaltenbrunner, Ley, Ribbentrop, Bormann, Rosenberg et Goering veulent mettre en sûreté dans les cavernes et les souterrains du Salzkammergut. À cet égard, le champion toutes catégories est certainement le *Reichsmarschall* Hermann Goering, dont les deux trains spéciaux acheminent sans interruption les tableaux de maîtres, les gravures, les sculptures, les tapisseries, les statues, les meubles, les lingots et les diamants depuis son palais de Carinhall jusqu'aux vastes tunnels des environs de Berchtesgaden : il est déjà triste d'être vaincu, si en plus il fallait se priver...

Mais un autre convoi pénètre plus secrètement encore dans le réduit alpin ; il provient du camp de concentration de Sachsenhausen, et emporte dans ses douze wagons des machines, des outils, des quantités de billets de banque et cent trente-sept techniciens juifs[a] venus des quatre coins de l'Europe occupée : c'est le matériel d'imprimerie et le personnel de l'opération *Bernhard* [b], la plus fantastique entreprise de contrefaçon jamais mise sur pied : depuis la fin de 1942, sous l'égide du *Sicherheitsdienst* de Schellenberg[c] et la direction opérationnelle du *Sturmbannführer* Bernhard Krüger, elle a produit 9 millions de billets de banque britanniques, en dénominations de

---

a. Ils étaient cent quarante-deux au départ, mais cinq ont été exécutés après avoir contracté des maladies : des patients hospitalisés risquaient de parler...

b. Du nom de son directeur, le *Sturmbannführer* Bernhard Krüger.

c. Le SD *Amt VI*, section F4 « moyens techniques », qui produit également des faux papiers et tous équipements nécessaires aux opérations de renseignement.

5, 10, 20 et 50 livres sterling, pour une valeur totale
de 134,6 millions de livres[a] ! Destinée au départ à
déstabiliser l'ensemble du système monétaire britannique, l'opération *Bernhard* s'est finalement limitée
à financer les opérations des services secrets allemands en Italie, en Suisse, en Suède, en Turquie et
en Yougoslavie[b]. Mais le camp de Sachsenhausen, à
trente-cinq kilomètres au nord de Berlin, est devenu
très vulnérable devant l'avance soviétique au début
de 1945, et pour peu que l'on souhaite poursuivre
la guerre depuis le réduit alpin, l'opération *Bernhard*
constituera une arme des plus précieuses. C'est pourquoi le convoi ultrasecret, passant de nuit par Leipzig
et Prague, arrive le 16 mars au camp de concentration autrichien de Mauthausen, où les carrières de
granit sont exploitées par des forçats dont l'espérance
de vie ne dépasse pas neuf mois. C'est dans plusieurs

---

a. Le chiffre est impressionnant, mais pour diverses raisons – dont le sabotage –, seuls 7,5 % des billets, d'une valeur
totale de 10,3 millions de livres, ont été jugés d'assez bonne
qualité pour être utilisés par le SD. (Voir Osuch, Florian,
« *Blüten* » *aus dem KZ*, Hambourg, Karl Richter Verlag, t. 3,
2009, pp. 89 et 90, et Mader, Julius, *Der Banditenschatz*,
Berlin, Verlag der Nation, 1973.)

b. À Ankara, ces livres sterling parfaitement contrefaites
ont servi à rétribuer les services du valet d'ambassade Elyeza
Bazna, alias Cicéron. (Voir Kersaudy, François, *L'Affaire Cicéron, 1943*, Paris, Perrin, 2009, pp. 109-126.) En Yougoslavie,
elles ont permis aux SS d'acheter des armes anglaises et
américaines à certains partisans de Tito, qui étaient très
friands de devises fortes en prévision de l'après-guerre.
(Hagen, Walter, *Unternehmen Bernhard*, Wels & Starnberg,
Welsermühl Verlag, 1955, pp. 175-183.)

profondes galeries de ces carrières que les « prisonniers spéciaux » sont censés reconstituer la *Bank of
England* – et même commencer à produire de faux
dollars, qui sont pratiquement prêts à l'impression…
L'argent n'est-il pas le nerf de la guerre ?

C'est que l'*Obergruppenführer* Kaltenbrunner
semble bien décidé à poursuivre la guerre depuis ce
réduit alpin, ainsi qu'il le confie à son agent Walter
Hagen à la fin du mois de mars. « Il croyait possible,
se souviendra Hagen, de mettre au moins en état
de défense la zone des hautes Alpes du Tyrol et du
Vorarlberg en l'espace de quelques semaines. Le terrain se prêtait si bien à la défensive […] que l'on pouvait, avec des moyens relativement limités, constituer
une place forte en hérisson de grande ampleur. […] Il
croyait effectivement que dans cette région le dernier
combat pourrait être poursuivi très longtemps. […]
Mais Kaltenbrunner laissait également entendre qu'il
pourrait renoncer à cet atout maître, pourvu que les
Alliés lui offrent des compensations. Il s'attendait en
premier lieu à une permission, tacite ou explicite, de
poursuivre la guerre contre les Soviétiques. Sa forteresse alpine était donc conçue d'abord pour servir
d'objet de négociation, pour lequel il pourrait réclamer un prix élevé ; mais à cette époque au moins,
il comptait aussi fermement sur la possibilité de
défendre véritablement la forteresse alpine, au cas
où les Alliés refuseraient un tel marchandage. […]
Pendant le siège du massif alpin, il comptait sur des
alpinistes expérimentés pour maintenir ouverts les
chemins de contrebande avec l'étranger, en premier
lieu la Suisse et l'Italie. Mais les achats de vivres, de
biens stratégiques et de matières premières à l'exté-

rieur devaient être financés, et c'est pour cela qu'il comptait sur l'opération *Bernhard* [20]. »

Voilà qui est fort bien, mais enfin, la décision stratégique appartient toujours en dernier ressort au Führer, qui n'a pas encore manifesté le moindre intérêt pour ce projet de réduit alpin. Le 27 mars, alors que les Américains voyaient déjà Hitler livrer un baroud d'honneur prolongé au milieu des impénétrables montagnes alpines, Goebbels notait dans son journal que « le Führer est maintenant résolu à rester à Berlin, même si la situation devient critique[21] ». C'est effectivement ce qui est en train de se produire : à cette époque, les troupes anglaises, américaines et françaises ont franchi le Rhin sur l'ensemble du front et se déploient en éventail vers la Ruhr, la Weser et le Danube, tandis qu'à l'est, les « citadelles » cernées par l'Armée rouge tombent les unes après les autres. Face à tout cela, la stratégie du Führer est pour le moins incohérente : il n'autorise aucune retraite, fait fusiller des officiers jugés responsables des derniers échecs sur le terrain, veut faire évacuer et détruire toutes les régions de l'ouest sur le point de tomber aux mains de l'ennemi, déplace une armée blindée vers Budapest alors que la principale menace vient de l'Oder, limoge l'*Oberbefehlshaber West* von Rundstedt[a], le chef d'état-major Guderian et le général Gehlen[b]

_____

a. Commandant en chef pour l'Ouest, remplacé dans cette fonction par le maréchal Kesselring, jusqu'alors commandant du groupe d'armées C en Italie.

b. Chef du FHO, *Fremde Heere Ost*, le service de renseignements militaires sur l'URSS. Gehlen s'est vu reprocher

sous des prétextes futiles, exige la création d'une division de cyclistes pour combattre les chars soviétiques, et immobilise 22 divisions en Courlande et 400 000 hommes en Norvège, malgré le manque criant d'effectifs en Prusse-Orientale, en Haute-Silésie et en Poméranie – tout cela après avoir confié le commandement du groupe d'armées Vistule à Heinrich Himmler, un spécialiste de la répression policière sans la moindre expérience militaire[a]...

Sa diplomatie n'est guère plus cohérente : ayant refusé une fois pour toutes de négocier avec les Soviétiques ou les Anglo-Américains – au motif assez contestable que « Frédéric le Grand n'aurait jamais consenti à transiger » –, il n'en laisse pas moins son ministre des Affaires étrangères Ribbentrop établir des contacts discrets et infructueux avec un représentant des puissances occidentales à Stockholm, puis refuse l'offre du pape de servir d'intermédiaire pour de possibles pourparlers avec les Alliés, tout en envisageant un rapprochement avec Staline, avant de refuser toute négociation avec un haut représentant soviétique venu exprès à Stockholm, en alléguant que « le moment est mal choisi[22] »...

Si le Führer est capable de tels revirements brusqués dans sa stratégie comme dans sa diplomatie, peut-on s'attendre à ce qu'il reste inébranlable dans sa décision de mener la lutte finale à Berlin, plutôt que de poursuivre la résistance depuis

---

d'avoir prédit l'offensive soviétique pour la mi-avril – qui sera effectivement déclenchée à la date prévue...

a. S'étant révélé catastrophiquement incompétent, il sera remplacé le 21 mars par le général Heinrici.

la « forteresse alpine » ? C'est loin d'être sûr, car
le 9 avril, cinq longs mois après l'envoi de son
mémorandum, le Gauleiter Hofer est convoqué à
la chancellerie du Reich. À l'évidence, Hitler veut
saisir toutes les planches de salut, et le 10 avril, il
envoie des domestiques pour préparer ses quartiers
sur l'Obersalzberg ; deux jours plus tard, il donne
même l'ordre de constituer une « forteresse principale des Alpes[a] », dont les limites sont officiellement définies pour la première fois : « Bavière du
Sud, Salzbourg, Tyrol, Vorarlberg, Tyrol du Sud et
Carinthie[23] » – soit près de quatre cents kilomètres
à vol d'oiseau d'ouest en est, et deux cents kilomètres du nord au sud, avec de profondes vallées
et des massifs culminant à 2 200 mètres d'altitude ;
les groupes d'armées E, Ostmark, C, et Mitte[b] s'y
concentreront en dernier ressort. Le Gauleiter Hofer
regagne Innsbruck avec la satisfaction du devoir
accompli : son domaine sera préservé, et lui-même
échappera peut-être à l'agonie du Reich. C'est ainsi
que le mythe du réduit alpin va devenir réalité – sur
le papier tout au moins...

Il est pourtant bien tard : à la mi-avril, les Américains ont atteint l'Elbe et les Britanniques ont dépassé
l'Ems, tandis que les Soviétiques entrent dans Vienne
et s'apprêtent à lancer leur grande offensive au-delà
de l'Oder. En Italie du Nord, la 5e armée américaine
du général Truscott et la 8e armée britannique de

---

a. « *Kernfestung Alpen.* »

b. Respectivement ceux du général Löhr en Croatie, de
Rendulic en Autriche, de von Vietinghoff en Italie et du
maréchal Schörner en Bohême.

McCreery[a] ont fait irruption dans la vallée du Pô en capturant Massa et Carrare à l'ouest du front, Bastia et Argenta à l'est, tandis que Bologne et Modène, au centre, sont sur le point de tomber. Dès lors, le général Wolff est retourné en Suisse pour négocier secrètement avec Dulles et deux représentants du commandant en chef Alexander, les généraux Airey et Lemnitzer. Plusieurs éléments jouent en faveur du général SS : le concours actif de Rudolf Rahn, ambassadeur plénipotentiaire du Reich auprès de Mussolini[b] ; l'action de la résistance italienne, qui crée un climat d'insécurité croissant sur les arrières de la Wehrmacht, depuis la plaine du Pô jusqu'aux Dolomites ; enfin et surtout, l'usure des troupes allemandes battant lentement en retraite vers le Pô et l'Adige, et encore démoralisées par les nouvelles en provenance des autres fronts. En revanche, un facteur est à même de contrer l'action des émissaires de la paix : au sein de la hiérarchie du parti et de la SS, Himmler, Schellenberg, Müller, Hofer et Kaltenbrunner jouent chacun leur partie[c] ; qu'ils cherchent

---

a. Ces armées sont sous commandement anglais et américain, mais elles comprennent des divisions originaires de Pologne, d'Afrique du Sud, du Brésil, de Terre-Neuve, de Nouvelle-Zélande, d'Irlande, du Canada, d'Inde et d'Italie, ainsi qu'une brigade juive et une autre composée de Niseï (Japonais américains de deuxième génération).

b. Il agit naturellement à l'insu de Ribbentrop – et de Mussolini...

c. Les deux premiers veulent négocier avec les Anglo-Américains par l'intermédiaire de la Suède, le troisième est sans doute déjà en liaison avec Moscou, tandis que les deux derniers seraient plutôt en faveur d'une résistance prolongée dans les montagnes autrichiennes.

à négocier pour leur propre compte ou entendent
livrer un baroud d'honneur dans le « réduit alpin »,
leurs projets sont manifestement incompatibles avec
l'initiative du général Wolff. Or, Kaltenbrunner vient
justement d'en être informé par un de ses espions, et
Karl Wolff est convoqué à Berlin le 17 avril.

Peu soucieux d'être limogé ou discrètement éliminé
par Himmler et Kaltenbrunner, Wolff exige d'aller
voir le Führer en leur compagnie. Himmler, toujours
craintif, se récuse, et le 18 avril, c'est accompagné du
seul Kaltenbrunner que Wolff est reçu dans le bunker
sous la chancellerie du Reich. Devant Hitler, il ne nie
pas ses contacts avec les Alliés, et fait même valoir
qu'il a ouvert de sa propre initiative une voie de négociation « menant directement au président des États-
Unis et au Premier ministre Churchill », que le Führer
sera « libre d'utiliser à sa guise s'il le juge bon[24] ».
Cette présentation aussi franche qu'audacieuse pourrait aisément lui coûter la vie, mais Wolff sait à qui il
a affaire[d], il a sans doute été informé des revirements
successifs d'Hitler en matière de pourparlers, et il n'a
pas manqué de noter l'état de délabrement physique
avancé de son interlocuteur.

Quoi qu'il en soit, Hitler écoute patiemment Wolff
et ne l'interrompt qu'une seule fois, pour lui demander ce que seraient selon lui les conditions posées par
les Anglo-Américains pour une cessation des hostilités ; le général ayant répondu qu'une reddition sans
conditions serait sans doute inévitable, le Führer se

---

d. En tant qu'aide de camp d'Himmler dans les années 30,
Wolff a longtemps assuré la liaison entre son chef et Hitler
– dont il était devenu l'un des généraux favoris.

met à lui expliquer sa stratégie en ces termes : « Il y aura en Allemagne trois bastions : au centre, sous mon commandement, dans la capitale de Berlin ; au nord, dans le Schleswig-Holstein, au Danemark et en Norvège ; enfin, un au sud, comprenant la forteresse alpine. [...] Il ne fait pas de doute que les Russes et les Américains feront bientôt leur jonction quelque part entre ces bastions, et si je juge correctement les Russes, ils ne s'arrêteront jamais aux limites convenues à Yalta. Mais les Américains ne pourront en aucun cas tolérer cela, et ils seront obligés de les repousser par la force des armes. [...] Et c'est à ce stade que moi, Hitler, je prendrai part à la lutte finale d'un côté ou de l'autre. Je pourrai tenir à Berlin contre l'Est et l'Ouest pendant au moins six semaines, peut-être même huit, et c'est pour cette raison que vous devrez résister en Italie pendant tout ce temps. Dans l'intervalle, je m'attends à ce qu'un conflit éclate entre les alliés occidentaux et la Russie, après quoi je déciderai du camp que je rejoindrai. » Wolff, interloqué, demande : « Mon Führer, ce choix entre les deux camps n'est-il pas évident ? » Mais Hitler répond : « Je déciderai en faveur du plus offrant, ou de celui des deux qui me contactera en premier[25]. »

Pour Wolff, il est clair qu'Hitler, qui vit dans un monde largement imaginaire, n'est plus à un paradoxe près, même si son discours garde bien des marques de l'ancienne logorrhée : « Si cette bataille décisive du peuple allemand sous ma direction devait échouer, le peuple allemand aurait forfait à son droit à exister. La race plus forte venue de l'Est se serait montrée biologiquement supérieure, et il ne resterait plus qu'à périr héroïquement. » Après quoi le Führer revient à son obsession du moment : « Retournez en Italie ; maintenez vos contacts avec les Américains, mais faites en sorte d'obtenir de meilleures conditions. Gagnez un peu de temps, car il serait absurde de capituler sans conditions sur la base de promesses aussi vagues. Avant de parvenir à un accord avec les Américains, il nous faut obtenir de bien meilleures conditions. […] Alors, faites ce que je vous dis, reprenez l'avion et saluez Vietinghoff [a] de ma part[26]. »

Avant de quitter le bunker [b], le général Wolff a l'occasion de s'entretenir avec le personnel de la chancellerie et de l'état-major particulier du Führer. Il en retire l'impression qu'Hitler compte rester à Berlin, même si bien des membres de son entourage espèrent encore pouvoir gagner l'Allemagne du Sud : « On parlait peu de la redoute en tant que telle, ou même d'un baroud d'honneur dans les Alpes ; il n'était question que d'éviter le danger venu de l'Est – la capture par les Russes[27]. » Mais il ne faut jurer de rien : dès le 19 avril, lors de la conférence de situation, Hitler envisage bel et bien de renoncer à défendre la capitale, pour aller se retrancher dans le réduit alpin[28].

Il est vrai que Berlin est directement menacée : tout le long de l'Oder et de la Neisse, vingt-deux armées soviétiques viennent de passer à l'offensive. Au nord,

---

a. Le général Heinrich von Vietinghoff, qui a remplacé Kesselring à la tête du groupe d'armées C.

b. « Surpris et ravi d'avoir encore la tête attachée aux épaules », dira plus tard Karl Wolff. À la sortie du bunker, Kaltenbrunner lui a glissé : « Assurez-vous qu'aucun prisonnier civil important ne tombe aux mains des Alliés. Liquidez-les à leur approche. »

elles ont enfoncé la première ligne de défense allemande près de Stettin et menacent Prenzlau ; au
centre, elles attaquent Seelow et Prötzel, pour abor-
der la capitale par le nord ; au sud, elles s'élancent
vers Cottbus et Spremberg, avant de remonter vers le
nord-ouest en direction de Potsdam et de Berlin. Mais
au-delà de ces objectifs immédiats, les Soviétiques
cherchent à atteindre l'Elbe au plus tôt, afin d'isoler Berlin et de couper l'Allemagne en deux. Ils en
ont les moyens : 2 millions d'hommes, 6 250 chars,
42 000 canons et 7 500 avions... Les groupes d'armées Vistule de Heinrici et Centre de Schörner n'ont
à leur opposer que des débris de divisions et des
volontaires du *Volkssturm*, pratiquement dépourvus d'artillerie et menacés sur leurs arrières par les
armées anglo-américaines parvenues à Magdebourg,
Halle et Leipzig. Dans l'ensemble, on pourrait difficilement concevoir une situation plus désespérée.

Le lendemain 20 avril, c'est l'anniversaire d'Hitler.
Eu égard à la situation militaire, la traditionnelle pro-
cession de dignitaires nazis et de diplomates étrangers n'est plus de mise, et seuls sont présents dans le
bunker cet après-midi-là les habitués de la conférence
de situation : Keitel, Jodl, Goering, Himmler, Dönitz,
Speer, Kaltenbrunner, Ribbentrop, Krebs, Koller
et von Below[a]. L'adjoint de Dönitz, Walter Lüdde-
Neurath, décrira un Führer « brisé, bouffi, voûté,
épuisé et nerveux[29] » ; Albert Speer, lui, se souviendra
que « personne ne savait vraiment que dire. Hitler a

---

a. Krebs a remplacé Guderian comme chef d'état-major
d'Hitler, Koller est le chef d'état-major de l'aviation, et von
Below est l'aide de camp d'Hitler pour la Luftwaffe.

reçu nos vœux avec une certaine froideur et presque avec réticence, compte tenu des circonstances[30] ».

Celles-ci sont effectivement assez sombres : déjà soumise aux raids quotidiens des Mosquito et des B-17, la capitale est désormais sous le feu sporadique de l'artillerie soviétique à longue portée ; au nord, les Britanniques approchent de Brême et d'Emden ; au sud, les Américains viennent d'entrer dans Nurem-berg, les Français campent dans les faubourgs de Stuttgart et les Russes ont dépassé Vienne ; au centre, l'armée du général Busse a été mise en déroute sur l'Oder entre Francfort et Küstrin, tandis qu'au sud-est de Berlin, les Soviétiques prennent Lübben et pour-suivent leur avance en direction de Jüterbog à l'ouest et de Potsdam au nord-ouest. C'est précisément ce qui inquiète le chef d'état-major de l'aviation Karl Koller, qui notera dans son journal : « La dernière route vers le sud menace d'être coupée. C'est pourquoi, avant que ne commence la mise en scène des vœux d'anni-versaire, je préviens Goering, Keitel et Jodl que c'est la toute dernière occasion de rejoindre le Sud par voie terrestre, et qu'en considération de la situation aérienne et de la pénurie de carburant, j'exclus toute possibilité d'évacuation ultérieure par la voie des airs. [...] Tous partagent mon avis, mais Hitler n'a pas encore tranché. Pour finir, Keitel m'informe peu avant la conférence de situation qu'Hitler a décidé de rester à Berlin jusqu'au bout[31]. »

Voilà qui paraît clair... « Un moment plus tard, rap-portera Speer, nous nous tenions comme d'habitude autour de la carte de situation, dans l'espace confiné du bunker. [...] La discussion portait sur l'assaut imminent contre le centre de Berlin. La nuit précédente, il avait été question de renoncer à défendre la capitale, pour aller se retrancher dans le réduit alpin. Mais Hitler venait de décider qu'il mènerait la lutte pour la ville dans les rues de Berlin. Alors, tout le monde s'est mis à clamer qu'il fallait absolument transférer le QG vers l'Obersalzberg, et que c'était le dernier moment pour le faire […]. Hitler a répondu avec indignation : "Comment puis-je demander aux troupes de livrer la bataille décisive pour Berlin, si je me mets moi-même en sûreté ?" Goering, assis en face de lui les yeux écarquillés, pâlissait et transpirait dans son nouvel uniforme, tandis qu'Hitler continuait à discourir, emporté par sa propre rhétorique : "C'est le destin qui décidera si je mourrai dans la capitale ou si je m'envolerai au dernier moment pour l'Obersalzberg." Une fois la conférence terminée et les généraux congédiés, Goering, en grande détresse, s'est tourné vers Hitler[32]. »

C'est pour remettre sur le tapis la question du transfert des autorités du Reich vers l'Obersalzberg. Le maréchal, manifestement pressé de retrouver son épouse et ses trésors à Berchtesgaden, fait valoir qu'il faut bien qu'un haut responsable de la Luftwaffe parte aussitôt pour le Sud, car la situation là-bas nécessite un commandement unifié de l'aviation. Hitler, dont la main gauche tremble violemment, lui répond : « Eh bien, allez-y. Koller restera ici[33] ! » Et Speer, qui observe la scène à quelque distance, de noter : « Hitler considérait Goering d'un air absent. J'avais l'impression qu'il était profondément ému par sa décision de rester à Berlin et d'y jouer sa vie[34]. »

Sans doute, mais l'incohérence règne toujours dans cet esprit tourmenté ; le soir même, vers 22 heures, il dit à ses deux secrétaires Johanna Wolf et Christa Schroeder : « La situation a tellement changé durant ces quatre derniers jours que je me vois obligé de disperser mes services. Puisque vous êtes les plus anciennes, vous serez les premières. Une voiture part pour Munich dans une heure, vous pouvez prendre deux valises. » Christa Schroeder ayant demandé à rester, Hitler lui répond : « Non, je veux constituer plus tard un mouvement de résistance, et j'aurai besoin de vous deux. [...] Nous nous reverrons bientôt, je vous suis dans quelques jours[35]. » Veut-il seulement rassurer ses secrétaires ? A-t-il encore changé d'avis ? Il est impossible de le dire...

En tout cas, ces « quelques jours », le Führer pense encore les employer à remporter une bataille décisive contre l'Armée rouge ! Ayant perdu tout sens de la mesure, il compte sur le « groupe opérationnel Steiner », stationné à l'ouest d'Eberswalde, pour lancer une grande contre-offensive en direction du sud-est et desserrer l'étau soviétique qui se referme inexorablement sur Berlin. Or, cette unité, majoritairement composée de troupes de garnison, de volontaires, d'éléments de la Luftwaffe et de jeunes gens sans expérience du combat, est en outre dépourvue d'armes lourdes, ses véhicules manquent d'essence, et elle ne reçoit pas les renforts attendus de la Wehrmacht et de la SS. Son offensive se fait donc attendre, et Hitler harcèle l'OKW, l'OKH et l'OKL pour faire accélérer le mouvement. Mais rien ne se produit, les Soviétiques pénètrent déjà dans les faubourgs de la capitale, et les nerfs d'Hitler finissent par craquer... Le 22 avril à 20 h 45, le général Eckhard Christian, officier de liaison de la Luftwaffe, vient informer Koller des derniers développements à l'intérieur du bunker : « Le Führer, lui dit-il, s'est effondré ; il considère maintenant le combat comme désespéré. Mais il ne veut pas quitter Berlin. [...] Quand les Russes arriveront, il en tirera les conséquences et se suicidera. [...] Il a fait brûler tous ses dossiers, papiers et documents dans le jardin. [...] Il reste sur place, mais les autres peuvent quitter Berlin et aller où ils veulent[36]. »

Le général Koller, incrédule, cherche à obtenir confirmation auprès de l'OKW ; il se rend donc peu après minuit à la caserne de Krampnitz, près de Potsdam, où le général Jodl lui explique la situation au petit matin du 23 avril : « Ce que vous a dit Christian est exact. Hitler a jeté l'éponge, il a décidé de rester à Berlin, de diriger la défense de la ville et de se tirer une balle dans la tête au dernier moment. Il a dit qu'il ne pouvait combattre pour des raisons physiques, et aussi parce qu'il ne voulait pas risquer d'être blessé et de tomber entre les mains de l'ennemi. Nous avons tout fait pour le dissuader, et lui avons proposé de faire reporter l'effort des armées de l'Ouest vers le front de l'Est. Mais il a répondu que tout était en train de s'écrouler, qu'il ne pouvait rien faire, et que le *Reichsmarschall* n'avait qu'à s'en charger. Quelqu'un parmi nous ayant fait remarquer qu'aucun soldat n'accepterait de combattre sous les ordres du *Reichsmarschall*, Hitler a répondu : "Qui parle de combattre ? Il n'y a plus guère de combat à livrer, et s'il s'agit de négocier, le *Reichsmarschall* peut faire cela mieux que moi !" Les derniers développements de la situation militaire l'ont beaucoup affecté, et il ne cesse de parler de trahison, d'abandon et de corruption au sein du commandement et de la

troupe. Même les SS le trompent, même Sepp Dietrich ; Steiner n'est pas intervenu, et cela lui a donné
le coup de grâce[37]. » À 3 h 30 au matin du 23 avril,
le général Koller s'envole donc pour Munich ; cet
officier consciencieux et compassé ne se doute pas
qu'il s'apprête à déclencher une redoutable réaction
en chaîne...

Parvenu à Berchtesgaden peu après midi, Koller
met le maréchal Goering au courant des derniers
événements, et ajoute qu'Hitler ayant renoncé de
lui-même à la conduite de l'État et à la direction
suprême de la Wehrmacht, c'est à son dauphin qu'il
revient désormais d'agir[a]. Goering hésite, consulte les
anciens chefs de chancellerie Lammers et Bouhler[b],
puis décide d'envoyer au Führer le télégramme suivant : « *Mein Führer*, acceptez-vous qu'à la suite de
votre décision de rester à Berlin et de défendre Berlin, j'assume désormais la direction du Reich, conformément au décret du 29 juin 1941, avec les pleins
pouvoirs à l'intérieur comme à l'extérieur ? Si je ne
reçois pas de réponse avant 22 heures, je présumerai
que vous n'avez plus votre liberté d'action, je consi-
dérerai les conditions de votre décret comme réunies,

---

a. Un décret du 29 juin 1941 signé du Führer stipulait
explicitement : « Au cas où je serais empêché d'agir ou incapacité pour toute autre raison, je désigne le *Reichsmarschall*
Hermann Goering comme représentant ou successeur dans
toutes mes fonctions à la tête de l'État, du parti et de la
Wehrmacht. »

b. Qui se sont également réfugiés sur l'Obersalzberg, principalement pour échapper à la vindicte de Bormann... (Voir
chapitre 7 : « Le fantôme errant de Martin Bormann ».)

et j'agirai pour le bien du peuple et de la patrie[a]. »
Dans la foulée, il fait envoyer un radiogramme à Keitel et à Ribbentrop, rappelant les termes du décret
du 29 juin 1941 et se terminant ainsi : « Au cas où,
avant 24 heures le 23 avril, vous n'auriez reçu aucune
instruction du Führer directement ou de moi-même,
vous devrez me rejoindre directement par la voie des
airs[38]. » Après cela, Goering et Koller se concertent
sur les mesures à prendre en cas d'acceptation
d'Hitler – ou de silence de sa part. « Dans les deux
cas, note Koller, Goering est résolu à agir prompte-
ment et énergiquement. Il ne capitulera pas devant
les Russes, mais le fera immédiatement devant les
puissances occidentales ; c'est pourquoi il a l'intention
de se rendre en avion dès demain (24 avril) auprès
du général Eisenhower. Goering pense que lors d'un
entretien d'homme à homme, il parviendra rapidement à un accord[39]. »

Ce même après-midi du 23 avril, le ministre de l'Armement Albert Speer atterrit en avion léger devant la
porte de Brandebourg et se présente à la chancellerie,
qui est déjà sous le feu sporadique de l'artillerie soviétique. Après avoir descendu les quelque cinquante
marches conduisant au bunker, il est introduit par
Bormann dans le bureau du Führer, qui le frappe par
son expression apathique : « Il ne manifestait aucune
émotion, il me semblait vide, épuisé, sans vie. [...]

---

a. Visiblement effrayé par sa propre hardiesse, Goering
conclut par cette formule servile : « Que Dieu vous protège
et vous permette malgré tout de sortir de Berlin pour venir
ici le plus tôt possible. Votre fidèlement dévoué, Hermann
Goering. »

Ce jour-là, il ne m'a plus parlé d'un renversement de situation imminent, d'un espoir qui subsisterait. D'un air las, comme s'il s'agissait déjà d'une évidence, il s'est mis à me parler de sa mort : "J'ai décidé de rester ici. [...] Je n'irai pas moi-même participer au combat. Je risquerais d'être blessé et de tomber vivant aux mains des Russes. Je ne veux pas non plus que mes ennemis profanent mon corps, c'est pourquoi j'ai ordonné qu'il soit incinéré. Mlle Braun souhaite quitter la vie avec moi, et je tuerai Blondi[a] au préalable. Croyez-moi, Speer, il m'est facile de mettre fin à ma vie. Un bref instant et je serai libéré de tout, délivré de cette douloureuse existence."[40] »

Mais le haut commandement du Reich continue à fonctionner sous sa propre impulsion : le chef d'état-major Krebs se présente au rapport et la conférence de situation débute comme à l'accoutumée ; il est vrai que les principaux dignitaires et chefs militaires sont absents, qu'il ne reste plus que quelques officiers de liaison, qu'il n'y a sur la table qu'une carte de Berlin, et que les renseignements disponibles sur l'avance soviétique sont des plus fragmentaires, mais le rituel se poursuit immuablement, chacun joue son rôle, et le Führer exprime même un certain optimisme : la 9ᵉ armée de Busse va faire mouvement vers l'ouest et rejoindre la 12ᵉ armée de Wenck, qui déclenchera son offensive vers le nord pour briser le siège de Berlin. Pourtant, la conférence se termine plus tôt qu'à l'ordinaire, et Speer, interloqué par ce qu'il vient d'entendre, sort dans l'étroit couloir du bunker. Il y croise Goebbels, dont le fanatisme paraît intact, et il

---

a. La chienne d'Hitler.

rend une dernière visite à son épouse Magda, qui est venue avec ses six enfants pour mourir « dans ce site historique ».

Alors qu'il prend congé de l'infortunée Frau Goebbels, Speer perçoit une grande agitation dans le corridor, et il en découvre bientôt l'origine : « Un télégramme de Goering venait d'arriver, et Bormann se précipitait pour l'apporter à Hitler. Je l'ai suivi discrètement, surtout par curiosité. Dans son télégramme, Goering se contentait de demander à Hitler si, conformément au décret de succession, il devrait assumer la direction de l'ensemble du Reich au cas où Hitler demeurerait dans la forteresse de Berlin. Mais Bormann a prétendu que Goering venait de lancer un coup d'État. [...] Au début, Hitler a réagi à la nouvelle avec la même apathie qu'il avait manifestée toute la journée. Mais la thèse de Bormann s'est trouvée renforcée lorsque est arrivé un second message radio de Goering. » C'est la copie du télégramme adressé ce même après-midi à Ribbentrop ; et Speer poursuit : « Bormann a pensé y trouver un nouvel argument : "Goering est en train de trahir !", s'est-il écrié au comble de l'excitation. "Voilà maintenant qu'il envoie des télégrammes aux membres du gouvernement, pour leur dire qu'aux termes de ses pleins pouvoirs, il assumera vos fonctions cette nuit à 24 heures, *Mein Führer*." Si Hitler était resté plutôt calme lors de l'arrivée du premier télégramme, Bormann a eu cette fois partie gagnée. Son vieux rival Goering allait être dépouillé de ses droits de succession par un télégramme rédigé de la main de Bormann lui-même[41]. »

De fait, cette première réponse, aussitôt signée par le Führer, est libellée ainsi : « Je déciderai moi-même du moment de l'entrée en vigueur du décret du 29 juin 1941. Ma liberté d'action demeure entière. J'interdis donc toute démarche dans le sens que vous indiquez. Signé : Adolf Hitler. » Mais les choses n'en resteront pas là : « Bormann, poursuit Speer, avait enfin réussi à tirer Hitler de sa léthargie. Une explosion de rage a suivi, où s'entremêlaient des expressions d'amertume, d'impuissance, de désespoir et d'autoapitoiement. Le visage écarlate et les yeux hagards, il semblait avoir oublié la présence de son entourage : "Je le sais depuis longtemps. Je sais que Goering est paresseux. Il a laissé la Luftwaffe aller à vau-l'eau. Il est corrompu. Son exemple a permis à la corruption de se répandre dans l'État. En plus, il est morphinomane depuis des années. Je l'ai toujours su."[42] »

Bormann fait naturellement écho aux paroles du Führer, et pousse même son avantage : « Il doit être fusillé ! » Mais la manipulation a ses limites : « Non, non, pas cela ! répond Hitler ; je lui retire toutes ses fonctions et il est déchu de ses droits de succession. » Bormann est donc chargé de rédiger sur-le-champ un second télégramme : « À Hermann Goering, Obersalzberg. Par votre action, vous vous êtes rendu coupable de haute trahison contre le Führer et le national-socialisme. La trahison est punie de mort. Toutefois, du fait des services rendus au parti, le Führer ne vous infligera pas le châtiment suprême, à condition que vous renonciez à toutes vos fonctions. Répondez par oui ou par non[43]. »

Le radiogramme part aussitôt, tandis que le psychodrame se poursuit dans le bureau du Führer. Mais Speer n'est pas au bout de ses surprises : « D'un seul coup, Hitler est retombé dans sa léthargie : "Après tout, pourquoi pas ? Goering n'a qu'à négocier la capitulation. Au fond, peu importe qui le fait, si la guerre est perdue." [...] Une fois la crise passée, Hitler était à bout de forces. Il a repris ce ton harassé qu'il avait un peu plus tôt dans la journée[44] [a]. »

Le Führer, dont l'attitude est manifestement devenue incohérente, a certes changé d'avis quatre fois en vingt-quatre heures, mais pour Martin Bormann, l'essentiel est acquis : son ennemi mortel est enfin écarté du pouvoir. Pourtant, cela ne suffit pas encore au très malfaisant Reichsleiter, puisqu'il se sert de son propre émetteur dans le deuxième sous-sol de la nouvelle chancellerie pour envoyer un radiogramme à l'*Obersturmbannführer* Bernhard Frank ; ce commandant du détachement SS sur l'Obersalzberg reçoit l'ordre d'arrêter Goering pour haute trahison... L'état-major et les conseillers du *Reichsmarschall*, y compris Koller, doivent également être emprisonnés ou placés en résidence surveillée ; et le message se termine par cet avertissement menaçant : « Vous en répondrez sur votre tête[45]. »

---

a. L'aide de camp von Below confirme que le Führer a décidé à ce moment de « faire consigner Goering à son domicile de l'Obersalzberg », et il ajoute : « Lorsque je me suis entretenu ce soir-là en privé avec Hitler au sujet de Goering, j'ai constaté qu'il montrait quelque compréhension pour sa conduite, mais qu'en tant que son adjoint, Goering avait le devoir d'agir selon les instructions d'Hitler. Il n'y avait aucune possibilité de négociation avec l'ennemi. »

Le soleil se couche sur l'Obersalzberg. Dans la villa du *Reichsmarschall*, la réception du premier télégramme d'Hitler annonçant que « sa liberté d'action demeure entière » fait l'effet d'une bombe ; Goering envoie immédiatement à Ribbentrop, Keitel et Himmler un nouveau message pour tenter de limiter les dégâts : « Le Führer m'informe qu'il a conservé son entière liberté d'action. J'annule donc mes radiogrammes d'aujourd'hui midi. *Heil Hitler !* » Bien entendu, il accepte également de renoncer à toutes ses fonctions. Mais la machine infernale est déjà lancée. Comme son époux, Emmy Goering a du mal à suivre l'implacable enchaînement des événements : « Que s'était-il passé à Berlin dans l'intervalle, pour qu'Hitler reprît tout en main ? Nous sommes restés ensemble pendant de longues heures, et soudain, un domestique a fait irruption dans la pièce en criant : "*Herr Reichsmarschall*, les SS sont dehors et viennent vous arrêter !" Mon mari a souri avec incrédulité, s'est levé et est allé dans son bureau. Je l'ai suivi. […] "Ne te fais pas de souci, m'a-t-il dit. Ce doit être un malentendu ! C'est forcément un malentendu !" Sur ce, des SS armés sont entrés et ils m'ont ordonné d'aller dans ma chambre[46]. »

De fait, à partir de 21 heures ce 23 avril 1945, le *Reichsmarschall*, sa famille, ses amis, ses quatre aides de camp et ses domestiques sont prisonniers d'une centaine d'hommes de la SS, commandés par l'*Obersturmbannführer* Frank – qui est nominalement aux ordres d'Himmler, mais reçoit en fait ses instructions de Martin Bormann. Ce n'est là que le début du désordre : à la suite du psychodrame qui s'est joué dans le bunker d'Hitler, des scènes de la plus extraordinaire confusion vont bientôt se dérouler au milieu du mythique « réduit alpin ». Mais pour l'heure, les années de forage et de constructions souterraines menées en son centre vont s'avérer rentables, car le 25 avril, deux vagues de bombardiers britanniques Lancaster dévastent pour la première fois le Berghof et ses environs. Or, grâce au grand abri antiaérien bétonné creusé dans la montagne à trente mètres sous terre, le *Reichsmarschall* et son entourage échappent à l'anéantissement – au moins temporairement, car c'est dans cet ouvrage inachevé, humide et mal ventilé que Goering se voit remettre deux radiogrammes de Berlin : le premier lui annonce qu'il est démis de toutes ses fonctions et exclu du parti ; le second, quelques heures plus tard, est ainsi libellé : « Tous les coupables de haute trahison sont à fusiller, de même que ceux qui les accompagnent. » Mais un ajout a de quoi faire réfléchir : « La sentence ne devra être exécutée qu'après la chute de Berlin[47]. » Pourquoi une telle précision ? Parce qu'à ce moment, le Führer aura disparu ! Ce n'est donc pas lui qui est à l'origine du message[a] ; c'est à l'évidence le très sinistre et très vindicatif Martin Bormann, qui poursuit ses intrigues au milieu des ruines de la capitale...

Une capitale qui est entièrement encerclée par l'Armée rouge dans la journée du 25 avril, alors que les troupes américaines et soviétiques effectuent leur jonction à Torgau, sur l'Elbe – divisant ainsi

---

a. D'autant que le premier télégramme reçu quelques heures plus tôt commençait par cette phrase : « En considération des grands services rendus par le *Reichsmarschall*, le Führer a décidé de ne pas le condamner à mort. »

l'Allemagne en son centre[a]. Mais depuis la veille, Hitler, terré dans le bunker sous la chancellerie, a retrouvé tout son optimisme, et il a convoqué le maréchal Schörner – qui s'efforce de contenir les armées soviétiques en Bohême –, pour lui confier le « commandement tactique suprême de la forteresse alpine[48] ». Bien sûr, sa stratégie à cet égard reste très incohérente, ainsi qu'il ressort des minutes de la conférence de situation dans l'après-midi du lendemain : « Les Anglais et les Américains se tiennent tranquilles sur l'Elbe. Ils ont probablement décidé d'une sorte de ligne de démarcation. À Berlin, la situation n'est pas si grave qu'elle en a l'air. [...] La 12ᵉ armée de Wenck et la 9ᵉ armée de Busse, qui forment des fronts stables à l'ouest et à l'est, doivent être rapprochées de la capitale. [...] C'est ici seulement que je peux remporter une victoire. Si j'obtiens cette victoire, ne serait-ce que morale, cela nous permettra au moins de sauver la face et de gagner du temps. Je suis au moins sûr d'une chose : il est tout à fait inutile que j'aille m'installer dans le sud de l'Allemagne, car je n'ai là-bas ni armée ni influence. [...] Je ne pourrais tenir un front montagneux constitué de l'Allemagne du Sud et de l'Autriche que si l'Italie pouvait aussi être tenue en

---

a. Dès la mi-avril, l'OKW avait émis des instructions détaillées pour le cas où l'Allemagne serait coupée en deux par des offensives simultanées à partir de l'est et de l'ouest : il était prévu de constituer un QG Nord, sous la direction de l'amiral Dönitz, avec autorité sur l'Allemagne du Nord, le Danemark et la Norvège ; un QG Sud, commandé par le maréchal Kesselring, en charge de l'Allemagne du Sud, de la Bohême-Moravie, de la Hongrie et de l'Italie.

tant que théâtre de guerre. Mais il règne là-bas au niveau du commandement un défaitisme absolu, qui le ronge depuis le sommet[49][a]. »

C'est assez bien vu : Hitler a de bonnes sources d'information, et il a gardé son flair légendaire… Car ce jour-même, le général Wolff est à Lucerne avec son aide de camp, le major Wenner, et le lieutenant-colonel von Schweinitz, de l'état-major du général von Vietinghoff[b]. La SS et la Wehrmacht en Italie sont donc représentées par des officiers supérieurs qui ont pleins pouvoirs depuis le 22 avril pour négocier la reddition en Italie du Nord. Mais c'est une entreprise extraordinairement délicate : Hitler, Himmler, Kaltenbrunner, Schellenberg et Mussolini doivent tout ignorer de ces tractations ; Staline, lui, en a été informé dès le 3 avril, et il a protesté énergiquement auprès de Roosevelt et de Churchill, en les

---

a. La suite des propos montre clairement que le Führer compte toujours sur un affrontement entre les Anglo-Américains et les Soviétiques pour le sauver *in extremis* : « Si je combats ici avec succès, si je tiens la capitale, les Anglais et les Américains se mettront peut-être à espérer qu'avec une Allemagne nazie, on pourra éventuellement contrer ce grand danger soviétique. Et le seul homme qui en soit capable, c'est tout de même moi. »

b. C'est également ce jour-là que Mussolini apprend par le maréchal Graziani, son ministre de la Guerre, que les Allemands négocient leur reddition en Suisse. Ayant confié à un officier allemand de son escorte : « Votre général Wolff nous a trahis », le Duce quitte Milan et se dirige en convoi vers le lac de Côme. Le maréchal Graziani demandera le lendemain au général SS Wolff de représenter également les forces fascistes italiennes aux négociations avec les Alliés.

accusant de « négocier derrière le dos du gouvernement soviétique[a] ».

Les Anglais et les Américains ont refusé tout d'abord de se laisser impressionner, mais Roosevelt est décédé le 12 avril, et son successeur Harry Truman a fini par céder : Dulles a reçu pour instruction huit jours plus tard de rompre tout contact avec les Allemands, « afin d'éviter de nouvelles frictions avec les Russes[50] ». Pourtant, le représentant de l'OSS en a appelé à Washington et à l'état-major allié de Caserte : les Allemands sont venus offrir une capitulation sans conditions de toute la Wehrmacht en Italie, et un refus ne pourrait que prolonger la guerre, en faisant d'innombrables victimes inutiles. Et puis, il y a la situation stratégique, dont il faut tenir le plus grand compte : les Soviétiques avancent vers Linz et Graz, les Yougoslaves de Tito veulent s'emparer de Trieste, et seule une reddition allemande rapide en Italie permettra de les devancer. Enfin, bien sûr, il y a le fameux « réduit alpin » : si l'on refuse la reddition des 800 000 Allemands, ils quitteront le nord de l'Italie, passeront le Brenner et renforceront puissamment la forteresse des Alpes tant redoutée des Alliés...

Autant d'arguments qui finissent par porter. Le 27 avril, sur instructions de l'état-major combiné, le général Alexander envoie un télégramme urgent à Dulles : les représentants de Wolff et de Vietinghoff sont invités à se rendre au QG allié de Caserte pour signer la reddition ; un avion sera envoyé à Annecy

---

a. Dans l'intervalle, il avait exigé que des représentants soviétiques soient présents lors des négociations de Lucerne, ce que les Alliés (et les Suisses) ne pouvaient accepter.

pour les transporter dès le lendemain[a]. C'est ainsi que le 28 avril à midi, un C-47 américain emporte vers Naples les deux plénipotentiaires des SS et de la Wehrmacht, Wenner et von Schweinitz. À Caserte, dans l'après-midi du 29 avril, la capitulation est signée en présence des généraux britanniques, américains et soviétiques[b]. Elle n'entrera en vigueur que le 2 mai à 14 heures, heure locale ; dans l'intervalle, il est essentiel qu'elle reste absolument secrète.

La nécessité va en apparaître clairement lorsque le lendemain, les deux émissaires porteurs du document de reddition tenteront de rejoindre le QG de la Wehrmacht à Bolzano. Le général Wolff ayant fait savoir à Dulles que Kaltenbrunner et Hofer avaient donné l'ordre à la Gestapo de les arrêter lors de leur passage à Innsbruck[c], ils prennent la route du sud-ouest, plus enneigée mais moins surveillée. À partir de ce jour du 30 avril, alors que la Gestapo s'est mise à poursuivre

-----

a. C'est ce même 27 avril que Mussolini est capturé par les partisans à Dongo, près du lac de Côme ; il sera abattu le jour suivant.

b. Après d'âpres négociations : le général von Schweinitz insistait notamment pour que ses troupes ne soient pas internées, mais démobilisées et renvoyées en Allemagne – ce que les Alliés ne pouvaient accepter. D'autres demandes seront en revanche acceptées, notamment la possibilité pour les officiers de conserver leurs armes jusqu'à la fin du processus de reddition.

c. À ce stade, Kaltenbrunner et Hofer veulent livrer un baroud d'honneur dans les Alpes, ou bien négocier avec les Alliés une paix séparée pour « leur » Autriche. Le successeur de Heydrich paraît oublier qu'il figure sur la liste des criminels les plus recherchés par les Alliés...

des officiers supérieurs de la SS et de la Wehrmacht, tandis que les soldats du Reich s'efforcent toujours de contenir les troupes anglo-américaines et les partisans italiens sans savoir ce qui se passe à Berlin, les choses vont prendre une tournure de plus en plus folle dans le quadrilatère montagneux entre la Bavière, l'Autriche et l'Italie du Nord. Les amateurs d'histoire aiment les récits ordonnés ; or, durant les trois semaines qui suivent, il va s'agir au contraire de décrire le désordre le plus absolu...

Au nord des Alpes, la menace du réduit alpin a continué d'orienter la stratégie alliée : le 24 avril, à Wiesbaden, le général Bradley, commandant le 12ᵉ groupe d'armées, confiait à des membres du Congrès qu'en raison d'« une extraordinaire machination ennemie visant à la constitution d'une citadelle alpine », les combats pourraient encore durer entre un mois et un an. « De fait, avait ajouté le général, une concentration suspecte d'unités d'élite a été détectée sur les flancs sud de l'avance alliée[51]. » Eisenhower et Marshall partagent manifestement ces inquiétudes, puisque dès le lendemain, la 3ᵉ armée de Patton et la 7ᵉ armée de Patch reçoivent l'ordre de virer au sud-est et au sud-ouest respectivement, afin d'entamer la conquête de la redoutable forteresse alpine – et d'empêcher de nouvelles formations ennemies de la rejoindre.

Dans leur offensive éclair en direction de Passau et d'Innsbruck, les Américains vont surtout rencontrer des barrages routiers, quelques fossés antichars, de la neige et des cohortes de civils. C'est que le maréchal Schörner, durement accroché en Bohême, ne peut assumer le commandement de la forteresse alpine, dont la direction revient par défaut au général Ritter von Hengl, un spécialiste de la guerre de montagne. Mais celui-ci constate d'emblée que sa « citadelle » ressemble davantage à un moulin à vent : au sud-est, elle dépend du groupe d'armées C combattant en Italie pour barrer l'accès au col du Brenner ; au nord, il n'y a aucun ouvrage fortifié pour défendre la Bavière, le Vorarlberg et les approches d'Innsbruck et de Salzbourg ; il n'y a pas non plus d'armes lourdes, de munitions et de vivres pour organiser une résistance prolongée. Enfin et surtout, il manque les hommes : en dehors des faibles garnisons locales, des deux bataillons SS de Berchtesgaden, des officiers de l'école militaire de Bad Tölz et des nombreux « rampants » de la Luftwaffe désormais sans emploi, il ne reste que des débris de divisions étrillées à l'est par les Soviétiques et au nord-ouest par les Anglo-Américains. Certaines formations ont entendu les rumeurs sur la forteresse alpine et ont tenté d'y chercher refuge ; avec les dizaines de milliers de civils, de dignitaires du parti, de personnels des ministères et de travailleurs étrangers désœuvrés, ils encombrent les routes et gênent les opérations militaires…

Sur ces routes, il y a aussi les longues cohortes des prisonniers qui doivent être soustraits à l'avance alliée. Le Gauleiter Hofer a en effet confié à l'évêque de Bruxelles : « Nous pourrons tenir longtemps dans nos montagnes. Et si nous y sommes forcés en fin de compte, eh bien, nous aurons quelques têtes à jeter à la face des Alliés[52] ! » À cet égard, certains otages sont plus importants que d'autres, comme ce groupe de cent trente-six hommes et femmes de dix-sept nationalités, dont Léon Blum, l'évêque de

Clermont-Ferrand Gabriel Piquet, l'ancien chancelier
Schuschnigg, le président du conseil hongrois Kál-
lay, le maréchal grec Papagos, le général soviétique
Privalov, le ministre néerlandais Van Dyk, l'ancien
bourgmestre de Vienne Richard Schmitz, le capitaine
danois Hans Lunding, le commandant tchèque Jan
Stanek, le général de partisans italien Sante Garibaldi,
les officiers britanniques Best et Stevens, le prince
Xavier de Bourbon-Parme, ainsi que de nombreuses
personnalités allemandes, dont l'ancien ministre des
Finances Hjalmar Schacht, l'avocat Josef Müller, le
pasteur Niemöller, l'industriel Fritz Thyssen, le prince
Philippe de Hesse, les généraux von Falkenhausen,
Thoma, Halder, et le colonel von Bonin[a]. Venus des
camps de concentration de Buchenwald, Flössenburg
et Dachau[b], tous ces otages ont été dirigés en autobus
vers le quadrilatère de la forteresse alpine, en passant par Munich, Rosenheim, Kufstein et Innsbruck.
Ils sont solidement encadrés par trente hommes de la
SS et vingt reîtres du SD surarmés – qui ont ordre de
les abattre à l'approche des Américains ou des Soviétiques[53]. Après une brève halte au camp de travail de
Reichenau, ils poursuivent leur route le 27 avril vers
le Tyrol du Sud, en passant par le col du Brenner,
pour faire enfin halte deux jours plus tard dans le
petit village de Niederdorf, à l'est de la Pustertal.

------

a. Ce dernier, en tant que *Ehrenhäftling* (« prisonnier sur
parole ») a été autorisé à garder son arme de service, ce qui
lui sera fort utile peu après.
b. Les familles de toutes ces personnalités les accompagnent, de même que celles de Gisevius, Goerdeler, von
Hassell et von Stauffenberg.

C'est là que le mécanisme de la répression commence à s'enrayer ; les villageois reconnaissent Schuschnigg[a] et commencent à s'attrouper, puis on voit paraître un général de la Wehrmacht en grand uniforme. Tous les militaires allemands prisonniers descendent du bus, et le général Thoma se jette dans les bras du nouveau venu : ils étaient cadets ensemble à l'académie de guerre… et le général Halder était leur instructeur ! Bien sûr, la garnison du village ne se compose que de quelques soldats, mais comme ils ont un téléphone et un poste émetteur, le colonel von Bonin reçoit sans difficulté la permission de contacter à Bolzano le général von Vietinghoff, dont il était autrefois l'aide de camp. C'est le chef d'état-major Roettiger qui répond, et une fois mis au courant de la situation, il promet de mettre en marche une compagnie de soldats bien armés, qui rouleront toute la nuit et arriveront à l'aube.

Il s'agit de survivre jusque-là… Les SS de l'*Obersturmführer* SS Stiller sont âgés, majoritairement autrichiens et plutôt favorables aux otages, mais il y a les tueurs du SD menés par l'*Untersturmführer* Bader, qui menacent à tout moment de faire un carnage. Seulement, ils se retrouvent eux-mêmes dans une situation délicate : les trente SS de Stiller sont également armés, et la situation peut rapidement dégénérer. D'autre part, les hommes de Bader ont ordre d'abattre les otages uniquement à l'approche des Alliés, et il n'y en a pas encore dans le secteur. Enfin, la chaîne de

---

a. L'ancien chancelier est resté très populaire dans ce Haut-Adige italianisé, mais très majoritairement peuplé d'Autrichiens.

commandement du SD paraît se déliter depuis que l'on a appris la veille qu'Himmler avait été destitué de toutes ses fonctions pour trahison ; il reste bien sûr Schellenberg, mais il est en Suède, tandis que Kaltenbrunner demeure injoignable... On tente malgré tout l'intimidation – voire des liquidations individuelles[a] –, mais c'est peine perdue, et au cours de la nuit, un groupe de résistants italiens appartenant à la « division de partisans Trento » investit discrètement le village. Enfin, au petit matin du dimanche 30 avril, la compagnie de la Wehrmacht occupe les lieux, désarme les hommes du SD, incorpore ceux de la SS et libère tous les otages[54].

Dans le réduit alpin, un autre otage plus galonné joue sa liberté – et sa vie : c'est le *Reichsmarschall* Hermann Goering. Sur l'Obersalzberg, une nouvelle unité SS a pris la relève, et l'*Obersturmbannführer* Frank a été remplacé par le *Standartenführer* [b] Brausse. A-t-il reçu des instructions particulières de ses supérieurs ? Est-il déjà gagné par le flottement qui s'installe dans beaucoup d'unités militaires allemandes depuis l'encerclement de Berlin et la jonction américano-soviétique sur l'Elbe ? Toujours est-il que Goering se voit demander s'il a une préférence quant à son nouveau lieu de détention... Il propose spontanément son propre château autrichien de Mautern-

---

a. Un sous-officier des SD tente de faire sortir l'avocat Josef Müller pour l'abattre, mais le colonel von Bonin s'interpose et le met en joue avec son pistolet d'ordonnance : « Je compte jusqu'à trois... À deux, vous serez un cadavre ! » Le tueur s'éclipse avant le compte.

b. Colonel.

dorf, et c'est là que la famille Goering est emmenée, en limousine mais sous bonne garde, le 28 avril à 22 heures[55].

Goering passe donc sans déplaisir de la vie de troglodyte condamné à mort à celle de châtelain assigné à résidence. Il est vrai que le château est glacial, mais sa cave est bien garnie, et le maître des lieux en fait largement profiter le *Standartenführer* Brausse. Celui-ci tombe rapidement sous le charme de ce grand seigneur, qui a repris toute son assurance au milieu de l'effondrement général et se fait fort de négocier avec les Américains dès qu'il sera autorisé à les contacter ; deux autres officiers SS chargés de la garde des prisonniers ne cachent pas non plus leur sympathie pour la famille Goering. Du reste, la nouvelle de la destitution du *Reichsführer* Himmler, parvenue en Autriche dès le 29 avril, a de quoi faire réfléchir ; il reste bien sûr son subordonné immédiat, Ernst Kaltenbrunner, mais celui-ci ne donne aucune instruction concernant Goering. En revanche, un radiogramme de Bormann est reçu le 30 avril à Salzbourg comme à l'Obersalzberg : « La situation à Berlin s'aggrave. Si Berlin tombe et si nous disparaissons, les traîtres du 23 avril doivent tous être liquidés sur-le-champ. Vous en répondrez sur votre honneur, sur votre vie et sur celle de vos proches. Soldats, faites votre devoir[56] ! »

L'*Obersturmbannführer* Frank se déplace en personne jusqu'à Mauterndorf pour apporter ce message au *Standartenführer* Brausse. Mais ce dernier, après avoir consulté ses deux lieutenants, semble résolu à n'en tenir aucun compte : « Pour moi, dira-t-il plus tard, c'était de la folie complète et du meurtre pur et simple. En plus, c'était politiquement insensé. Qui serait responsable du régime national-socialiste, si les hommes de Berlin et Hitler lui-même disparaissaient ? Lorsque nous avons ensuite discuté de cet ordre avec Goering, il s'est déclaré convaincu qu'il ne pouvait venir que de Bormann, et non d'Hitler[57]. »

C'est assez bien vu ; mais au moment où ce funeste message est reçu à Salzbourg, le Führer n'a plus que quelques heures à vivre. Les Soviétiques se sont emparés de l'Alexanderplatz, de la Potsdamerstrasse, de la Wilhelmstrasse, et ne sont plus qu'à trois cents mètres du bunker. Ayant dicté la veille son testament politique, déchu et expulsé du parti ses anciens acolytes Goering et Himmler, puis choisi pour successeur le grand amiral Dönitz, Hitler se suicide au début de l'après-midi du 30 avril.

C'est seulement vingt-quatre heures plus tard que la nouvelle est relayée par l'antenne de l'OKW à Berchtesgaden, et elle ne parvient à Mauterndorf que le soir. « Je m'étais couchée de bonne heure, se souviendra Emmy Goering, […] mais je ne m'étais pas encore endormie lorsque mon mari s'est approché de mon lit et a dit : "Adolf Hitler est mort." Un étrange silence s'est fait. […] Après un long moment, mon époux s'est mis à gémir, en répétant sans cesse la même chose : "Maintenant, je ne pourrai plus me justifier. Je ne pourrai plus jamais lui dire en face qu'il a été injuste envers moi, et que je lui suis resté fidèle." Pendant un moment, j'ai cru qu'il avait perdu l'esprit[58]. » En fait, c'est son indépendance d'esprit qu'il a perdue, et depuis bien longtemps déjà ; ces paroles sont celles d'un homme resté sous influence…

Au même moment, à Berchtesgaden, le général Koller, chef d'état-major de Goering, téléphone au maréchal Kesselring pour le prier de faire libérer son encombrant supérieur. Kesselring, nommé deux jours plus tôt commandant en chef pour toute l'Allemagne du Sud, a certes l'autorité nécessaire pour le faire, mais la chape de plomb du national-socialisme étant loin d'être levée, il s'y refuse en l'absence d'un ordre des nouveaux dirigeants du Reich[59] [a]. Du reste, le maréchal Kesselring a des préoccupations bien plus pressantes, car depuis leur QG de Bolzano, les hautes autorités de la Wehrmacht et de la SS l'ont informé des négociations de Wolff en Suisse, sans mentionner l'acte de capitulation signé à Caserte le 29 avril. Mais le Gauleiter Hofer vient de le faire à leur place, et Kesselring s'en est indigné.

De fait, au matin de ce même 1er mai, les émissaires de la Wehrmacht et de la SS, ayant échappé à la Gestapo, sont parvenus à Bolzano pour apprendre que Kesselring venait d'ordonner l'arrestation du général Vietinghoff et de son chef d'état-major Roettiger, en tant que coresponsables de l'acte de capitulation signé le 29 avril ; leurs remplaçants, les généraux Schulz et Wenzel, sont déjà arrivés. Quant au général SS Wolff, Kesselring a annoncé qu'il « remettait son dossier entre les mains de Kaltenbrunner ». Ainsi, la tentative de reddition des troupes allemandes d'Italie du Nord semble avoir fait long feu ; Hofer, Kaltenbrunner et les autres jusqu'au-boutistes du réduit alpin voient leurs perspectives s'améliorer notablement...

---

a. Toutefois, il interdit au chef de la garde SS toute exécution de la sentence de mort contre Goering et sa famille.

En officier discipliné, le général von Vietinghoff va se constituer prisonnier dans un poste de commandement secret près du lac Carezza, dans les Dolomites. Mais il y a un grain de sable ; son chef d'état-major Roettiger refuse de partir avant d'avoir mis son successeur au courant des affaires, et il a deux solides alliés à Bolzano : le général Wolff et le général von Pohl, chef de la Luftwaffe en Italie ; les commandants des 10ᵉ et 14ᵉ armées, Herr et Lemelsen, très conscients de l'état de leurs troupes, sont également favorables à la capitulation, tout en restant soumis à l'autorité hiérarchique. Ce n'est pas le cas du général Roettiger : jugeant que le rapport de forces joue en sa faveur, il prend l'initiative de faire arrêter par la police militaire le général Schulz et son chef d'état-major Wenzel peu après 7 heures au matin du 1ᵉʳ mai, après quoi il prend lui-même le commandement du groupe d'armées C, fait couper toutes les communications avec l'Allemagne, et annonce aux généraux Herr et Lemelsen qu'il va appliquer les conditions de la capitulation comme prévu. Hélas !, les chefs des 10ᵉ et 14ᵉ armées sont légalistes, et ils refusent leur concours dans de telles conditions. Voyant qu'il a échoué, Roettiger se retire et s'apprête à se suicider.

Le général Wolff, prévenu, accourt pour l'en dissuader, et il lui propose un changement de tactique : il s'agit de libérer Schulz et Wenzel, de leur rendre leur commandement et de les persuader de coopérer, après avoir rétabli les communications avec Berlin et Munich. Tout cela est très dangereux, mais Wolff se montre persuasif, et les deux généraux finissent par accepter – sous réserve de l'accord de Kesselring. À 18 heures au soir du 1ᵉʳ mai, une conférence générale se tient dans le PC de l'armée, creusé à flanc de falaise au-dessus de Bolzano ; elle réunit les généraux Wolff, Roettiger, Schulz, Wenzel, Herr, Lemelsen, Pohl, ainsi que le vice-amiral Löwisch, représentant la Kriegsmarine[a]. Le temps presse désormais, car le maréchal Alexander a demandé confirmation de la date et de l'heure de reddition, afin de pouvoir annuler la nouvelle offensive alliée, qui est imminente. Tous les officiers présents penchent à des degrés divers pour la capitulation, mais Schulz n'en démord pas : il faut l'accord de Kesselring ; or, le maréchal est en tournée d'inspection...

Vers 21 heures, Wolff finit par joindre son chef d'état-major, le général Westphal, et lui demande de nommer un nouveau commandant du groupe d'armées C acceptant de procéder à la reddition : Roettiger, Herr, Lemelsen, Pohl ou lui-même. Westphal, très peu hitlérien, se montre compréhensif, mais il ne peut rien faire en l'absence de son chef, et il promet de rappeler dans la demi-heure. À 22 heures, il n'y a toujours pas d'appel, alors que le maréchal Alexander attend sa réponse pour 22 h 30. Au QG de Bolzano, les discussions, qui durent depuis quatre heures, sont donc dans une impasse, le silence se fait autour de la table et la tension grandit. Mais peu avant 22 h 30, le général Herr, commandant de la 10e armée, se retourne vers son aide de camp et lui dit calmement : « Transmets à la 10e armée l'ordre de cesser le feu demain à 14 heures. » Les hésitations s'en trouvent balayées, et comme par réflexe, les

---

a. Sont également présents les colonels Dollmann, de la SS, et Moll, de l'état-major du général Roettiger.

généraux Wolff, Pohl et Lemelsen donnent le même ordre ; sans attendre la décision de Kesselring et de Schulz, Wolff fait également transmettre à 23 heures sa réponse au maréchal Alexander : reddition le lendemain à l'heure prévue. Il a la logique pour lui ; comment poursuivre le combat, si les deux armées composant le groupe ont décidé de cesser le feu ? Quelques minutes plus tard, du reste, on apprend par la radio le suicide d'Hitler ; tous les officiers sont donc déliés de leur serment d'allégeance personnelle au Führer.

C'est compter sans le fanatisme du maréchal Kesselring : à 1 h 15 au matin du 2 mai, il ordonne l'arrestation immédiate de Roettiger et de ses principaux officiers. Craignant que Schulz ne prenne l'initiative de faire exécuter l'ordre, et voyant que des soldats armés commencent à se regrouper dans les couloirs, Wolff fait sortir les généraux Herr et Lemelsen par un tunnel non gardé, et leur conseille de rejoindre leur PC pour faire respecter le cessez-le-feu, tandis qu'il fera de même depuis le palais du duc de Pistoia, qui sert de quartier général à la SS. Mais arrivé sur place, Wolff apprend qu'une unité de blindés de la Wehrmacht a reçu l'ordre de cerner son QG ; il ordonne aussitôt à sept tanks de la SS de prendre position dans le parc du palais, qu'il met rapidement en état de défense. Ainsi, vers 2 heures au matin du 2 mai, un affrontement se prépare entre Allemands – avec les SS fermement engagés en faveur de la reddition… Le comble est atteint quelques minutes plus tard, lorsque l'*Obergruppenführer* SS Wolff fait envoyer un message radio à Caserte, pour demander l'intervention immédiate de parachutistes alliés !

C'est à ce moment qu'un nouvel élément intervient : Kesselring appelle Wolff au téléphone et l'accable de reproches, l'accusant de promouvoir une « insurrection militaire ». Le général SS se défend de son mieux, fait valoir que la partie est perdue pour l'Allemagne, et supplie son interlocuteur d'approuver les mesures déjà prises. La conversation va durer deux longues heures, qui permettront à Kesselring de se rendre à l'évidence : d'une part, l'ordre ayant déjà été donné aux deux armées de cesser le feu, il est impossible de revenir en arrière sans risquer une mutinerie générale ; d'autre part, toute résistance prolongée au sud ne pourra que favoriser l'avance soviétique à l'est ; en outre, il a déjà appris que son nouveau supérieur, l'amiral Dönitz, cherchait lui-même à négocier avec les Anglais et les Américains ; enfin, il lui faut tout de même songer à son propre avenir, et il se doute bien que le fait de provoquer de nouvelles pertes inutiles serait très mal vu par les Alliés une fois la défaite consommée. À 4 heures du matin, le maréchal met fin à la conversation en annonçant qu'il fera connaître sa décision dans une demi-heure. De fait, à 4 h 30, le général Schulz téléphone à Wolff pour l'informer que Kesselring a approuvé la reddition et levé l'ordre d'arrestation de Vietinghoff, de Roettiger et de tous les autres. C'est ainsi qu'à 14 heures ce 2 mai 1945, les soldats allemands commencent à déposer les armes, et que la guerre en Italie est terminée. Les éléments avancés de la 5e armée américaine se portent aussitôt vers le col du Brenner, forçant ainsi l'entrée sud de la forteresse alpine...

Tous ces événements ont largement échappé au contrôle du grand amiral Dönitz[a]. Ayant déplacé son QG le 3 mai de Plön à Flensburg, près de la frontière danoise, le successeur d'Hitler est talonné par les forces britanniques ; sa nomination au pouvoir suprême l'a pris entièrement au dépourvu, sa légitimité est incertaine[b], son pouvoir fragile[c] et sa marge de manœuvre terriblement limitée. Entouré de quelques hommes modérément compromis dans les exactions du régime, il espère effectivement pouvoir négocier une capitulation honorable avec les Anglais et les Américains, tout en gagnant du temps pour faire évacuer vers l'ouest les millions d'Allemands menacés par l'avancée de l'Armée rouge. C'est ainsi qu'il a dépêché l'amiral von Friedeburg à Hambourg pour négocier avec le maréchal Montgomery, et s'il a envoyé des ordres aux commandants des groupes d'armées qui combattent dans le Sud, personne ne semble les avoir reçus : après Vietinghoff en Italie, Schörner en Bohême, Rendulic en Hongrie et Löhr en Croatie paraissent agir de leur propre initiative pour contenir la poussée soviétique. Au Vorarlberg,

---

a. Ce qu'il confirmera lui-même dans ses Mémoires, en indiquant n'avoir reçu un message de Kesselring que le 3 mai – lorsque la capitulation du groupe d'armées C était déjà un fait accompli.

b. Elle ne repose à l'époque que sur trois messages radio provenant du bunker d'Hitler, et le testament écrit ne parviendra jamais à Flensburg, Goebbels et Bormann ayant disparu.

c. Les généraux de la Wehrmacht n'ont juré allégeance personnelle qu'à Hitler, et Dönitz n'a aucun contrôle sur les 40 divisions SS.

au Tyrol, dans le Salzkammergut, la résistance aux armées de Patch et Patton venues du nord et à celles de Clark venues du sud à travers le col du Brenner est largement le fait de garnisons isolées, de restes d'unités SS et de cadets de l'école d'officiers. Les combats ne sont donc que sporadiques, et au milieu des obstacles naturels constitués par la neige et les reliefs, il se produit de bien étranges choses dans la forteresse alpine...

Par exemple au « camp d'extermination par le travail » de Mauthausen, dont une galerie secrète abrite depuis la mi-mars les cent trente-sept « prisonniers spéciaux » censés reconstituer la *Bank of England* du bloc 19 de Sachsenhausen. Mais que ce soit parce que le camp de Mauthausen est inadapté à la reprise de la production ou parce que le *Sturmbannführer* Krüger est à Berlin pour négocier la suite de l'entreprise, les machines restent en caisses dans un entrepôt près de la gare, et pas un seul nouveau billet n'est produit pendant cinq semaines. Enfin, le 23 avril, les gardes SS annoncent aux faussaires réticents[a] que Linz et Mauthausen étant menacés par l'avance américaine au nord-ouest et la progression soviétique au sud-est, le matériel et les artisans de l'opération *Bernhard* doivent être à nouveau déplacés vers le cœur de la forteresse alpine. En l'occurrence, ce sera le village de

---

a. Les cent trente-sept hommes affrontent un terrible dilemme : en tant que Juifs, ils étaient promis à la chambre à gaz, et seule la production de fausse monnaie leur a permis d'y échapper. Un discret ralentissement de la production leur permet tout au plus de faire acte de résistance – et de prolonger leur temps de survie...

Redl-Zipf, qui abrite l'un des soixante camps satellites de Mauthausen.

Ce camp, situé entre Linz et Salzbourg, est si secret qu'il n'est connu que par son nom de code (« *Schlier* ») ; c'est que l'on produit dans ses souterrains des moteurs et du carburant pour les fusées V2. Deux baraquements dans l'enceinte du camp doivent abriter les nouveaux venus et leurs presses, mais les tables de tri sont trop encombrantes et doivent être entreposées dans le tunnel numéro seize, près des galeries où des républicains espagnols[a] travaillent aux essais de moteurs pour V2. Cette fois encore, la production de fausse monnaie ne pourra redémarrer. À la fin d'avril, Krüger réapparaît et annonce à « son » équipe qu'avec l'approche des Alliés, l'opération *Bernhard* est à liquider dans le plus grand secret : tous les billets de deuxième et troisième catégorie devront être brûlés, tandis que ceux de première qualité seront dirigés sur Bad Aussee, au QG de Kaltenbrunner à cent quarante kilomètres plus au sud. Avant de s'éclipser en direction de la Suisse, Krüger reste très discret sur le sort réservé aux hommes du « *Sonderkommando Bernhard* », mais le commandant du camp principal de Mauthausen, le sinistre *Sturmbannführer* Frank Ziereis, y pourvoit à sa place : afin d'assurer le secret définitif de l'opération *Bernhard*, il donne à son subordonné de Redl-Zipf l'ordre de supprimer tous les faussaires, de préférence en les enfermant dans une galerie bourrée d'explosifs. Mais que ce soit par humanité ou par crainte d'avoir à rendre des comptes aux Alliés[b], le

---

a. Arrêtés par Vichy et livrés aux Allemands.
b. Les résistants autrichiens l'avaient averti qu'il paierait de sa vie toute exécution de dernière minute.

Hauptsturmführer[a] Alfons Bentele répond à son supérieur : « *Nicht bei mir !* » – « Pas de ça chez moi[60] ! »

Naturellement, rien n'empêche de les liquider ailleurs, et à partir du 1er mai, ils vont être redirigés par
groupes sur le camp satellite d'Ebensee, à mi-chemin
de Bad Aussee. Simultanément, des camions contenant
les machines, les dossiers de l'opération *Bernhard* et
quarante-deux caisses de faux billets négocient péniblement les routes de montagne menant toujours plus
loin vers le sud. Un des camions s'arrête dès la sortie
de Redl-Zipf avec un essieu cassé, et il est remis contre
reçu à un capitaine de la Wehrmacht[b] ; le 3 mai, un
deuxième camion quitte la route près d'Ebensee et
s'enfonce partiellement dans la rivière Traun, qui est
en crue du fait de la fonte des neiges. Faute de nouveau moyen de transport, le lieutenant SS responsable
du convoi fait jeter à l'eau toutes les caisses, et repart
avec le reste des camions en direction de Bad Aussee[61].

Il n'est pas au bout de ses peines, car une fois sur
place, il trouve un Kaltenbrunner qui n'est plus si sûr
de vouloir jouer les foudres de guerre : la capitulation de l'armée d'Italie la veille a beaucoup affaibli sa
position, il n'est au fond qu'un policier viennois expert
en répression plutôt qu'en stratégie, Hitler et Dönitz
ne lui ont conféré aucune autorité sur la Wehrmacht,
Himmler a envoyé le général Berger pour le surveil-
ler[62], le Gauleiter Hofer a été capturé la veille par
les Américains, et la population autrichienne, loin de
songer à la résistance, accueille les Américains à bras

---

a. Capitaine.
b. Qui n'est pas informé du contenu, et ne cherche pas
à le connaître.

ouverts ; d'un autre côté, ses efforts de négociation avec Dulles et Burckhardt[a] en Suisse n'ont pas abouti, personne ne semble s'intéresser à ses « prisonniers de marque », le périmètre de défense dans les monts du Tauern rétrécit de jour en jour, et dans l'intervalle, les Soviétiques avancent vers Linz le long du Danube. Il y aurait là de quoi décourager un homme plus hardi qu'Ernst Kaltenbrunner[b]…

Pour l'heure, il donne au lieutenant SS convoyant les billets de l'opération *Bernhard* l'ordre de poursuivre sa route vers le sud-ouest pour atteindre Radstadt. C'est là, encore plus haut dans la montagne, que le lieutenant colonel SS Skorzeny compte organiser le dernier centre de résistance. Mais à quelques kilomètres seulement de Bad Aussee, le convoi se retrouve bloqué au pied de la chaîne du Grimming par la neige, les encombrements et le triste état de ses camions ; atteindre un col situé à plus de 2 000 mètres étant devenu impossible et les ordres ne lui parvenant plus, le lieutenant SS fait obliquer ses camions vers le Toplitzsee, un lac au fond d'une petite vallée encaissée au nord-est de Bad Aussee. C'est là que se trouve un centre expérimental secret de la Kriegsmarine, et le lieutenant SS ayant expliqué aux officiers responsables la nécessité absolue de mettre sa cargaison en sûreté avant l'arrivée des Américains, les caisses sont immergées dans le lac, qui est profond de quatre-

---

a. Le président de la Croix-Rouge internationale.

b. Le fait qu'il ait ordonné ou autorisé la liquidation des hommes de l'opération *Bernhard* au début de mai indique également qu'il ne croit plus à la possibilité d'une résistance prolongée dans le réduit alpin.

vingt-deux mètres[a]. *Toutes* les caisses ? Pensait-on les récupérer plus tard ? Nul ne le sait...

Dans l'intervalle, les faussaires malgré eux, accompagnés des Espagnols de Redl-Zipf, ont été acheminés vers le camp d'Ebensee, où ils devaient être tués tous ensemble. Mais du fait de l'état des derniers camions et de l'encombrement des routes par les réfugiés et les soldats allemands en retraite, il a fallu faire marcher le dernier groupe, qui n'est arrivé à Ebensee qu'au soir du 4 mai. À ce moment, les gardes SS ont déjà pris la fuite, et les 15 000 prisonniers du camp se sont rendus maîtres des lieux. Avant même l'arrivée des Américains, les forçats de l'opération *Bernhard* sont des hommes libres...

La progression américaine a pourtant été foudroyante : dès le 3 mai, une partie de la 7e armée de Patch, fonçant vers le sud, a traversé Innsbruck[b] et fait sa jonction au col du Brenner avec la 5e armée du général Truscott venue d'Italie, tandis qu'entre le 3 et le 5 mai, ses autres divisions, renforcées de la 2e DB du général Leclerc, occupent Innsbruck, Bad Reichenhall, Salzbourg et Berchtesgaden. Parallèlement, la 3e armée de Patton se déploie en éventail le long du Danube, vers l'est et le nord-est : deux de ses corps d'armée franchissent la frontière tchèque en direction de Pilseň, un autre est en Bavière et un quatrième avance vers Linz à la rencontre des forces soviétiques venues de Vienne. Mais les blindés amé-

---

a. La marine y expérimente notamment des fusées pouvant être tirées depuis des plateformes immergées. (Voir chapitre 4 : « Raser l'Amérique ! ».)

b. Libérée le matin même par la résistance autrichienne.

ricains sont inadaptés aux routes de montagne, surtout lorsqu'elles sont enneigées, et en dehors des grands axes, les Allemands restent maîtres des reliefs d'ouest en est, entre les hauteurs dominant la vallée de l'Inn et le bas Tauern, et du nord au sud, entre les Préalpes bavaroises et le haut Tauern.

C'est précisément dans ce dernier secteur que se situe le château d'Itter[a], où va se dérouler l'une des plus étranges péripéties de ces derniers jours de guerre. Ce magnifique château du XIIe siècle à l'imposante tour carrée avait été réquisitionné par la SS en 1943, et transformé en annexe du camp de Dachau pour les « prisonniers de marque » susceptibles d'être échangés. Il abrite depuis lors des détenus politiques tels que le président Albert Lebrun, Paul Reynaud, Édouard Daladier, Michel Clemenceau[b], les généraux Weygand et Gamelin, le colonel de La Roque, le syndicaliste Léon Jouhaux, l'ambassadeur François-Poncet, la sœur aînée du général de Gaulle Marie-Agnès Cailliau et l'ancien commissaire aux Sports de Vichy Jean Borotra, ainsi que plusieurs détenus originaires d'Europe de l'Est, détachés de Dachau pour assurer le service et la maintenance[c]. Ils n'ont pas vraiment vécu l'enfer, mais avec l'effondrement

———————

a. À vingt kilomètres à l'ouest de Kitzbühl. Voir carte, p. 141.

b. Fils de Georges Clemenceau.

c. Les prisonniers ont des chambres individuelles, ils sont correctement nourris, bénéficient de deux litres de vin par semaine et ont accès à la belle bibliothèque du château ; Daladier, Reynaud, Weygand, Gamelin, Jouhaux et le colonel de La Roque peuvent aussi poursuivre leurs féroces querelles d'avant-guerre, et ils ne s'en privent pas.

du nazisme et l'irruption dans la forteresse alpine de formations militaires incontrôlées, ils sont désormais à la merci d'une exécution sommaire.

Ce danger se rapproche encore lorsque le 4 mai, le commandant de la place Sebastian Wimmer et les gardes du château choisissent de disparaître plutôt que de rendre des comptes aux Américains. Comme la région est encore tenue par des éléments de la 17ᵉ *Waffen-SS Panzerdivision*, les internés se mettent en devoir d'assurer leur propre sécurité en s'emparant des armes laissées sur place, et en demandant à l'*Obersturmführer* Schrader, un lieutenant SS en convalescence à Itter avec qui ils avaient sympathisé, d'organiser la défense de la place. Parallèlement, ils envoient leur cuisinier tchèque Andreas Krobot chercher du secours auprès des Américains. Parvenu jusqu'à la bourgade voisine de Wörgl, celui-ci ne trouve que des *Waffen-SS* fanatiques, qui abattent les déserteurs et tirent à la mitrailleuse sur toutes les maisons arborant des drapeaux blancs ou des bannières autrichiennes[a]. Par chance, il rencontre aussi un membre de la résistance locale, qui le conduit à son chef. Celui-ci n'est autre que le major (commandant) de la Wehrmacht Josef « Sepp » Gangl, un vétéran très décoré de cinq campagnes[b] devenu très hostile au régime nazi, qui a pris contact avec les résistants autrichiens dès son arrivée au Tyrol, et leur

a. Le *Rot Weiss Rot* (rouge blanc rouge), drapeau autrichien d'avant l'Anschluss, était resté le signe de ralliement des indépendantistes autrichiens.

b. La campagne de France, le front de l'Est, la Normandie, les Ardennes et le Rhin.

fournit depuis lors des armes, des vivres et des renseignements.

Mis au courant de la position précaire des occupants du château, le major Gangl, dont le bataillon ne compte plus que trente hommes, ne voit pas d'autre solution que de contacter l'unité américaine la plus proche. Franchissant plusieurs barrages des SS et de la Wehrmacht dans sa voiture de service, il parvient jusqu'à Kufstein, qui vient d'être occupée par une compagnie du 23e bataillon de la 12e division blindée US, commandée par le capitaine John « Jack » Lee. Celui-ci n'hésite pas : ayant demandé et obtenu la permission de son chef de bataillon, il rallie Wörgl en compagnie du major Gangl, et au soir du 4 mai, c'est un détachement hautement improvisé de quatorze GI, dix soldats allemands, deux résistants autrichiens et un unique char Sherman qui force un barrage SS et atteint le château d'Itter à la tombée de la nuit.

Durant les seize heures qui suivent, ce château va être soumis à un siège en règle de la part de cent cinquante *Waffen-SS*, décidés à s'en rendre maîtres et à liquider tous ses occupants ; ils ont deux canons anti-aériens de 20 mm et surtout une redoutable pièce de 88, qui fait exploser le Sherman défendant le portail d'entrée. Mais la colline d'Itter est abrupte, les murs de l'antique château sont épais, et ses défenseurs américains, allemands, français et autrichiens sont suffisamment armés et résolus pour repousser les premiers assauts au pied des murailles – d'autant qu'ils bénéficient d'un commandement aussi compétent que surprenant : un capitaine de blindés américain, un major de la Wehrmacht et un lieutenant SS ! Le lecteur aura déjà remarqué qu'il se passe des choses bien étranges depuis six mois dans ce mythique « réduit alpin » ; mais des Américains et des Allemands combattant côte à côte – pour défendre un château médiéval de surcroît –, voilà une péripétie absolument unique durant la Seconde Guerre mondiale...

Elle menace de tourner très mal lorsque les canons SS commencent à ouvrir de larges brèches dans la muraille, tandis que les munitions des défenseurs s'épuisent – et que le major Gangl est tué par un sniper en tentant de mettre Paul Reynaud à l'abri[a]. Mais peu avant 16 heures dans l'après-midi du 5 mai, alors que les défenseurs se sont retirés dans le donjon et que les SS sont sur le point d'enfoncer le portail principal, quatre chars Sherman et deux compagnies du 142e régiment d'infanterie américain débouchent sur leurs arrières et les mettent en fuite. Cent SS sont capturés, et tous les otages délivrés sains et saufs[63].

Il reste pourtant un autre « prisonnier de marque » des SS dans la région : c'est le maréchal du Reich Hermann Goering en personne, toujours enfermé dans son château de Mauterndorf... Au matin du 4 mai, le général Koller avait envoyé l'aide de camp Bernd von Brauchitsch demander une nouvelle fois sa libération à Kesselring ; celui-ci, ayant vainement tenté de joindre le nouveau gouvernement, avait promis qu'en l'absence de réponse dans les quarante-huit heures, il ferait libérer l'ancien commandant suprême de la Luftwaffe. Or, la réponse ne vient pas ; à Hambourg, les négociations de l'amiral von Friede-

_____

a. Gamelin, Clemenceau, de La Rocque, Borotra et Reynaud (soixante-six ans) avaient insisté pour faire le coup de feu sur les remparts.

burg avec le maréchal Montgomery ont bien abouti au soir du 4 mai à la signature d'un acte de reddition partielle, englobant toutes les forces armées allemandes de terre, de l'air et de mer stationnées dans le nord-ouest de l'Allemagne, les Pays-Bas et le Danemark. Mais ensuite, von Friedeburg s'envole pour le quartier général d'Eisenhower à Reims, et là, les négociations achoppent dès l'après-midi du 5 mai ; c'est que le commandant suprême américain exige une capitulation immédiate et sans conditions sur tous les fronts, y compris celui de l'Est. Il va donc falloir envoyer à Reims le général Jodl, muni des pleins pouvoirs.

Au milieu de ces tractations particulièrement délicates eu égard aux circonstances[a], la dernière chose dont le nouveau « président du Reich » a besoin, c'est de l'entrée en scène d'un personnage aussi compromettant que Hermann Goering. D'ailleurs, le *Reichsmarschall* lui a toujours témoigné un souverain mépris, et il persiste à se considérer comme le successeur légitime d'Adolf Hitler, seul habilité à négocier avec Eisenhower... Dès lors, la réponse de Flensburg se fait attendre et Goering continue à se morfondre dans son château, en brûlant du désir de jouer un rôle dans les événements décisifs qui se déroulent très loin des Alpes autrichiennes. Au matin du 6 mai, Kesselring et Dönitz n'ont toujours pris aucune décision quant à son sort, mais Goering est

---

a. L'essentiel du territoire allemand est occupé, la Wehrmacht n'a juré fidélité qu'à Hitler, et l'amiral Dönitz ne dispose à Flensburg d'aucune force armée, tandis qu'Himmler a une escorte de cent cinquante hommes et des régiments SS stationnés partout dans le Schleswig-Holstein.

libre de fait, car ses gardes SS ont préféré s'évanouir dans la nature avant l'arrivée des Alliés...

Ce même jour, le chef d'état-major Koller note dans son journal : « Je dois faire sortir Goering de Mauterndorf, car rien ne dit qu'il ne sera pas capturé par les Soviétiques plutôt que par les Américains[64]. » Il lui propose de gagner le château de Fischhorn, sur la rive sud du Zeller See, mais Goering préfère rester sur place et se lancer dans une frénésie épistolaire de grande ampleur, en proposant ses services à Dönitz pour conduire les négociations de Reims, et au « maréchal » Eisenhower pour les mener à bonne fin[65] ! Une troisième lettre est adressée au général commandant la 36e division d'infanterie américaine à Kufstein[a], pour le prier de transmettre la deuxième missive à Eisenhower, et solliciter sa protection au château de Fischhorn. C'est l'aide de camp von Brauchitsch qui est chargé d'aller porter le tout à Kufstein. Après quoi Goering s'attarde dans le château de Mauterndorf, au prétexte qu'il doit y attendre la réponse des Américains...

À Reims, le 7 mai 1945 à 2 h 41 du matin, la capitulation de toutes les forces allemandes est enfin signée : elle doit prendre effet le lendemain à 23 h 01[b]. À 8 heures au matin du 8 mai, le général de brigade Robert Stack, commandant en second de la 36e division d'infanterie américaine cantonnée à Kufstein, reçoit la visite d'un certain colonel von Brauchitsch, fils de l'ancien commandant en chef de l'armée allemande, qui prétend lui remettre en mains

---

a. Au sud-ouest de Salzbourg, sur les bords du Danube.

b. Pour les négociateurs allemands, c'est presque quarante-huit heures de gagnées.

propres deux lettres, dont une destinée au général Eisenhower. Robert Stack, un vieux baroudeur aussi grisonnant qu'imposant, s'est frayé un chemin avec sa division depuis le sud de l'Italie jusqu'au nord de l'Autriche[a], et il n'est pas du genre à s'en laisser conter ; après avoir lu les lettres, il informe son supérieur, le général de division John E. Dahlquist, puis demande au jeune colonel allemand si Goering est disposé à se rendre. Von Brauchitsch ayant répondu par l'affirmative et indiqué où devait se trouver le maréchal du Reich, Stack mobilise un peloton d'éclaireurs, et vers 10 heures du matin, une dizaine de Jeep et de blindés légers de reconnaissance s'ébranlent à la suite de la limousine du général et du véhicule de von Brauchitsch, qui arbore un drapeau blanc.

L'expédition n'est pas sans danger, car à partir de Kitzbühl, il faut parcourir quelque trente kilomètres en territoire ennemi. Mais les troupes allemandes qui tiennent les barrages routiers et défendent le col de Thurn ne sont guère combatives, et la présence du colonel von Brauchitsch suffit à les pacifier. Vers midi, le convoi parvient donc sans encombre au château de Fischhorn, près du Zeller See. C'est à ce stade que les choses se compliquent : « Arrivés au manoir, notera le général Stack, nous avons été accueillis par deux officiers SS, un colonel et un commandant ; l'un ressemblait à un gangster et l'autre à un sadique. Le manoir

---

a. À cette époque, la 36e division d'infanterie a déjà capturé quelques célébrités comme le maréchal von Rundstedt, le général SS Sepp Dietrich, le régent Horthy, le maréchal de l'air Sperrle, le gouverneur général de Pologne Hans Frank et même Max Amann, l'éditeur de *Mein Kampf*.

était occupé par les débris de la division SS Florian Geyer, qui avait été durement étrillée en Russie. [...] Lorsque von Brauchitsch a demandé où se trouvait Goering, le colonel SS a répondu qu'il n'en avait pas la moindre idée, qu'il n'était pas au courant d'une affaire de reddition, et que pour ce qui était de sa division, elle n'avait aucune intention de se rendre[66]. »

Au même moment, le général Koller note dans son journal : « Le major Sandmann me téléphone de Fischhorn pour me dire qu'un commando américain de trente hommes en Jeep, avec à sa tête un certain général Stack, est arrivé pour prendre Goering sous sa protection. Le général s'indigne du fait que Goering soit encore à Mauterndorf, puisqu'il avait précisé dans sa lettre à la division américaine voisine qu'il se trouverait à Fischhorn. [...] J'appelle ensuite Mauterndorf, où on me dit que Goering a décidé de rester sur place. Je réponds que c'est hors de question, qu'il a donné rendez-vous aux Américains à Fischhorn et qu'il doit absolument s'y rendre[67]. »

En maugréant, Goering fait préparer ses bagages, revêt son uniforme gris perle avec cinq médailles seulement, et quitte Mauterndorf avec femme et enfant à bord de sa rutilante Mercedes blindée 12 cylindres ; une vingtaine de véhicules le suivent avec sa belle-sœur, ses neveux et nièces, les Reichsleiters Bouhler et Lammers accompagnés de leurs épouses, le Gauleiter de Bavière von Epp[a], les aides de camp, la nurse,

---

a. Le général von Epp, arrêté par les SS le 28 avril et envoyé à Mauterndorf rejoindre les autres prisonniers. Il était soupçonné d'avoir trempé dans un complot séparatiste bavarois – dont il ignorait à peu près tout.

l'infirmière, le médecin, l'intendant, les domestiques, les cuisiniers et les gardes – soixante-quinze personnes en tout ! Deux camions remplis de bagages ferment la marche...

Au château de Fischhorn, le général Stack s'impatiente : « Vers 17 heures, exaspéré, j'ai demandé au colonel von Brauchitsch s'il savait où Goering pouvait se trouver, ou du moins quel itinéraire il chercherait à emprunter. Il a répondu par l'affirmative, et nous sommes donc partis à sa rencontre. J'ai laissé un demi-peloton au manoir et n'ai pris que la Jeep de mon aide de camp et ma limousine. Nous nous sommes dirigés vers le sud-est, avons franchi un nouveau col et sommes descendus sur Radstadt. [...] Ayant dépassé la ville, nous avons encore roulé sur quelque huit kilomètres, au milieu des troupes allemandes qui bivouaquaient le long de la route[68]. »

Il est vrai que les derniers éléments constitués de la Wehrmacht, de la Luftwaffe et de la SS sont toujours en mouvement, mais loin de songer à défendre la forteresse alpine, ils fuient devant l'avancée de l'armée soviétique et veulent surtout rentrer chez eux. Après un parcours d'une heure en direction du nord-ouest sur une route escarpée et très enneigée, le convoi de Goering parvient à son tour aux abords de Radstadt, où il reste bloqué dans un gigantesque encombrement. Des officiers d'un régiment de la Luftwaffe reconnaissent leur maréchal et l'acclament longuement, après quoi le cortège reprend péniblement sa route en direction de Zell am See.

Il est déjà près de 17 h 30 lorsque la jonction s'effectue enfin ; le capitaine Harold Bond, aide de camp du général Stack, racontera la suite : « La porte de la Mercedes s'est ouverte, et le *Reichsmarschall* Hermann Goering a hissé sa grosse carcasse hors du véhicule. [...] Le général Stack a été présenté à Goering par l'aide de camp [von Brauchitsch], et il lui a demandé : *"Do you speak English ?"* À quoi Goering a répondu qu'il le comprenait mieux qu'il ne le parlait[a]. Puis, par l'intermédiaire de l'interprète, le potentat nazi a commencé à s'excuser de n'être pas revêtu d'un uniforme plus convenable ; il a expliqué que lorsque les bombardiers américains avaient rasé Berchtesgaden, il avait perdu la plupart de ses uniformes et de ses médailles. Le général et moi avons éclaté de rire devant cet accès de vanité. [...] Sur quoi le général a dit à Goering ce que nous allions faire de lui : il devait nous suivre jusqu'au château [de Fischhorn] où nous avions laissé nos hommes. Comme il était tard, nous allions y passer la nuit. [...] Goering voulait rencontrer Eisenhower, et il a demandé s'il serait conduit jusqu'à lui[69]. »

En tout cas, l'essentiel est acquis : Hermann Goering et les siens sont désormais sous protection américaine. Le long convoi repart pour Bruck, où il parvient finalement au soir du 8 mai ; une fois à Fischhorn, le général Stack et Goering sont témoins d'un spectacle irréel : à l'entrée du château, un soldat américain et un SS montent la garde côte à côte ! L'accueil des hommes du peloton de reconnaissance de la 36ᵉ division d'infanterie du Texas

---

a. Selon le général Stack, Goering aurait ajouté qu'il n'avait pas eu beaucoup l'occasion de le pratiquer au cours des cinq années précédentes – un humour typique du personnage.

est plutôt bon enfant, le général Stack a réservé aux rescapés le deuxième étage du château, et les hostilités cessent à partir de 23 heures dans toute l'Allemagne. Mais décidément, rien n'est jamais parfait : en entrant dans le château, Goering a eu la désagréable surprise d'y croiser le *Standarten-führer* SS Waldemar Fegelein[a], qui ne compte pas précisément parmi ses amis, et il commence à craindre pour sa sécurité. Le général Stack, qui avait fait collecter tout l'arsenal embarqué dans le convoi du *Reichsmarschall*, consent donc à lui restituer quatre pistolets-mitrailleurs et à poster une sentinelle devant sa porte pour la nuit ; ce sera le lieutenant Jerome Shapiro[70]. Décidément, tout est rocambolesque dans ce réduit alpin : voici à présent que l'ancien dauphin d'Hitler, le deuxième homme du IIIe Reich, est protégé des SS par un lieutenant américain... et juif !

Le lendemain matin 9 mai, Goering doit être conduit au QG de la 36e division d'infanterie américaine à Kitzbühl. Mais auparavant, il prend son petit déjeuner en compagnie du général Stack, qui déclarera plus tard : « Goering craignait d'être capturé par les Russes, les communistes autrichiens et les SS, qui le tueraient probablement tous sans hésiter. Ce matin-là, je l'ai particulièrement questionné au sujet de la "forteresse alpine". Nos services de renseignements, y compris au SHAEF, étaient persuadés que les jusqu'au-boutistes nazis avaient construit des usines

---

a. Frère du *Gruppenführer* (général) Hermann Fegelein, agent de liaison d'Himmler auprès d'Hitler et époux de la sœur d'Eva Braun.

souterraines, des hangars, des arsenaux, etc., dans les Alpes autrichiennes, et qu'ils y livreraient un baroud d'honneur, pendant des années peut-être. Mais Goering a répondu que non, il avait bien été question d'un tel plan l'année précédente, mais absolument rien n'avait été fait pour le mettre en œuvre. Et c'était la vérité ; nos services de renseignements avaient été entièrement abusés par cette histoire[71]. » Et le général Bradley de reconnaître dans ses Mémoires : « Je suis étonné que nous ayons pu y croire aussi candidement[72]. »

De fait, c'est seulement au lendemain de la chute définitive du IIIe Reich que les Américains découvrent l'ampleur de cette supercherie alpine. Il faudra encore la reddition du maréchal Kesselring ce même 9 mai, puis celle du féroce Kaltenbrunner quatre jours plus tard, pour achever de convaincre les militaires alliés que les montagnes de Carinthie, de Styrie, du Vorarlberg, du Tyrol et du Haut-Adige ne recèlent aucune citadelle imprenable. Bien sûr, elles renferment encore bien des secrets, qui ne se révéleront que pendant les semaines et les mois à venir : les fausses livres immergées dans le Toplitzsee – et sans doute dans quelques cavernes du Totes Gebirge[a] ; l'immense

___

a. Le lac de Toplitz présente une particularité unique au monde : des milliers de troncs d'arbres immergés depuis des siècles y forment un double plancher mouvant entre deux eaux vers quarante mètres de fond, ce qui rend les recherches particulièrement dangereuses. Des explorations menées en 1959, 1963 et 2000 ont permis de remonter quelques caisses de billets et un peu de matériel d'impression. Toutefois, le décès très peu naturel de trois anciens ingénieurs du centre expérimental de Toplitz qui exploraient

cartothèque sur l'organisation militaire soviétique, enterrée en trois endroits des Préalpes bavaroises par le général Gehlen, ce chef du défunt service de renseignements sur l'URSS, qui jouera un rôle considérable dans la guerre froide à venir[73] ; les trésors de la Reichsbank – des lingots d'or et des devises pour une valeur de 15 millions de dollars[a], enfouis dans le secteur de Mittenwald, à proximité de Garmisch-Partenkirchen[b] ; l'épouse et les enfants du Reichsleiter Martin Bormann, mystérieusement disparu à Berlin dans la nuit du 1er au 2 mai et activement recherché depuis lors[c] ; les armes expérimentales dissimulées dans les cavernes, les galeries et les lacs de montagne, qui serviront de base à bien des innovations technologiques anglo-américaines à l'avenir ; et bien sûr les savants allemands eux-mêmes, qui sortiront progressivement du réduit alpin pour proposer leurs services aux États-Unis – à commencer par le spécialiste des fusées Werner von Braun, qui leur offrira littéralement la lune vingt-quatre ans plus tard...

---

le Totes Gebirge en 1946 et 1950 permet de penser que certaines matrices et planches d'impression avaient été dissimulées dans des cavernes de montagne plutôt qu'au fond du lac. Le mystère demeure.

a. Environ 3 milliards de dollars d'aujourd'hui... Voir Sayer, Ian, et Botting, Douglas, *Nazi Gold*, Londres, Panther Books, 1984, pp. 74-126.

b. Près de la frontière austro-bavaroise, à mi-chemin entre Munich et Innsbruck.

c. Réfugiée près de Bolzano, Gerda Bormann est constamment surveillée par les Américains, qui espèrent que son époux cherchera à la contacter. (Voir chapitre 7 : « Le fantôme errant de Martin Bormann ».)

6

Werwolf,
les « loups-garous » d'Hitler

À l'automne de 1944, en dépit des incantations hitlériennes, la situation militaire allemande apparaît de plus en plus désespérée. Sur le front de l'Ouest, les Alliés campent aux frontières du pays, et une première grande ville, Aix-la-Chapelle, est sur le point de tomber aux mains des Américains. Dans le même temps, Britanniques et Canadiens ont pris pied aux Pays-Bas, alors que les Français marchent vers le sud de l'Alsace et les Vosges, où ils feront bientôt leur jonction avec Patton et ses GI. En Italie, la Wehrmacht est usée, Rome est tombée, et l'ensemble du front menace de s'effondrer. Sur le front de l'Est, ce sont 6 millions de soldats soviétiques, appuyés par 13 000 chars, 46 000 canons et 11 000 avions de combat, qui s'apprêtent à déferler sur les maigres défenses du Reich. En mer, les « loups gris[a] » de l'amiral Dönitz sont impitoyablement traqués et coulés par les marins et les aviateurs alliés. Dans les cieux, malgré les promesses du *Reichsmarschall*

---

a. Surnom donné aux sous-marins de la Kriegsmarine.

Goering, la Luftwaffe est surclassée et ses as disparaissent les uns après les autres. Sur le front diplomatique, Berlin a perdu ses derniers soutiens, la Finlande et la Roumanie ayant négocié un armistice avec Moscou, avant de se retourner contre l'allié d'hier[a].

Sur le plan intérieur, la situation est tout aussi dramatique. Les grands centres urbains et industriels sont écrasés de jour comme de nuit par les bombes anglo-américaines ; des milliers de malheureux sont jetés sur les routes, tandis que les rares usines encore intactes tournent au ralenti, faute de matières premières et d'ouvriers qualifiés[b]. Poussés par un fanatisme sans limites, les hiérarques du parti ont suggéré à Hitler la mobilisation totale d'un peuple déjà saigné à blanc par six années de guerre ; la levée en masse est proclamée, et bientôt, des vieillards sans uniforme combattent aux côtés d'adolescents sans fusil, aux ordres de chefs sans expérience. Le *Volkssturm*[c],

---

a. Il reste la Hongrie, ou du moins les Croix fléchées, l'élément le plus fanatique du pays.

b. Appelés sous les drapeaux, les ouvriers allemands ont disparu depuis bien longtemps dans les grandes batailles d'attrition d'Afrique, du front de l'Est ou de Normandie. Les nazis ont bien capturé et déporté des millions de travailleurs, mais ceux-ci s'appliquent à entretenir une productivité aussi faible que possible...

c. La publication du décret d'Hitler créant le *Volkssturm* date du 25 septembre 1944. Cette milice est placée sous la direction et la responsabilité des Gauleiters du parti, tout en étant encadrée et équipée par la Wehrmacht – à l'exception des bataillons spécialement rattachés à la SS, dans les « villes forteresses » par exemple... Où l'on comprend que la simplicité n'était pas vraiment l'apanage de l'administration nationale-socialiste !

milice sans aucune valeur militaire, sera sacrifié partout où le front cédera, souvent pour gagner quelques jours avant que l'inéluctable ne finisse par s'imposer.

Le spectre de la défaite imminente plane donc sur le Reich, et même si les hauts dignitaires nazis tremblent à la simple idée de l'évoquer en présence de leur Führer, rares sont ceux qui doutent encore de l'issue de la guerre. Pour Heinrich Himmler, maître de la SS et fidèle parmi les fidèles, il reste cependant un ultime espoir : constituer un réseau de résistance qui entraverait la marche de l'ennemi vers le cœur du Reich, ou à défaut rendrait intenable l'occupation du pays ; il s'agirait de frapper les arrières adverses par des actions de sabotage, et de liquider les collaborateurs et les déserteurs allemands. Cette guérilla à grande échelle – ironiquement inspirée par la politique de la terre brûlée conduite par les partisans soviétiques à partir de l'été 1941 – devra non seulement saper le moral des soldats alliés, mais aussi regonfler celui des Allemands, au point de les amener à se soulever en masse contre l'occupant. Englué dans des opérations de police sans fin, harcelé sans répit, privé de sanctuaires, l'ennemi sera alors obligé de faire respecter l'ordre en multipliant les représailles sur les populations, avec pour effet de renforcer la détermination de celles-ci à résister. Selon le *Reichsführer*, ce processus conduira à terme les alliés occidentaux à se retirer des zones occupées[a], laissant ensuite les mains libres aux Allemands pour se débarrasser des Soviétiques. Pour

---

a. Himmler table aussi sur la pression exercée par les opinions publiques occidentales sur leurs chefs politiques et militaires.

nourrir sa réflexion, Himmler s'appuie sur plusieurs exemples de soulèvements populaires allemands, dont la guérilla paysanne conduite contre les Suédois lors de la guerre de Trente Ans, ou encore les attentats menés en 1923 par l'activiste nationaliste Schlageter contre les Français dans la Ruhr.

Ayant recueilli l'accord du Führer pour mettre en œuvre son plan, Himmler a besoin d'une nouvelle organisation paramilitaire, dont les recrues devront avoir pour qualité essentielle le fanatisme. Outre les membres des Sections d'assaut et de la SS, c'est dans le creuset des *Hitlerjugend*, les Jeunesses hitlériennes, que seront recrutés les futurs maquisards.

En septembre 1944, les choses s'accélèrent. Bien que l'histoire n'en ait pas retenu la date précise, c'est à cette époque qu'une conférence réunit le *Reichsführer* Himmler, le chef des Jeunesses hitlériennes Artur Axmann, le général SS et chef du RSHA[a] Ernst Kaltenbrunner et le lieutenant-colonel Otto Skorzeny, qui est à la tête des commandos et des opérations spéciales de la *Waffen-SS*. Peu de détails ont filtré de cette entrevue hautement confidentielle, si ce n'est que la naissance du *Werwolf* [b] – loup-garou – y a été

---

a. *Reichssicherheitshauptamt* ou service principal de sécurité du Reich.

b. Ce nom est inspiré par la nouvelle *Der Wehrwolf* de l'écrivain Hermann Löns, qui évoque de manière très romancée la guérilla orchestrée contre les Suédois par un groupe de paysans du Lüneburg dirigé par Harm Wulf, un fermier dont la famille a été massacrée par l'envahisseur au début de la guerre de Trente Ans. Il semblerait que ce soit le chef de la chancellerie du parti Martin Bormann qui ait proposé de baptiser ainsi le mouvement des partisans nazis.

entérinée, et que son chef est désormais un nommé Hans-Adolf Prützmann, personnage aussi discret que dangereux, ainsi qu'en témoigne la balafre qui barre son visage – souvenir d'un différend estudiantin réglé à l'épée.

Né en Prusse-Orientale à l'aube du XXe siècle, Prützmann a combattu au sein des *Freikorps*[a], notamment en Silésie, où il s'est distingué par sa haine absolue des Polonais. Membre du parti nazi en 1929, il a fait le coup de poing avec les SA. Mais dès 1930, estimant que les « chemises brunes » sont trop timorées et trop indisciplinées, il demande et obtient son transfert à la SS. Son ascension est alors fulgurante ; de simple lieutenant, il est promu général de brigade trois ans plus tard !

Il est vrai que l'homme a toutes les qualités du SS exemplaire : à sa loyauté sans faille, il ajoute un zèle remarquable et une absence totale de scrupules. Cultivé, austère et brutal, Prützmann est aussi un organisateur hors pair, doté d'un solide sens de l'improvisation. Le général SS Jürgen Stroop le décrit ainsi : « Prützmann est l'un des chefs et des pédagogues les plus remarquables de la SS. D'une adresse universelle sur les plans intellectuel et physique. Esprit créateur. Force de caractère. Détermination, assiduité, opiniâtreté et énergie. Gravité intérieure sous des dehors juvéniles et, par-là, spontanéité et modestie dans sa conduite. Sévère et exigeant (pour lui-même), mais compréhensif. Il se distingue aussi

---

a. Corps francs paramilitaires, qui ont contribué à réprimer les insurrections communistes en Allemagne après la Grande Guerre.

par une profonde intelligence des pensées visionnaires d'Adolf Hitler, et par sa passion de mettre en
pratique les objectifs du NSDAP. [...] Il n'y a qu'une
seule définition pouvant convenir à Prützmann : un
homme du Reich germanique, à l'âme chevaleresque
et à la plus haute moralité ; la moralité SS[1] ! » Un
avis assurément autorisé de la part de Stroop, qui est
lui-même l'un des pires bourreaux du régime nazi !

Mais plus que ses « qualités humaines et profes-
sionnelles » ou sa disponibilité, il semble que ce soit
l'expérience de Prützmann qui ait emporté la décision
d'Himmler ; car là encore, du point de vue d'un chef
nazi, l'officier a de quoi convaincre, en particulier au
regard de ses états de service en Russie. C'est en effet
à l'occasion de l'invasion de l'Union soviétique qu'il
est nommé haut responsable SS et commandant de
la police pour le secteur *Rußland-Nord*, en l'occurrence les pays Baltes. La mission de Prützmann est
ainsi résumée par Himmler : « Ce sera un combat
racial d'une sévérité impitoyable, au cours duquel 20
à 30 millions de Slaves et de Juifs périront dans des
actions militaires et des crises d'approvisionnement
alimentaire[2]. »

La sinistre besogne de Prützmann commence dès
l'été de 1941 : lutte antipartisans, maintien de l'ordre
et liquidation des ennemis du Reich – dont bien sûr
les Juifs, mais aussi les commissaires politiques et
les fonctionnaires soviétiques ; les missions de Prützmann sont plus atroces les unes que les autres, ce
qui ne le perturbe guère. Il a sous ses ordres des
unités de la SS et des bataillons de police, mais aussi
les sinistres commandos de l'*Einsatzgruppe A*, respon-

sables à eux seuls de la mort de 250 000 Juifs en quelques mois à peine…

Après avoir « épuré » sauvagement les États baltes, Prützmann part pour l'Ukraine, où il est chargé par Himmler de combattre les partisans soviétiques. Mois après mois, ce technocrate du crime de masse devient un expert de la contre-guérilla, un spécialiste des opérations irrégulières ; passé maître dans la connaissance du mode opératoire des partisans russes, il ordonne depuis son quartier général des représailles massives et des ratissages sanglants, afin de démanteler les réseaux de résistance. Et là encore, c'est un cortège d'horreurs indicibles : pour le seul automne de 1942, Prützmann est responsable de la mort de plus de 350 000 civils et de la destruction de centaines de villages ! Devant de tels chiffres, Himmler ne peut que lui réaffirmer sa confiance et lui dire sa satisfaction : c'est à cette époque qu'il est décoré de la croix de fer de première classe, pour services rendus à la patrie allemande.

Après avoir combattu les maquisards russes trois années durant, ce SS exemplaire est naturellement à même d'employer son expérience pour mettre sur pied les réseaux de résistance nazis ; c'est en substance ce qu'Himmler lui explique le 19 septembre 1944, à l'occasion d'un entretien à Hohenlychen[a]. Prützmann est alors nommé inspecteur général des opérations spéciales, avec pour mission de recruter des agents parmi les forces armées et les *Hitlerjugend*, puis de les entraîner avec le concours des commandos d'Otto Skorzeny.

---

a. Où se trouve le QG d'Himmler.

La première des tâches du « chef de meute » est de constituer un état-major pour le *Werwolf*. Erich von dem Bach-Zelewski est sollicité au titre de son inestimable expérience ; c'est que cet officier SS a dirigé un commando de chasse responsable du massacre de 35 000 civils à Riga, et de la mort de plus de 200 000 personnes en Biélorussie pour le seul mois de juin 1943... Contacté, Jürgen Stroop, qui vient d'écraser dans le sang la révolte des 50 000 derniers Juifs du ghetto de Varsovie, est lui aussi honoré d'œuvrer avec « un grand patriote allemand aux capacités géniales et aux talents exceptionnels[3] ». Il devra former dans l'ouest de l'Allemagne des groupes *Werwolf*, avec lesquels il conduira le moment venu une résistance acharnée à l'envahisseur.

Au total, deux cents officiers sont recrutés pour former l'ossature de la nouvelle organisation. Parmi ces hommes gravitent de nombreux spécialistes du contre-espionnage, des experts en contre-terrorisme, des instructeurs de la *Waffen-SS*, ainsi que des sociologues et des psychologues chargés de conditionner les futures recrues. Rien n'est laissé au hasard ; une cellule ultrasecrète composée d'historiens et d'officiers de la Gestapo et de la SS a pour mission d'étudier l'histoire des mouvements conspirationnistes européens et de s'en inspirer...

Prützmann choisit d'implanter le cœur du *Werwolf* – « une organisation née de l'âme nationale-socialiste du Grand Reich[4] », selon ses termes – à Steinebach, près du lac de Wörth, dans le sud-est de la Bavière. Du point de vue administratif, le maillage du *Werwolf* correspond à celui des régions militaires de la Wehrmacht. Il est prévu que dans chacun des districts, un officier SS soit chargé de superviser le recrutement, l'entraînement et le déploiement des volontaires, en collaboration avec les responsables locaux des Jeunesses hitlériennes et du parti. C'est que, conformément aux directives de Martin Bormann, le NSDAP est appelé à jouer un rôle essentiel dans la levée des volontaires. Pour d'évidentes raisons de discrétion, aucun appel public n'est lancé, aussi les recrues sont-elles contactées par le bouche-à-oreille, sur la base de leur appartenance à une famille comptant des membres du parti. Les adolescents acquis à la cause du régime, ceux étudiant dans une Napola[a] ou ayant perdu des membres de leur famille sous les bombes alliées, sont aussi des cibles de choix pour les recruteurs du *Werwolf*. Les candidats font ensuite l'objet d'une sélection rigoureuse : ne sont retenus que les plus solides physiquement et psychologiquement.

Ces jeunes volontaires, dont l'âge varie entre douze et dix-huit ans, sont ensuite dirigés vers l'un des six centres d'entraînement du *Werwolf*[b], où ils sont soumis à un entraînement éprouvant. Dès leur arrivée,

---

a. Ces écoles étaient destinées à former la future élite des dirigeants politiques, militaires et administratifs de l'État nazi. Le premier critère de sélection des candidats aux Napola était la pureté raciale, puis les aptitudes physiques, le sens de la camaraderie et le goût du commandement ; les aptitudes intellectuelles étaient de moindre importance...

b. Le plus important est celui du Schloss Hülchrath, près d'Erkelenz, un château rhénan du XIVe siècle. Les autres centres sont établis à Neustrelitz (Poméranie), Quenzsee (Brandenburg), Lübbecke (Westphalie), Waidhofen an der Thaya (Autriche), et dans l'ancienne caserne de la division spéciale Brandenburg de l'Abwehr.

ils doivent remettre leurs effets personnels aux instructeurs et couper tout contact avec leur famille. Chacun d'eux est pris en charge par un mentor expérimenté en matière de guérilla, le plus souvent un commando SS, un agent du SD ou de la Gestapo, et parfois un vétéran de la Wehrmacht ayant démontré son engagement total pour la victoire du nazisme. L'instruction porte sur le maniement des armes, la pose de mines, le combat à mains nues, la lecture d'une carte, l'orientation de jour comme de nuit, le camouflage, l'usage d'un émetteur-récepteur, le codage et le décodage de messages, l'utilisation d'explosifs, les techniques de démolition et de survie, le sabotage de voies ferrées et de lignes téléphoniques.

Les méthodes d'assassinat font l'objet d'une attention toute particulière, depuis le tir au fusil à lunette ou au pistolet avec silencieux jusqu'à l'étranglement, en passant par la liquidation à l'arme blanche et l'empoisonnement. Répandre des toxines dans les aliments et les breuvages des troupes d'occupation fait en effet partie des idées de Prützmann, qui fera mener des recherches au sein de l'Institut technique criminel de Berlin pour trouver un produit adéquat et aisément fabricable. Un poison à base de salicylate de méthyle est ainsi produit et testé avec succès sur des déportés dans les camps de concentration, mais la guerre approchant de son terme, il ne sera produit qu'en faibles quantités et très peu employé.

Le futur franc-tireur est aussi formé à la conception de bombes artisanales. Les engins explosifs sont fabriqués avec du chlorate de potassium et du sucre, et les bombes incendiaires avec du nitrate d'ammonium, de la poussière d'aluminium et de la naphtaline. Les détonateurs sont réalisés à l'aide d'acide citrique, de peroxyde d'hydrogène et de méthénamine – un antibiotique utilisé dans le traitement des infections des voies urinaires. L'usage d'imperméables doublés de pains de nipolite, un explosif bon marché mais puissant, est également prôné, ce dispositif transformant l'enfant-soldat en bombe humaine. Ce sont d'ailleurs ces projets de missions suicides, nécessitant de soumettre les volontaires à un endoctrinement poussant au fanatisme, qui expliquent la présence de psychologues au sein de l'état-major de Prützmann. Décidément, le Reich ne reculera devant rien pour assurer sa survie ! Les techniques de séduction, elles, sont réservées aux nombreuses jeunes femmes recrutées par les séides de Prützmann, car outre le volet « action », le *Werwolf* a une fonction « renseignement » ; c'est ce que les instructeurs appellent la « terreur froide », parallèlement à la « terreur chaude » visant les installations et les personnels de l'ennemi[5].

Les conditions de vie des recrues sont précaires, pour ne pas dire déplorables, et la moindre erreur est impitoyablement réprimée, car les instructeurs font preuve d'une très grande brutalité en cas de faute. Cris, coups et punitions sadiques pleuvent sur les jeunes « loups-garous ». En outre, la fatigue et la maladie ne sont pas considérées comme des motifs suffisants pour suspendre, même momentanément, les longues marches forcées, les cours théoriques et les exercices pratiques. Bref, tout est fait pour formater ces adolescents et leur permettre d'endurer les douleurs et les privations liées à la clandestinité. Au total, on estime à 5 000 le nombre de jeunes Allemands entraînés à la guérilla entre novembre 1944 et avril 1945[a].

Leur formation achevée, les partisans sont regroupés dans des équipes de trois à six membres, placées sous l'autorité d'un vétéran de la Wehrmacht ou de la SS ; disséminées parmi la population, ces cellules forment des réseaux clandestins très compartimentés. Dès lors, leur mission consiste à attendre patiemment l'arrivée des troupes ennemies, pour répandre la mort et la destruction sur leurs arrières. Or, afin de mener cette guérilla efficacement, il convient d'assurer un support logistique et matériel suffisant aux « loups-garous ». Pour ce faire, Prützmann ordonne que des dépôts secrets de nourriture, d'armes et de munitions soient constitués dans toute l'Allemagne, en ville comme à la campagne. Seulement, si ces installations sont aménagées rapidement et discrètement, elles demeurent vides dans leur immense majorité, les généraux de la Wehrmacht rechignant à céder le moindre matériel au *Werwolf*. Les maquisards devront donc se débrouiller seuls, sauf pour les faux papiers, qui sont livrés en temps et en heure par les faussaires de l'*Amt VI* RSHA[b], ainsi que les doses d'arsenic et de cyanure à utiliser en cas de capture.

La première action retentissante du *Werwolf* a lieu à Aix-la-Chapelle en mars 1945. Cinq mois plus tôt, en octobre 1944, Franz Oppenhoff, un avocat antinazi de quarante-deux ans, a accepté le poste de maire qui lui était proposé par les Américains après la reddition

---

a. Les nazis avaient prévu de former 12 000 à 15 000 volontaires.

b. Voir chapitre 5 : « La forteresse alpine ».

de la ville. Depuis lors, il est considéré comme un traître par les nazis, et la propagande de Goebbels se déchaîne régulièrement contre lui. Sa conduite est jugée si infamante pour le Reich qu'Himmler finit par ordonner son assassinat ; la mission est confiée au *Werwolf*, et c'est Prützmann en personne qui se charge de planifier l'opération *Karneval*.

Un commando est formé à Schloss Hülchrath. Son chef, le SS Herbert Wenzel, est un ancien des forces spéciales de la Wehrmacht ; il est épaulé par un autre SS, Josef Leitgeb, ainsi que par deux jeunes « loups-garous », Ilse Hirsch, une jeune femme de vingt-deux ans, et Erich Morgenschweiss, un adolescent venant de fêter ses seize ans. À Aix-la-Chapelle, Wenzel et les siens pourront compter sur le concours de deux autres membres du *Werwolf*, Hennemann et Heidorn, l'un et l'autre en mission secrète dans le secteur depuis plusieurs semaines. Le 20 mars 1945, le commando est parachuté de nuit et à basse altitude au-dessus de la frontière germano-belge, à huit kilomètres de la ville. Un témoin gênant est éliminé, puis le groupe s'installe dans un bois aux abords de la ville. Ilse Hirsch gagne les ruines de la vieille capitale de Charlemagne, afin d'y prendre contact avec Hennemann et Heidorn, qui ont glané des renseignements fiables sur l'emploi du temps du bourgmestre. Les « loups-garous » apprennent notamment qu'Oppenhoff dînera chez des amis le soir du 25 mars. C'est donc à cette occasion que Wenzel décide de faire exécuter le « traître » ; un traquenard est tendu, et le maire est abattu d'une balle en pleine tête par Leitgeb. Mais l'exfiltration du commando est entravée par des patrouilles américaines mises en alerte, et seule une partie des « loups-garous » parvient à s'échapper ; Leitgeb est tué par une mine, et Ilse Hirsch est grièvement blessée.

Le retentissement de cet assassinat parmi les Alliés est considérable, et c'est à partir de ce moment que le *Werwolf* est pris beaucoup plus au sérieux dans les états-majors alliés. En fait, il se conjugue avec la crainte d'une « redoute alpine » pour détourner les armées américaines du chemin de Berlin. C'est bien ce que reconnaît le général Eisenhower lorsqu'il écrit : « Un autre but des nazis, quelque peu apparenté à celui de constituer une forteresse montagneuse, était l'organisation d'une armée secrète, portant le nom significatif de *"Werwolf"* et composée exclusivement de loyaux partisans d'Hitler, avec pour mission le meurtre et le terrorisme. Au même titre que les adultes, des garçons et des filles devaient être enrôlés dans cette organisation secrète, avec l'espoir de terroriser les campagnes et de rendre l'occupation si difficile que les conquérants seraient sans doute heureux de se retirer. [...] La seule façon de faire échouer ce projet [...] était d'occuper l'ensemble du territoire national[6]. » En d'autres termes, de renoncer à la percée vers Berlin, comme Ike l'annonce à Churchill et Staline quatre jours plus tard...

Himmler, Goebbels et Bormann ne peuvent naturellement savoir tout cela, mais ils ne cachent pas leur satisfaction, car cette action d'éclat témoigne aux yeux du monde de l'existence d'un mouvement de résistance au sein du peuple allemand – et d'une organisation capable de frapper des cibles de première importance. Signal plus fort encore, adressé comme un avertissement aux Allemands eux-mêmes :

un « collaborateur » de haut rang a été exécuté dans une ville pourtant occupée par l'ennemi depuis cinq mois ; personne n'est donc à l'abri du *Werwolf*, qui peut frapper où bon lui semble... Goebbels exploite à fond les retombées de l'attentat, et le 1er avril 1945, à l'occasion d'une émission radiodiffusée, il annonce officiellement l'existence du *Werwolf*, en appelant le peuple allemand à se dresser contre les envahisseurs. Son allocution est retransmise sur toutes les ondes du pays, et bientôt on crée une station de radio affiliée au *Werwolf*, le *Werwolfsender*, dont les studios sont installés à Nauen, dans la banlieue de Berlin. Les commentateurs s'y déchaînent quotidiennement, en égrenant une liste des traîtres à abattre et en rappelant à leurs auditeurs que la simple idée de capitulation est un crime puni de mort.

De fait, dans les campagnes comme dans les bourgs, au fur et à mesure de la progression des soldats américains, anglais, français et soviétiques, l'activité des « loups-garous » monte en puissance. C'est notamment le cas en Forêt-Noire, une région au relief et à la végétation propices à la guérilla ; en avril 1945, on y recense plusieurs meurtres de pasteurs ayant prononcé des sermons antinazis, ou simplement appelé leurs fidèles à retirer des lieux publics les portraits d'Adolf Hitler. Un capitaine de police est également assassiné pour s'être opposé à l'infiltration de sa brigade par le *Werwolf*.

La 1re armée française du maréchal de Lattre de Tassigny est elle-même confrontée à un regain d'activité sur ses arrières, au moment où elle aborde le lac de Constance pour pénétrer en Autriche. À Freudenstadt, les détachements de la 4e division marocaine de montagne sont pris à partie par des civils armés de fusils de chasse, d'armes de poing, de lance-roquettes antichars et de grenades. Dégénérant rapidement, les accrochages deviennent si violents que la ville doit quasiment être rasée par l'artillerie française ! Ce traitement de choc n'est toutefois pas suffisant pour réduire les ardeurs des « loups-garous », qui ont enrôlé à leurs côtés des SS en retraite et de jeunes garçons des *Hitlerjugend*. Ils sont environ deux cents à poursuivre la lutte dans les ruines fumantes de la ville, disparaissant le jour et réapparaissant la nuit. Exaspérés, les Français vont ratisser la localité et y arrêter tous les hommes âgés de quinze à soixante ans pour mettre un terme à la résistance.

Le 22 avril, à Degerschlacht, au sud de Stuttgart, des lycéens de seize et dix-sept ans armés de grenades décident de défendre leur village contre les troupes françaises. Chassés par des habitants soucieux d'éviter le siège de leur bourg, les adolescents du *Werwolf*[a] déclenchent une série d'attaques nocturnes ; le lendemain, ces jeunes partisans très mobiles lancent un raid contre une grange occupée par des Français : quatre soldats sont tués, et les maquisards s'égaillent dans la nature. Près de là, le village de Marbach am Neckar, occupé le 21 avril 1945 par les Français qui n'y avaient pas laissé de garnison, est repris quelques jours plus tard par des adolescents obéissant à un jeune instituteur formé par le *Werwolf*. Il faudra le retour en force des goumiers marocains, appuyés par des blindés légers, pour déloger les partisans allemands et capturer l'instituteur nazi, qui sera fusillé

---

a. Ou prétendant appartenir à cette organisation.

pour rébellion. Mais cette exécution pour l'exemple n'aura que peu d'impact sur ses jeunes disciples, qui attaqueront les convois alliés jusqu'à la fin de la guerre. Espérant juguler ces actes de résistance, les Français vont procéder à la mise à mort de vingt-cinq otages par soldat tué, notamment à Constance, Wannweil et Markdorf. Malgré cela, des embuscades seront encore tendues contre des patrouilles françaises jusqu'en 1947…

Dans le nord de l'Allemagne, les armées anglo-canadiennes du maréchal Montgomery sont elles aussi confrontées aux « loups-garous ». Au début d'avril, Heinz Wichmann, responsable local des *Hitlerjugend*, a mis sur pied dans la région d'Oldenburg le groupe de résistance *Adolf Hitler*, composé de jeunes fanatiques qui ont bénéficié d'un entraînement aux tactiques de guérilla du *Werwolf*. Opérant toujours en civil, ils ont pour consigne de laisser passer les troupes adverses, avant de les frapper dans le dos. Leur première action date du 14 avril, lorsqu'un malheureux fermier ayant hissé un drapeau blanc est abattu à Dötlingen. Le 25 avril, le commandant Poston, un des officiers de liaison de Montgomery, est tué alors qu'il circulait à bord de sa Jeep le long de la forêt de Lüneburg[7] – un attentat vraisemblablement monté par les partisans de Wichmann[a]. Quatre jours auparavant, à Seedorf, entre Brême et Hambourg, des soldats britanniques étaient tombés dans une embuscade organisée par des « casseurs de chars » du *Werwolf*, ayant bénéficié

---

a. Poston a été achevé d'un coup de baïonnette dans le cœur, ce qui n'est pas la marque des soldats réguliers de la Wehrmacht – surtout à ce stade de la guerre.

de la complicité des villageois. Dans tous ces cas, les « loups-garous » resteront introuvables.

L'affaire fait grand bruit, et le SHAEF envoie immédiatement des instructions aux troupes en campagne pour les exhorter à la plus grande prudence dans leurs relations avec les civils allemands – y compris les femmes et les enfants –, en précisant : « Votre attitude envers les femmes est inadaptée en Allemagne. Savez-vous que les femmes allemandes ont été entraînées pour vous séduire ? Est-ce que cela vaut un coup de poignard dans le dos ? Les femmes peuvent dissimuler une arme sur leur poitrine, entre les seins, sur l'abdomen, le haut des cuisses, sous les fesses, dans un manchon, un sac à main, une capuche ou un manteau... Comment fait-on pour fouiller des femmes ? La réponse est que c'est difficile, mais votre vie est peut-être en jeu[8]. » Comme l'écrira peu après un général dans son rapport : « La lecture aux hommes de ce document éclairant a provoqué l'hilarité dans plus d'un bivouac[9]. » Sans doute, mais les dirigeants nazis estiment avoir atteint un de leurs principaux objectifs : semer la méfiance et la discorde entre les troupes alliées et la population allemande.

Au nord de Hambourg, à la fin du mois d'avril, un autre groupe d'adolescents du *Werwolf*, commandé par un officier SS, est cerné au sommet d'une colline boisée par deux bataillons britanniques. Un émissaire allemand est envoyé à leur rencontre le 1er mai 1945, afin de négocier une reddition honorable. Le plénipotentiaire n'obtenant aucun résultat, les Britanniques décident d'en terminer en montant à l'assaut ; cependant, peu soucieux de sacrifier leurs soldats dans une attaque contre de tels fanatiques, ils chargent une compagnie de parachutistes allemands de désarmer les « loups-garous » et de les prendre vivants... Sortis de leur camp de prisonniers et réarmés pour l'occasion, les « diables verts » passent à l'action. Mais en investissant les lieux, ils découvrent les corps de dizaines de francs-tireurs éparpillés dans leurs bunkers en bois ; certains avaient entre dix et douze ans, et tous s'étaient suicidés plutôt que de capituler.

Le 2 mai 1945, à Wilhelmshaven, alors que la guerre est en passe de s'achever, c'est au tour du commissaire de police Nussbaum et de deux civils de tomber sous les balles d'Helmut Führ et de Friedrich Lotto[a]. En Bavière, cette politique de représailles à l'encontre de ceux qui pactisent avec l'ennemi atteint son paroxysme avec le massacre de Penzberg : le 28 avril 1945, Hans Rummer, maire de la petite ville avant l'arrivée au pouvoir d'Hitler, dépose le bourgmestre nazi en poste. Ivre de vengeance, le Gauleiter local, Paul Giesler, confie le soir même à un commando du *Werwolf* la mission de le liquider. Ce sinistre détachement est commandé par Hans Zöberlein, un héros des tranchées, écrivain adulé du régime nazi et officier des « chemises brunes ». Zöberlein et ses hommes prennent d'assaut la petite mairie de Penzberg et arrêtent Rummer avec sept de ses compagnons ; tous sont emmenés sur la place publique et abattus. Le cortège d'atrocités du commando de Zöberlein ne s'arrête pas là, puisque dans les heures qui suivent, ses membres patrouillent dans les rues

---

a. Arrêtés, les deux maquisards seront jugés par un tribunal allemand et condamnés à la prison à perpétuité en octobre 1948.

de la bourgade, où ils arrêtent huit autres suspects de trahison, parmi lesquels deux femmes[a] ; les malheureux passent devant une pseudo-cour martiale présidée par Zöberlein, qui les condamne à mort par pendaison, avant de déclarer : « La porcherie de Penzberg a été nettoyée. » Évanouis dans la campagne avoisinante, les assassins resteront eux aussi introuvables.

La Bavière est également le lieu d'une découverte intéressante réalisée par les Américains le 28 avril 1945, lorsqu'ils capturent six officiers et vingt-cinq soldats allemands cachés dans un réseau de tunnels et d'abris au milieu d'une vaste forêt. Ces hommes sont aux ordres d'un certain Paul Krüger, colonel de la Wehrmacht qui se prétend membre du *Werwolf*. Coopérant avec les officiers du renseignement américain, il affirme avoir été chargé d'éliminer les plus hautes autorités militaires alliées, dont le général Eisenhower. Mais cette assertion n'est étayée par aucune preuve, si ce n'est une liste de noms de généraux américains retrouvée dans une cantine militaire.

Malgré tout, le rapport du contre-espionnage américain donne des détails instructifs sur l'équipement et l'installation du commando de Krüger : « Les opérations auraient dû débuter trois à quatre semaines après le passage des troupes américaines. Des groupes de dix à vingt hommes devaient détruire des cibles, avant de se replier pour rejoindre leur "unité[b]". Aucune cible située à moins de quinze kilomètres de l'unité ne

---

a. Dont une est enceinte.

b. L'« unité » désignait le complexe souterrain leur servant de quartier général.

devait être désignée. La sécurité dépendait du secret et du camouflage, et tous les personnels avaient des ordres stricts, notamment celui de se cacher si des troupes américaines approchaient de leur secteur, et de n'ouvrir le feu en aucun cas à proximité du bivouac. [...] Les hommes portaient l'uniforme de la Wehrmacht, mais quelques-uns étaient déguisés en gardes forestiers. Ils étaient déployés dans des avant-postes, afin de signaler le moindre danger. Ils disposaient de mortiers, de mitrailleuses, de pistolets-mitrailleurs, de fusils de précision, ainsi que de nombreuses armes de poing. Chaque homme disposait aussi d'un pistolet Liliput[a] pouvant être aisément dissimulé. Les stocks de munitions pour chaque type d'arme correspondaient à quatre mois d'utilisation en situation normale. Ce groupe disposait d'une voiture civile et d'une motocyclette militaire parfaitement cachées dans les bois, ainsi que de cent vingt chevaux dispersés dans les fermes des environs. La nourriture, consistant en conserves de viande, biscuits, crackers, chocolat et légumes en bocaux, était suffisante pour tenir plus de quatre mois. Des vivres supplémentaires comme pain, pommes de terre, légumes frais et saucisses fumées étaient obtenus grâce à des sources locales. Le groupe puisait de l'eau dans un ruisseau passant à proximité de son abri[10]. »

---

a. Produits par la *Waffenfabrik* August Menz dans les années 20, les Liliput sont de petits pistolets semi-automatiques très prisés par les agents secrets, car extrêmement discrets et faciles à camoufler. Tirant une balle de 4,25 mm, cette arme était suffisamment puissante pour tuer à dix mètres de distance.

Voilà qui peut impressionner, mais de tels commandos demeurent rares, et surtout, ils sont incapables de coordonner leurs actions. C'est que l'avance des armées alliées désorganise totalement l'appareil d'État nazi, tandis que la plupart des soldats cherchent à se rendre ou à rejoindre leur foyer ; dès lors, la politique de résistance collective prônée par les hautes sphères du Reich se délite, pour faire place aux intérêts personnels. Ainsi, dès la mi-avril, pour ne pas entraver les négociations avec les Alliés occidentaux qu'il veut ouvrir par l'intermédiaire de la Croix-Rouge suédoise, Himmler ordonne à Prützmann de limiter les opérations du *Werwolf* à de simples actions de propagande. Pour sa part, le maréchal Keitel, chef de l'OKW, va jusqu'à donner l'ordre d'interrompre purement et simplement toutes les opérations des « loups-garous ». Dans les locaux de l'organisation, depuis plusieurs semaines déjà, des fonctionnaires de la SS et de la Gestapo récupèrent les faux papiers fabriqués à l'intention des agents du *Werwolf*, pour se forger une nouvelle identité et disparaître. Le site de Schloss Hülchrath est évacué, et le 23 avril 1945, le *Werwolfsender* cesse d'émettre ; la fin est proche.

Elle débute avec la capitulation des armées d'Allemagne du Nord, des Pays-Bas et du Danemark, reçue par le maréchal Montgomery le 5 mai 1945. Le même jour, l'amiral Dönitz, dernier *Führer* d'un Reich millénaire qui n'aura duré que douze ans, prononce un discours relayé par les émetteurs de Copenhague, Flensburg et Prague : « Le fait qu'un armistice soit actuellement en vigueur signifie que je dois demander à chaque Allemand et Allemande de mettre un terme à toute activité illégale dans le cadre du *Werwolf* ou de toute autre organisation similaire dans les territoires occupés par les Alliés occidentaux[a], car cela ne peut que porter préjudice à notre peuple[11]. » Dès lors, partout en Allemagne, des groupes de « loups-garous », déjà fortement démoralisés par la mort d'Hitler, manquant d'armes et à court de ravitaillement, se rendent spontanément. Les plus fanatiques, les plus désespérés et ceux qui n'ont pas entendu le message de Dönitz prennent le maquis et poursuivent une lutte sans espoir.

Prützmann, lui, est capturé le 11 mai par les Britanniques à Hohenlied, près d'Eckernförde. Il est interrogé plusieurs jours durant au quartier général du maréchal Montgomery. Le 21 mai, se sachant sur la liste des criminels de guerre et redoutant d'être remis aux Soviétiques, il parvient à se suicider dans sa cellule de Lüneburg, en avalant une capsule de cyanure,

Sur le front de l'Est, l'action du *Werwolf* est nettement moins spectaculaire qu'à l'Ouest. Au début de 1945, en prévision de la conquête de l'Allemagne par les Soviétiques, les nazis ont bien prévu de former une myriade de commandos d'une soixantaine de « loups-garous » pour mener de vastes opérations de sabotage et de guérilla sur les arrières de l'Armée rouge. Mais là encore, les moyens ont manqué cruellement, au point que ces unités spéciales n'ont jamais vu le jour. En lieu et place émergent de petits réseaux de francs-tireurs, dont les actions ont de bien

---

a. On remarquera qu'il n'a pas mentionné les territoires occupés par les Soviétiques.

modestes résultats. C'est que les bataillons du NKVD[a] qui quadrillent les territoires conquis y maintiennent l'ordre avec une violence telle qu'elle dissuade rapidement les Allemands de résister. Conformément aux ordres de Staline, toute ville où un partisan est capturé est incendiée et sa population déportée. Les opérations des « loups-garous » se limitent donc à des actes isolés, qui cessent rapidement face à l'ampleur des représailles soviétiques. En juin 1945, la mort dans un accident de motocyclette du général Nikolaï Berzarin, chef de la garnison de Berlin, est faussement attribuée par les Soviétiques aux « loups-garous », afin de justifier de nouvelles représailles sur les populations civiles ; c'est ainsi que plus de six cents « membres du *Werwolf* », âgés de quinze à dix-sept ans, seront arrêtés dans la seule région de Berlin[12], pour être déportés dans les camps du NKVD[b].

Le *Werwolf* se développe de manière plus importante dans les territoires de l'Est peuplés de fortes minorités allemandes, surtout en Pologne et en Tchécoslovaquie, où les *Volksdeutsche*[c] sont victimes d'une véritable campagne de purification ethnique. Alors que la guerre en Europe est terminée, des détachements de soldats de la Wehrmacht continuent à

a. *Narodnyi Komisariat Vnoutrenykh Diel'*, Commissariat du peuple aux Affaires intérieures. C'est la police politique de l'URSS, chargée de combattre le crime… et la dissidence.

b. Au total, de 1945 à 1947, plus de 10 000 adolescents allemands seront arrêtés par les Soviétiques et déportés en URSS en raison de leur appartenance suspectée au *Werwolf*. Moins d'une moitié reviendra des goulags.

c. Populations ethniquement ou culturellement allemandes, vivant hors des frontières de l'Allemagne.

se dresser contre ces massacres ; si certains de ces groupes sont parfaitement étrangers au *Werwolf*, d'autres gravitent dans la nébuleuse des réseaux de résistance nazis.

En Pologne, les « loups noirs de saint Hubert[a] » se font rapidement connaître ; presque deux cents de ces maquisards combattent dans le secteur de Gliwice, tandis qu'une trentaine d'autres « loups » opèrent dans le triangle Opole-Strzelce-Olesno[b]. Un autre groupe *Freies Deutschland*, totalisant 1 700 combattants dont plusieurs cadres des « loups-garous », est déployé en Silésie, tandis qu'une troisième formation, le *Jungenbund der Freien Stadt Danzig*, harcèle les Polonais aux abords de Gdánsk, l'ancienne Dantzig[c]...

En Tchécoslovaquie, le 31 juillet 1945, l'explosion d'un dépôt de munitions à Ústí nad Labem, une ville germanophone du nord des Sudètes, fait vingt-six morts. Cet incident est officiellement imputé par le gouvernement tchécoslovaque au *Werwolf*, ce qui sert de prétexte au massacre de 2 700 Allemands, dont des femmes et des enfants, abattus ou noyés dans une rivière voisine ; quelques jours plus tard, les Allemands seront définitivement expulsés du pays.

Dans ces conditions, la volonté de résistance des partisans à l'Est comme à l'Ouest s'estompe progres-

---

a. Patron des chasseurs.

b. Résolus à se battre jusqu'au bout, ces Allemands sont actifs jusqu'en 1954, lorsque les derniers d'entre eux sont abattus par l'*Urząd Bezpieczeństwa*, la police secrète polonaise en charge des missions anti-insurrectionnelles – dont les fonctionnaires ont été formés par le NKVD.

c. Ils seront démantelés par les Polonais en 1947 et 1949 respectivement.

sivement – d'autant que leur combat semble inutile, dans la mesure où la population affiche globalement un mépris et une incompréhension absolus envers ces jusqu'au-boutistes. Du reste, certains citoyens allemands n'hésitent pas à dénoncer aux occupants les résistants venus leur réclamer de l'aide, ou à leur indiquer les caches d'armes qu'ils découvrent.

Pourtant, quelques cellules du *Werwolf* poursuivent implacablement la lutte ; certaines comprennent des combattants étrangers, notamment d'anciens *Waffen-SS* baltes et ukrainiens qui craignent d'être remis aux Soviétiques en cas de capture, voire des Oustachis croates ayant réussi à échapper aux troupes titistes. Poussés par leur fanatisme, les activistes les plus motivés commettent des attentats contre les voies ferrées, les centrales électriques et les centres de distribution d'eau potable, tandis que d'autres, moins téméraires, se contentent d'envoyer des tracts et d'écrire nuitamment des slogans menaçants sur les portes des « collaborateurs »[13]. Pour le seul mois de décembre 1945, les Alliés recensent un millier d'infractions de ce type, principalement en Forêt-Noire, dans les montagnes de Bavière, du Harz et du Tyrol, ainsi que dans la région alpine du Chiemsee. Mais certaines actions sont nettement plus spectaculaires, comme la double explosion du 5 juin 1945 au quartier général de la police de Brême, qui fait quarante-quatre morts – un attentat qui pourrait bien être attribué au *Werwolf*. En mars 1946, un vaste complot est déjoué par les Alliés, qui interpellent quatre-vingts anciens officiers ; ces arrestations mènent à la découverte de caches d'armes et de munitions, ainsi qu'à la saisie d'une liste noire de quatre cents personnalités – parmi lesquelles le ministre-président de Bavière Wilhelm Hoegner, que ce groupuscule s'apprêtait à exécuter.

Dès lors, les dernières cellules d'irréductibles, décrites par les rapports alliés comme des « groupes itinérants » ou des « fanatiques vivant dans la forêt », n'inquiètent plus guère les autorités d'occupation alliées ; esseulés, les derniers « loups-garous » s'évanouissent sans laisser de traces. Au final, la propagande faite autour du *Werwolf* aura très largement dépassé ses actions, et le dernier mot revient au général Westphal, chef d'état-major des armées de l'Ouest en mai 1945 : « Comme si un ramassis de boy-scouts aurait pu réussir là où la Wehrmacht avait échoué[14] ! » Malgré tout, ces boy-scouts auront réussi à faire bien des dégâts durant le crépuscule du IIIe Reich…

Le fantôme errant de Martin Bormann

C'est sans doute l'affaire la plus mystérieuse de toutes – à tel point qu'elle ne sera vraiment éclaircie qu'à la fin du XXe siècle.

On le surnommait l'« éminence brune », car de tous les dignitaires nazis, Martin Bormann était de loin le plus discret, le moins connu et le plus puissant après Adolf Hitler. Pourtant, rien ne le prédisposait à atteindre des sommets aussi vertigineux. Né avec le XXe siècle près de Halberstadt[a], il perd son père à l'âge de trois ans, est mis en pension au lycée de Weimar à dix ans, se révèle médiocrement doué pour les études, et est finalement incorporé dans l'artillerie de campagne en 1917. Mais lorsque survient l'armistice l'année suivante, ce jeune vétéran est démobilisé sans avoir jamais vu le front.

Dans l'Allemagne ruinée de l'immédiat après-guerre, la principale préoccupation du peuple est de se loger et de se nourrir. Martin Bormann, lui, trouve une solution à ces problèmes vitaux en se

_____

a. Au milieu du Harz, dans l'actuel Land de Saxe-Anhalt.

faisant engager comme apprenti dans l'exploitation agricole de Herzberg, au sud du Mecklemburg. Ce citadin à l'instruction limitée et au physique ingrat[a] s'adapte rapidement au monde rural, ne rechigne pas au travail et maîtrise parfaitement les questions d'intendance – à tel point qu'après quelques mois, le maître des lieux, Hermann von Trauenfels, le nomme régisseur. Dur au labeur, Bormann est plus doué encore pour faire travailler les autres. Mais comme beaucoup de vétérans, il croit fermement au mythe du « coup de poignard dans le dos », et lorsque sept membres du corps franc de Rossbach s'installent dans la propriété, ils trouvent en Bormann une âme sœur. Hélas ! Il n'y a pas d'enfants de chœur dans ce groupe, et le 13 mai 1923, sans doute à l'instigation de Bormann, six d'entre eux tuent froidement Walter Kadow, un membre du corps franc soupçonné d'être au service des occupants français ou des révolutionnaires communistes. Ces « meurtres de la Sainte-Vehme » sont assez courants dans l'Allemagne de l'époque, mais les juges du tribunal de Leipzig n'y voient aucune circonstance atténuante : les six assassins sont condamnés à dix ans de prison, et Martin Bormann, dont le rôle exact n'a pu être clairement établi, devra tout de même passer un an sous les verrous.

Lorsqu'il sort de la prison de Leipzig en mars 1925, Bormann s'est considérablement radicalisé, tandis que le climat social dans l'Allemagne de Weimar s'est nettement apaisé : les Français ont évacué la

---

a. Il est court, trapu, avec une grosse tête ronde, un nez proéminent et un cou de taureau.

Ruhr, l'introduction du rentenmark a mis un terme à l'inflation débridée, et l'accession au pouvoir du chancelier Stresemann inaugure une ère de stabilité politique très propice à la reprise économique comme à la détente diplomatique. Dès lors, le petit parti national-socialiste d'Hitler, déjà bien affaibli par le putsch manqué de novembre 1923, a sombré dans l'insignifiance. Et pourtant, Martin Bormann, ayant retrouvé son poste de régisseur au domaine de Herzberg, le quitte au bout d'un an pour s'établir à Weimar, où il rejoint les SA de Thuringe[a], puis adhère au NSDAP le 17 février 1927[b].

Le parti nazi de Weimar n'a guère les moyens d'employer un ancien repris de justice sans formation définie, mais le Gauleiter adjoint du parti pour la Thuringe, Hans Ziegler, dirige seul un journal hebdomadaire, *Der Nationalsozialist*, et il a bien besoin d'un collaborateur aussi dévoué à la cause que peu exigeant en matière de rémunération. De fait, il n'aura qu'à se louer des multiples services de ce nouvel employé, qu'il décrira après la guerre comme « fiable pour les questions d'argent, ayant l'autorité nécessaire pour s'imposer face aux mauvais payeurs et aux camarades du parti trop tièdes, d'un zèle inlassable en tant que comptable, encaisseur, démarcheur, emballeur et chauffeur, qui allait en voiture[c] distribuer lui-même

---

a. Temporairement rebaptisés *Frontbann*, la SA étant interdite depuis le putsch de 1923.

b. Avec la carte du parti n° 60508.

c. Bormann s'était procuré une petite Opel verte, véritable exploit dans un pays comptant moins de trois cents voitures individuelles.

les journaux dans les villages[1] ». Au sein du parti, cet homme zélé occupe également les fonctions de chef du service de presse et de gestionnaire pour le Gau, avec des succès inégaux. Personne ne semble l'avoir vu rédiger un communiqué de presse publiable, et chacun sait qu'il est absolument incapable de prononcer un discours en public : devant une assistance de plus d'une dizaine de personnes, il cherche ses mots, ne sait pas enchaîner ses phrases, se met à bégayer, puis se fâche et se réfugie dans un lourd mutisme. Derrière son bureau, en revanche, c'est un superbe organisateur, qui comprend d'emblée comment exploiter les rapports de forces, les rivalités, les faiblesses et les idéalismes, et submerge les instances locales du parti de circulaires, d'instructions, de rapports et de questionnaires. Pour le Gauleiter adjoint Ziegler, il est le bureaucrate idéal... La Thuringe étant à mi-chemin entre Munich et Berlin, Hitler s'y arrête souvent avec son fidèle second Rudolf Hess, et très vite, Ziegler leur présente Bormann comme un jeune homme plein d'initiative, avec un talent indéniable pour gérer les finances – et faire exécuter les ordres.

C'est à la fin d'octobre 1928 que Martin Bormann est appelé à Munich ; le capitaine Pfeffer von Salomon, chef suprême des SA[a], a dû laisser son aide de camp, le lieutenant Hallermann, partir pour se faire soigner dans un sanatorium, et il ne lui reste que son chef d'état-major, Otto Wagener, pour administrer 25 000 SA sur l'ensemble du Reich. De toute évidence, il lui faut pour le seconder un secrétaire

---

a. *Oberste SA Führer*, mieux connu sous le sigle OSAF.

zélé et de préférence honnête[a]. Quinze jours plus tard, Bormann arrive à Munich et s'installe devant une table de cuisine, dans l'antichambre d'un studio d'artiste situé au dernier étage d'une dépendance du petit QG d'Hitler, au n° 50 de la Schellingstrasse[b].

Dans cet environnement modeste, le nouveau venu va servir de dactylo, de planton, de rédacteur, d'archiviste, de manutentionnaire, d'intendant, de garçon de courses et de démarcheur. Le chef d'état-major Wagener, son supérieur direct, le décrit comme « insignifiant[2 c] », et la secrétaire de Wagener, Christa Schroeder[d], confirmera qu'il « n'attirait en rien l'attention[3] ». Mais les apparences sont trompeuses, car ce jeune homme prématurément replet est doté d'une faculté d'observation, d'une mémoire et d'une adaptabilité très peu communes, et il s'acquitte avec le plus grand zèle de toutes les missions qui lui sont confiées – même les plus ingrates. Parmi celles-ci figure le suivi d'une affaire délicate : l'assurance des SA. Ces solides gaillards, habitués à faire le coup de poing contre les socialistes et les communistes, n'en revenaient pas indemnes et devaient souvent se faire raccommoder à leurs frais dans les hôpitaux. L'OSAF von Salomon avait donc décidé de signer un contrat avec une société d'assurances pour couvrir ce risque, cha-

---

a. Selon le biographe Jochen von Lang, un employé du service aurait dérobé 2 000 marks, ce qui avait provoqué son licenciement. (*Der Sekretär*, Berlin, Ullstein, 1990, p. 52.)

b. C'est seulement en 1930 que le parti fait l'acquisition du palais Barlow, devenu la *Braunes Haus* – la Maison brune.

c. « *Unbedeutend.* »

d. Elle ne sera engagée dans les services de l'OSAF qu'au printemps de 1930.

cun des militants payant une cotisation mensuelle de 15 pfennig. Malheureusement, l'expérience se révélait décevante, car la compagnie d'assurances refusait d'indemniser des préjudices subis par les membres d'une troupe de choc du fait d'agressions ou de provocations dont ils étaient eux-mêmes responsables ; c'était d'ailleurs conforme à la législation nationale en la matière, de sorte qu'il était vain de changer de compagnie.

Contrairement à ce que prétendra Bormann, c'est le chef d'état-major Wagener, en concertation avec Hitler, qui trouve la solution au début de 1930 : le parti remplacera la compagnie d'assurances, en créant sa propre *Hilfskasse* – la caisse d'entraide du NSDAP –, ce qui est triplement avantageux : la cotisation est portée à 30 pfennig, elle sera due par *chacun des 390 000 membres du parti*, et la caisse sera seule juge de l'opportunité de dédommager les cotisants. En d'autres termes, ce n'est plus une assurance à proprement parler, mais une source de revenus confortables pour le parti – à condition bien sûr que la caisse soit gérée par quelqu'un de compétent et d'honnête. Cet oiseau rare est tout trouvé, ainsi qu'en témoignera bien plus tard l'*Alter Kämpfer* Ernst Hanfstaengl[a] : « Lorsque Martin [Bormann] a été mis à la tête de la *Hilfskasse*, il l'a vraiment organisée. À cette époque, j'ai pensé que grâce à Dieu, nous avions enfin un homme qui savait s'occuper

---

a. « Ancien combattant » (des temps héroïques du parti, entre 1919 et 1923). Le germano-américain Hanfstaengl était devenu membre du NSDAP en 1923, et avait beaucoup contribué à son financement.

des finances de la Maison brune. Jusqu'alors, tout le monde se remplissait les poches sans la moindre vérification. Mille pour Goering, […] quinze cents pour Goebbels… *Pas de reçus ! Rien du tout !* Mais avec l'arrivée de Bormann, tout a changé. En trois mois, il avait mis de l'ordre dans la *Hilfskasse*. Au final, Martin Bormann, c'était la star des bureau-crates[4]. »

Le mot n'est pas trop fort : en moins de deux ans, il aura cent hommes sous ses ordres, il comptera parmi ses obligés des milliers de Gauleiters, Kreisleiters et autres hauts fonctionnaires du NSDAP ayant béné-ficié de l'aide de la *Hilfskasse*, et surtout, il passera désormais pour un expert des questions financières dans un parti qui en compte fort peu ; car en dépit des apparences, Hitler, Hess, Goering, Goebbels, Ley et Rosenberg sont absolument allergiques aux ques-tions d'organisation et de comptabilité… Un dernier élément va contribuer beaucoup à l'avancement de Martin Bormann : le 2 septembre 1929, il épouse Gerda Buch, militante nationale-socialiste convaincue et fille du capitaine Walter Buch, vieux membre du parti, juriste très respecté et président de l'Uschla[a], « Comité pour l'investigation et la conciliation », l'instance suprême d'arbitrage des conflits au sein du parti[b].

---

a. Contraction de *Untersuchung und Schlichtungs-Ausschuss*.

b. Pour une fois, il ne s'agissait pas d'une manœuvre car-riériste de la part de Bormann, car c'est Gerda Buch qui avait pris l'initiative de cette relation. Mais bien sûr, le fait qu'Hitler et Hess aient été témoins de mariage ne pouvait nuire à son avancement…

Une nouvelle ère commence en 1933, lorsque les nazis accèdent au pouvoir. Bormann demande à être relevé de ses fonctions d'administrateur de la *Hilfs-kasse* et propose ses services à Rudolf Hess, qui est directeur de la commission politique centrale, secrétaire particulier d'Hitler, chef du *Verbindungsstab*[a] et bientôt *Vertreter des Führers*[b], Reichsleiter, ministre sans portefeuille, député du Reichstag et *Obergruppen-führer* SS. Mais derrière ses titres ronflants, ce fidèle second du Führer est idéaliste, irrésolu, mystique, introverti, incorruptible, sensible, prudent, instable et besogneux, et il est bien plus doué pour agrandir son empire que pour l'administrer[c]. Hess trouve donc en Bormann un homme doté de toutes les aptitudes qui lui manquent : la mémoire, l'assurance, la ruse, la détermination, la brutalité, l'esprit pratique, l'arrivisme, l'absence de scrupules, le sens des réalités, le génie de l'intrigue, la religion de la bureaucratie, l'ampleur de la capacité de travail et l'art de tisser rapidement des réseaux de relations utiles. C'est dit : Bormann entrera au service de Hess, avec le titre de *Stabsleiter* – gérant du personnel, en quelque sorte.

À ce poste, il aura une liberté d'action pratiquement illimitée, dont il va profiter largement – et discrètement. Mais à première vue, ses fonctions sont bien modestes, ainsi qu'en attestera son unique collègue de service, le juriste Heinrich Heim : « Au départ,

---

a. L'organisme de liaison entre le parti et le gouvernement.

b. Représentant du Führer.

c. Voir sur ce sujet *Les Secrets du IIIe Reich*, chapitre 6 : « L'affaire Rudolf Hess. »

nos fonctions n'avaient rien d'attrayant. Il s'agissait d'aider les membres du parti qui avaient besoin d'une assistance quelconque de la part des autorités. En d'autres termes, un emploi absolument apolitique[5]. » Voire... En fait, le *Verbindungsstab* est chargé de régler les conflits entre les différents services du parti, et de veiller à ce que ceux-ci interfèrent le moins possible avec la politique du gouvernement fixée par Hitler ; c'est que les Reichsleiters et les Gauleiters, le plus souvent des *Alte Kämpfer*, estiment que leurs services passés les autorisent à s'immiscer dans le gouvernement du pays – et à en tirer un maximum d'honneurs et de bénéfices. Bormann, lui, se désintéresse des honneurs et de l'argent, car seul lui importe la réalité du pouvoir ; il va donc s'employer à élargir démesurément les fonctions dévolues à son supérieur Rudolf Hess, en profitant du fait que celui-ci s'ingénie à les accumuler mais répugne à les exercer[a].

Pour commencer, Bormann se sert de ses attributions pour faire des membres du parti ses obligés : en leur rendant service – ou en leur refusant toute aide –, il peut les influencer dans une large mesure, et en intriguant avec suffisamment de subtilité, il peut même assurer leur promotion... ou leur rétrogradation. En outre, le bureau du représentant du Führer doit donner son accord pour toutes les nominations de fonctionnaires ; alors que Hess s'en désintéressait largement, Bormann va s'en servir pour placer

---

a. Outre sa timidité maladive, Hess s'absorbe de plus en plus dans le mysticisme et les cures naturopathiques pour ses nombreuses maladies, le plus souvent imaginaires.

ses hommes aux postes clés[a]. Par ailleurs, le *Verbin-dungsstab* servant de « porte d'écluse » entre le parti et le gouvernement, Bormann en profite pour régle-menter l'accès à la chancellerie d'Hitler au profit de ses alliés – et au détriment de ses adversaires. Enfin, ayant noté que Hess se tenait éloigné des conclaves où se prenaient les grandes décisions, il réussit à se faire admettre comme son représentant dans toutes les réunions importantes. Au passage, il intrigue avec succès pour être nommé Reichsleiter et député au Reichstag, mais son véritable coup de maître est de se rendre indispensable dans l'entourage immédiat du Führer...

Il y faut bien sûr une assiduité et une vigilance de tous les instants. Au prétexte de représenter Hess et le parti, Bormann devient omniprésent à la chancel-lerie de Berlin comme au chalet de Berchtesgaden. Il se tient informé de tous les désirs d'Hitler et les note soigneusement dans un petit carnet pour mieux les exaucer – ou même les devancer. Les organisa-teurs efficaces étant excessivement rares en haut lieu, Hitler ne peut qu'apprécier les services de ce courti-san exemplaire qui l'informe, le flatte, et surtout le débarrasse des problèmes lassants de la gestion du parti, en lui faisant des rapports synthétiques et en proposant toujours des solutions. Le contraste avec son supérieur hiérarchique est parfaitement résumé par Hitler lui-même : « Avec Hess, toute conversation devient une épreuve insupportable ; il vient toujours

---

a. Entrant ainsi en conflit avec le ministre de l'Intérieur Frick, qui était en principe compétent pour les nominations de fonctionnaires.

me soumettre des questions désagréables et ne me lâche plus. [...] Les documents de Bormann, eux, sont conçus avec une telle précision que je n'ai plus qu'à dire oui ou non. Avec lui, je règle en dix minutes une quantité de questions qui me demanderaient des heures si elles étaient traitées par d'autres[6]. » C'est que Bormann, qui prépare toujours minutieusement son affaire, s'est en outre familiarisé avec la tournure d'esprit de son maître, ce qui évite à celui-ci de perdre du temps en explications. Pour un Führer qui déteste la paperasserie administrative, hésite longtemps avant de décider, donne des ordres très vagues[a], fuit tout travail suivi[b] et n'utilise ses bureaux que pour s'asseoir dessus, il n'y a rien de plus appréciable...

Bien sûr, Martin Bormann agit théoriquement au nom du *Stellvertreter* – le représentant du représentant, en quelque sorte –, et Rudolf Hess y voit candidement une extension de son influence. C'est d'ailleurs en son nom que Bormann assume dès l'été de 1933 la direction du « Fonds Adolf Hitler de l'économie allemande[c] », auquel vont contribuer tous les entrepreneurs du pays, à l'instigation du grand industriel Gustav Krupp. C'est une manne gigantesque,

---

a. Cela correspond assez peu à l'image que l'on se fait ordinairement d'Hitler, mais c'est une réalité quotidienne pour son proche entourage. Voir par exemple Otto Wagener, *Hitler aus nächster Nähe*, Kiel, Arndt, 1987, pp. 299-302 ; Fritz Wiedemann, *Der Mann, der Feldherr werden wollte*, Dortmund, Blick & Bild, 1964, pp. 68-70, et Otto Dietrich, *Hitler*, Regnery, Chicago, 1955, p. 138-140.

b. Excepté en matière d'architecture et de stratégie, deux domaines pour lesquels il se passionne – en amateur éclairé.

c. *Adolf-Hitler-Spende der Deutschen Wirtschaft.*

dont Hitler peut disposer comme il l'entend ; mais le Führer étant absolument incapable de gérer un budget – à commencer par le sien[a] –, il est tout disposé à confier ce fonds à l'ancien virtuose de la *Hilfskasse*. Or, en administrant discrétionnairement une tel pactole, Bormann voit sa puissance considérablement augmentée : il peut faire des prêts ou des dons à ses alliés, les refuser à ses ennemis, et lancer des travaux pharaoniques pour impressionner son Führer.

C'est exactement ce qu'il entreprend de faire dès 1935, en commençant par le haut plateau de l'Obersalzberg. En moins d'un an, le chalet d'Hitler voit sa superficie quadrupler, avec trente pièces réparties sur deux étages, une entrée avec des colonnes en marbre, un gigantesque salon avec une verrière panoramique, et l'adjonction de deux ailes reliées par une immense terrasse ; la modeste *Haus Wachenfeld* est devenue le Berghof, que Bormann va entourer de sept kilomètres carrés de forêts et de terres cultivables, acquis par achat, expropriation ou spoliation. Aux environs du Berghof, il fait construire un réseau de routes, des tunnels, des bunkers, un gigantesque garage, une ferme modèle[b], des logements pour les

---

a. Le *Pressechef* Otto Dietrich écrira ainsi : « En matière financière, Hitler était ignorant mais généreux ; en tant que personne privée, il ne savait pas utiliser son propre argent, et en tant que chef d'État, il était incapable de gérer le budget du pays. » Otto Dietrich, *Hitler*, *op. cit.*, p. 196.

b. Au bénéfice presque exclusif de Bormann, resté agriculteur dans l'âme. Malgré des dépenses pharaoniques, cette ferme ne sera jamais rentable, mais elle permettra d'impressionner un Führer résolument végétarien, en lui fournissant des légumes frais toute l'année.

employés, une caserne pour la garde personnelle du Führer et un bâtiment pour la chancellerie du parti – sans oublier un splendide chalet pour lui-même et sa famille. Parce qu'il est exigeant, autoritaire, menaçant, calculateur, vigilant et omniprésent, Bormann parvient à faire terminer les travaux dans des délais records, et tous les projets de construction ultérieurs sur l'Obersalzberg lui seront confiés[a].

Ce n'est qu'un début : Bormann va également organiser en 1938 le congrès de Nuremberg, conçu comme l'apothéose du national-socialisme triomphant ; et lorsque cette même année, le Führer se rend à Vienne pour parachever l'Anschluss, il est suivi comme son ombre par un petit homme râblé, servile et entreprenant que personne ne connaît, mais qui lui sert de trésorier, de bâtisseur, de secrétaire, de commensal, de confident et de cerbère. La scène se reproduit à l'identique l'année suivante, lorsque Hitler entre dans Prague après avoir dépecé la Tchécoslovaquie. Enfin, au début de septembre 1939, quand le Führer et commandant suprême de la Wehrmacht suit en chemin de fer les troupes qui progressent inexorablement en Pologne, Bormann s'installe naturellement avec un secrétariat du parti dans un des dix wagons de son train spécial.

Une fois la guerre déclarée, le civil Bormann doit bien sûr s'effacer devant les militaires, dont les

_____

a. Y compris ceux qu'il conçoit lui-même, comme ce salon de thé au sommet du Kehlstein, accessible seulement par un ascenseur à l'intérieur de la montagne. Hitler ne s'y rendra pratiquement jamais, mais il s'en servira pour impressionner les visiteurs étrangers.

conclaves lui sont inaccessibles ; d'un autre côté,
Hitler s'absorbant désormais dans les questions de
haute stratégie, il se désintéresse toujours davantage de l'administration intérieure du Reich, qui
devient plus que jamais une chasse gardée du parti
– c'est-à-dire en théorie de son *Stellvertreter* Rudolf
Hess, et en pratique de son Reichsleiter Martin
Bormann...

Chacun comprendra que dans ce bac d'alligators
qu'est la hiérarchie du IIIe Reich, on n'atteint des sommets aussi vertigineux qu'en se conciliant les puissants du moment, et en éliminant impitoyablement
les concurrents les plus faibles. Bien sûr, Goebbels,
Himmler, Heydrich, Keitel, Frick, Schwartz, Frank,
Ley[a], Rosenberg et Goering étant solidement retran-
chés dans leurs fiefs respectifs et ayant directement
accès au Führer, il n'est pas question de les affron-
ter dans l'immédiat. Mais Bormann conspire discrètement, adroitement et méthodiquement pour faire
écarter ou éliminer tous les personnages de moindre
envergure qui lui barrent la route du pouvoir : ses
anciens supérieurs de la SA Pfeffer von Salomon et
Otto Wagener, le vieux spadassin Ernst Roehm et tout
son entourage[b], le grand organisateur du parti Gre-
gor Strasser et son frère Otto, le président du sénat
de Dantzig Hermann Rauschning, les aides de camp

---

a. Wilhelm Frick est ministre de l'Intérieur, l'avocat Hans
Frank vient d'être nommé gouverneur général de la Pologne
occupée, Franz Xaver Schwartz est le trésorier du parti, et
Robert Ley le chef du Front du travail.

b. Voir *Les Secrets du IIIe Reich*, chapitre 4 : « La Nuit des
longs couteaux. »

personnels du Führer Wiedemann et Brückner[a], le responsable de la presse étrangère Ernst Hanfstaengl, les chefs militaires von Fritsch et von Blomberg, le directeur du *Völkischer Beobachter* et éditeur de *Mein Kampf* Max Amann[b], ainsi que le Gauleiter et éditeur du *Stürmer* Julius Streicher – pour ne rien dire de son propre beau-père, le juge Walter Buch.

Les méthodes varient, et sont parfois si subtiles que personne ne voit la main de Bormann dans les ostracismes, les rétrogradations, les limogeages, les déchéances et les éliminations qui frappent ses ennemis et concurrents – depuis la propagation de rumeurs jusqu'au complot en bande organisée... Bien sûr, il lui arrive d'échouer : le chauffeur d'Hitler, Erich Kempka, se maintiendra à son poste en dépit de toutes les intrigues, et le frère détesté, Albert Bormann, restera l'un des aides de camp personnels d'Hitler jusqu'au crépuscule du III[e] Reich[c]. Mais ces *Schönheitsfehler* [d] restent rares et n'affectent en rien le pouvoir maléfique qu'exerce l'éminence brune, derrière les apparences du discret subordonné de Hess et du servile factotum d'Hitler.

---

a. Qui avaient eu la témérité de lui barrer initialement l'accès à Hitler.

b. L'ancien sergent du régiment d'Hitler pendant la Grande Guerre, devenu éditeur et gérant des revenus de *Mein Kampf* – que Bormann tenait à lui soustraire.

c. Même lorsqu'ils se trouvent dans la même pièce, les deux frères ne communiquent que par l'intermédiaire d'un aide de camp. Hitler, qui apprécie manifestement ce conflit familial, refusera toujours de se séparer du « petit frère » Albert.

d. « Fautes de détail. »

Les jugements portés sur Martin Bormann par l'entourage du Führer sont remarquablement concordants. Selon Albert Speer : « Il avait réussi à se faire passer pour insignifiant, tout en édifiant subrepticement ses bastions. Même parmi tous ces potentats sans scrupules, il se distinguait par sa brutalité et sa vulgarité. Il n'avait pas la moindre culture susceptible de le restreindre, et il exécutait infailliblement ce qu'Hitler avait ordonné, ou bien ce qu'il avait lui-même déduit des allusions d'Hitler. Subalterne par nature, il traitait ses propres subordonnés comme s'il s'agissait de vaches et de bœufs. C'était un paysan[7]. » Pour l'avocat Hans Frank : « Depuis 1937 au moins, il était littéralement "collé au Führer" – une figure servile, hypocrite, arriviste, capable de faire obstacle à tout ce qui était bon et de promouvoir délibérément tout ce qui était mauvais[8]. » Eva Braun, qui le méprisait, l'avait surnommé le « Méphisto du Führer », et l'ancien secrétaire de Ribbentrop, Reinhard Spitzy, se souviendra que « Bormann était détesté et redouté. Nous étions unanimes dans notre mauvaise opinion de cet arriviste[9] [a] ». Le garde du corps d'Hitler, Rochus Misch, notera que « Martin Bormann était relativement supportable dans ses relations avec nous, mais personne ne pouvait vraiment le souffrir ; les intrigues et les jeux de pouvoir l'occupaient la plupart du temps, et ce n'était pas pour lui faire des amis[10] ». Le *Gruppenführer* SS Walter Schellenberg le voyait

---

a. Pas tout à fait : la secrétaire d'Hitler Christa Schroeder le considérait comme « un des rares nationaux-socialistes propres », qui avait « toujours servi de bouc émissaire ». (Christa Schroeder, *Er war mein Chef, op. cit.*, p. 32.)

surtout comme « un sanglier agressif au milieu d'un champ de pommes de terre[11] », tandis que le général comte Bernd Freytag von Loringhoven le décrira ainsi dans ses Mémoires : « Trapu, cou de taureau, les cheveux clairsemés, noirs et raides, Bormann avait la manie de hausser les épaules et le regard fuyant. [...] Rien n'échappait à l'"éminence brune", toujours tapie dans l'ombre à proximité d'Hitler, comme une araignée dans son nid. Travailleur infatigable, Bormann entendait et surveillait tout ce qui se passait autour de lui[12]. »

C'est à partir de mai-juin 1941 que notre homme va pouvoir jeter le masque, étendre son influence et élargir démesurément son champ d'action ; car le 10 mai, son supérieur Rudolf Hess s'envole vers l'Angleterre pour une mission de paix chimérique, qui prend tout le monde par surprise – à commencer par Hitler, qui est catastrophé[a]. Ce n'est pas le cas de Martin Bormann, qui organise aussitôt dans son chalet de l'Obersalzberg une petite réception intime : « Ce soir-là, se souviendra la secrétaire d'Hitler Christa Schroeder, il apparut à tous remarquablement détendu[13]. » C'est presque une litote ; en réalité, il triomphe, car dans les faits, toutes les fonctions de Hess vont lui échoir. Hitler abolit certes le poste de *Stellvertreter*, mais il annonce que tous ses pouvoirs, compétences et prérogatives sont transférés à une « chancellerie du parti », dirigée par Martin Bormann.

Avec l'attaque de l'URSS le mois suivant, l'éminence brune va encore étendre son pouvoir. C'est que le Führer

---

a. Voir *Les Secrets du IIIe Reich*, chapitre 6 : « L'affaire Rudolf Hess ».

a décidé de jouer à fond le rôle du maître de guerre, en quittant Berlin pour aller s'établir dans un QG de campagne, le *Wolfsschanze*, au beau milieu d'une épaisse forêt de Prusse-Orientale. Dans ce camp entouré de trois réseaux de fil de fer barbelé, qui tient à la fois « du monastère et du camp de concentration », il sera plus facile encore pour Bormann d'isoler son Führer des réalités du pays – et des visiteurs indésirables. Bref, de remplir à fond son rôle de « porte d'écluse ». D'ailleurs, Hitler est parfaitement consentant, puisqu'il a dit à Bormann : « Rendez-moi un service : tenez les Gauleiters à distance ! » Depuis un bunker situé à proximité immédiate de celui d'Hitler, c'est exactement ce que va faire son fidèle serviteur – et bien sûr, il ne limitera pas l'exclusion aux Gauleiters. Pour le reste, il va continuer à faire ce qu'il sait faire le mieux : s'informer en permanence des vues et des vœux du Führer, les noter soigneusement et donner des ordres pour qu'ils soient mis en œuvre sans délai. Dès le mois de juillet 1941, il engage des subordonnés pour transcrire *in extenso* les propos de table d'Hitler[a], et à l'automne de 1942, il fait de même pour les conférences de situation – ce qui lui donne accès aux délibérations militaires, dont il était exclu jusqu'alors.

À la faveur de la guerre, le Reichsleiter Bormann acquiert en avril 1943 le titre supplémentaire de « secrétaire du Führer », et il forme une sorte de directoire à trois avec le maréchal Keitel et le chef de

---

a. Les juristes Heinrich Heim et Henry Picker. Ce dernier fera paraître les transcriptions après la guerre sous le titre : *Hitlers Tischgespräche im Führerhauptquartier*, Stuttgart, Seewald Verlag, 1951.

la chancellerie du Reich Lammers[a]. Les titres, les prérogatives et la prétention de parler au nom du Führer lui permettent d'imposer discrètement sa politique aux autres hiérarques du Reich, et on en voit rapidement les effets : la persécution acharnée des Églises et des ecclésiastiques[b], le renforcement des règlements pour l'élimination des Juifs et pour la répression des Polonais, l'organisation des pays Baltes et de l'Ukraine occupés par la Wehrmacht[c], l'aggravation du traitement des prisonniers de guerre, le refus d'une participation à la guerre contre Staline du général Vlassov et de sa ROA[d], l'exploitation des 12 millions de travailleurs étrangers en Allemagne, le choix des livres et des réserves d'aliments diététiques pour le Führer, l'administration d'une justice d'exception dans tous les territoires conquis, les négociations diplomatiques secrètes avec des émissaires de Staline[e], la construc-

---

a. Un directoire qu'il contrôle en réalité, les deux autres membres étant à la fois timorés et incompétents.

b. À commencer par l'évêque de Münster von Galen, dont il demandera – en vain – la pendaison. (Voir chapitre 1 : « L'*Aktion T4* ».)

c. C'est Bormann qui impose à Rosenberg le choix des Gauleiters Lohse et Koch pour administrer ces régions.

d. *Rouskaïa Osvoboditielnaïa Armia* – Armée de libération russe. Vlassov, l'un des meilleurs généraux de Staline, avait fait défection en 1942 et proposé de lever un million d'hommes parmi les prisonniers soviétiques pour abattre le régime communiste. Hitler, conquérant plutôt que libérateur, ne voudra pas en entendre parler jusqu'à l'automne de 1944.

e. Un épisode très peu connu : en avril 1943, Staline avait envoyé un émissaire à Stockholm pour sonder les possibilités d'une paix séparée entre l'Allemagne et l'URSS. Bormann

tion d'abris antiaériens sur l'Obersalzberg et la mission de reconstruire la ville de Linz après la guerre, l'autorité sur les membres du service de sécurité et la garde personnelle d'Hitler, la promotion, le limogeage ou l'élimination discrète des Gauleiters et des Kreisleiters, la création au sein de la Wehrmacht d'un corps d'officiers politiques – les *Nationalsozialistische Führungsoffiziere* (NFSO) – dépendant en dernier ressort de la chancellerie du parti, la censure de tous les articles et discours publics (à commencer par ceux de Goebbels), la poursuite des responsables – réels ou imaginaires – de l'attentat du 20 juillet 1944[a], la création du *Volkssturm*, qui lui permet enfin d'avoir un rôle militaire, l'interdiction de la chasse à partir de septembre 1944, la surveillance des maisons d'Hitler à Munich et sur l'Obersalzberg, la création d'un corps de volontaires féminines de la Wehrmacht visant à libérer 150 000 hommes pour le front, et la création du *Werwolf* pour répandre la terreur sur les arrières de l'ennemi – tout cela résultant naturellement des instructions ou des vœux du Führer, tels qu'ils sont interprétés par son Reichsleiter et secrétaire particulier Martin Bormann...

---

avait commencé par approuver cette proposition, transmise par le juriste Picker, mais Hitler ayant refusé avec indignation, Bormann s'était empressé d'enterrer l'affaire – et de faire verser Picker dans la Wehrmacht. (Voir Picker, Henry, *Hitlers Tischgespräche im Führerhauptquartier, op. cit.*, pp. 32 et 33.) Par la suite, Bormann avait étouffé dans l'œuf toute proposition de négociations – à commencer par celle de Goebbels cette même année.

a. Qui dépend en principe d'Himmler, mais Bormann s'en mêle constamment.

Il va sans dire que celui-ci en profite pour améliorer discrètement son niveau de vie. Ainsi, on s'apercevra après la guerre que quatre-vingt-sept maisons sur l'Obersalzberg et toutes les terres environnantes, ainsi que les demeures autrichiennes où avait grandi ou séjourné Hitler, étaient enregistrées au seul nom de Martin Bormann – qui possédait par ailleurs un chalet à proximité immédiate du Berghof, une grande maison à Munich pour loger sa femme et ses neuf enfants, une grande exploitation agricole dans le Mecklemburg, une villa ayant appartenu à des Juifs au bord du Schluchsee en Forêt-Noire, ainsi que quelques pied-à-terre pour entretenir ses maîtresses[a], Bormann pouvant aisément disputer à Goebbels le titre de « premier satyre du Reich ». Mais cette puissance pratiquement illimitée, le Méphisto du Führer s'en sert surtout pour régler ses comptes ; car s'il bénéficie du soutien inconditionnel de son seigneur et maître, Bormann a très peu d'amis et d'innombrables ennemis parmi les *Goldene Fasanen*, les « faisans dorés » du régime. Pour conforter sa position de fait en tant que second personnage du Reich, prévenir l'émergence de nouveaux concurrents, barrer l'accès au Führer ou se venger d'anciennes humiliations, il va s'allier temporairement aux uns pour écarter ou éliminer les autres, avant de se retourner contre les premiers en profitant de leurs faiblesses ou de la paranoïa d'Hitler – le tout avec un machiavélisme quasiment stalinien...

La liste de ses cibles, qui recoupe bien souvent celle de ses victimes, donne véritablement le vertige :

---

a. Dont la plus célèbre, l'actrice berlinoise Manja Berens.

Philipp Bouhler, chef de la chancellerie personnelle du Führer ; le Reichsleiter Alfred Rosenberg, rendu responsable de l'échec de l'occupation des territoires de l'Est ; l'ancien chef des Jeunesses hitlériennes et Gauleiter de Vienne Baldur von Schirach ; son successeur Artur Axmann ; l'*Obergruppenführer* SS Reinhard Heydrich, bras droit d'Himmler et *Reichsprotektor* de Bohême-Moravie[a] ; le ministre de l'Intérieur Wilhelm Frick[b] ; l'amiral Canaris, chef de l'Abwehr, qui figure sur sa liste des « gens à abattre » ; le président de la Reichsbank Walther Funk ; le *Pressechef* Otto Dietrich ; le Gauleiter de l'*Ostland* et du Schleswig-Holstein Hinrich Lohse ; le chef de la chancellerie du Reich Hans Lammers[c] ; le docteur Brandt, un des médecins personnels du Führer, que Bormann fait congédier en octobre 1944[d], ainsi que le photographe

---

a. Sans doute le plus dangereux, car il était totalement dénué de scrupules et avait tout l'appareil de répression du RSHA à son service ; mais dès février 1942, Bormann avait réussi à le discréditer largement aux yeux d'Hitler, et le SOE britannique terminera le travail en le faisant exécuter à Prague trois mois plus tard.

b. Qu'il acculera à la démission en août 1943, et fera envoyer en Bohême-Moravie comme *Reichsprotektor* – un poste peu convoité depuis l'assassinat de Heydrich...

c. Avec qui il commence par s'allier, avant de le faire congédier – exactement comme Philipp Bouhler. Tous deux se retrouveront sur l'Obersalzberg avec Goering en avril 1945 – et seront arrêtés par les SS en même temps que lui, sur ordre de Bormann. (Voir chapitre 5 : « La forteresse alpine ».)

d. Bormann le soupçonnait d'être un allié de son ennemi mortel Albert Speer.

Heinrich Hoffmann[a], qui était venu se plaindre à son vieil ami Hitler des intrigues de Bormann, et s'était attiré la réponse suivante : « Mets-toi bien ça dans la tête, Hoffmann, [...] pour gagner cette guerre, j'ai besoin de Bormann. C'est parfaitement vrai qu'il est à la fois brutal et impitoyable, c'est un taureau, [...] mais le fait demeure que les uns après les autres, tous ont manqué à leur devoir d'obéissance inconditionnelle à mes ordres – mais Bormann, jamais ! Il faut que tout le monde sans exception comprenne bien ceci : quiconque est contre Bormann est aussi contre l'État. Je les ferai tous fusiller, même s'il y en a des dizaines de milliers[14]. »

Ainsi couvert, Bormann peut parfaitement poursuivre ses intrigues dans les couloirs de la chancellerie, et il rêve d'accrocher à son tableau de chasse du plus gros gibier, comme Speer, Ley, Goebbels, Goering, Ribbentrop et Himmler. Pourtant, à la fin de 1944, ceux-là sont encore trop puissants, trop importants pour l'effort de guerre ou trop proches du Führer pour que Bormann puisse faire autre chose que saper patiemment leurs positions. L'évolution de la guerre lui fournira certainement de nouvelles occasions de les discréditer...

Malheureusement pour Bormann, la guerre ne va pas exactement dans le sens désiré : l'offensive des Ardennes en décembre 1944 débute bien, mais tourne

---

a. La machination pour faire ostraciser cet intime du Führer est particulièrement diabolique : en octobre 1944, sachant qu'Hitler a une crainte maladive des microbes, Bormann fait courir le bruit que Hoffmann est atteint d'une maladie très contagieuse.

à la catastrophe ; les Soviétiques lancent leur grande offensive d'hiver en franchissant l'Oder le 12 janvier 1945 ; et à l'Ouest, les troupes anglo-américaines avancent en direction du Rhin sur un large front allant de la Sarre aux Pays-Bas. À la mi-janvier, Hitler a donc dû regagner Berlin, naturellement accompagné de Bormann, qui se réinstalle sans plaisir dans la chancellerie du parti à moitié dévastée, sans fenêtres, sans eau ni chauffage. Dans une lettre à son épouse Gerda le 28 janvier, il affiche toujours sa confiance, mais ne peut dissimuler son inquiétude : « Je crois fermement en la victoire ultime de l'Allemagne. […] Mais toute la question est de savoir si *nous-mêmes* survivrons pour voir ce grand jour » ; et le 5 février : « Celui qui prétend que nous avons encore une chance doit être un grand optimisme ! Et c'est exactement ce que nous sommes ! Je ne peux croire que la Destinée aurait conduit notre peuple et notre Führer aussi loin sur ce magnifique chemin, pour ensuite nous abandonner et nous voir disparaître à jamais[15]. » Pour l'heure, en tout cas, les bombardements aériens se font plus intenses, et Bormann doit aller se réfugier à Zossen, au QG de la Wehrmacht. Mais pour ne pas perdre sa place auprès du Führer, il lui faut braver quotidiennement les bombes et les mitraillages pour retourner à la chancellerie du Reich…

C'est que la proximité d'Hitler reste l'unique fondement de son pouvoir – un fondement devenu largement souterrain, car à partir de la mi-février, Hitler, ses aides de camp, son médecin et ses gardes du corps ont dû s'installer pratiquement à demeure dans le bunker enterré à huit mètres sous le parc de la Wilhelmstrasse, derrière l'ancienne chancellerie[a]. Le 2 février, Bormann, lui, établit son QG dans le deuxième sous-sol de la nouvelle chancellerie, au coin de la Wilhelmstrasse et de la Vossstrasse. Il y fait installer des téléscripteurs et un émetteur-récepteur, ainsi que son immense cartothèque, un ameublement sommaire et un lit de camp. Bien entendu, l'essentiel de la journée – et une partie de la nuit – se passe dans le *Vorbunker*, où il a également un bureau, ainsi que dans le *Führerbunker*, où réside le maître dont il continue à noter les propos, pour envoyer ensuite des directives et circulaires comminatoires à tous les Gauleiters et Kreisleiters du Reich – comme il le fait depuis onze ans déjà : dès le 2 février, ce sont des instructions détaillées sur les modifications à apporter au système de rationnement ; le 15 février, une nouvelle circulaire donne aux Gauleiters le pouvoir de créer eux-mêmes des cours martiales et de veiller à ce qu'elles prononcent des peines de mort contre tous ceux qui se rendront coupables de « fléchissement, de lâcheté ou de défaitisme » ; deux jours plus tard, il rappelle à l'ordre les camarades du parti dont les épouses évacueraient leurs lieux de résidence avant d'en avoir reçu l'ordre ; le 19 février, ces mêmes camarades, ainsi que les hauts fonctionnaires du Reich et leurs familles, se voient interdire de chercher

---

a. Le *Vorbunker* ou avant-bunker, enterré à 5,2 mètres, est le plus grand ; il abrite les aides de camp, les gardes du corps, les infirmières et les secrétaires. Le *Führerbunker*, à 7,6 mètres sous terre, abrite en permanence Hitler, son médecin Morell, Eva Braun et – après le 22 avril – la famille Goebbels. Les deux bunkers communiquent par un étroit escalier en spirale, et sont reliés à la nouvelle chancellerie par un long couloir souterrain, le *Kannenberggang*.

refuge dans le Gau de Salzbourg ou dans les districts de Berchtesgaden, Bad Reichenhall, Traunstein et Munich[a] ; le 24 février, bien à l'abri dans le deuxième sous-sol bétonné de la chancellerie du Reich, il émet cette proclamation aussi martiale qu'incongrue : « Il n'y a qu'une seule possibilité de rester en vie ; c'est d'être prêt à mourir en combattant, afin de remporter la victoire ! » Trois jours plus tard, Bormann fait savoir qu'il n'y aura pas jusqu'à nouvel ordre de nouvelles inscriptions au NSDAP, mais qu'il n'est pas trop tôt pour dresser des listes de candidats particulièrement méritants ; le 9 mars, il annonce que les cours martiales auront à faire fusiller tout soldat non blessé retrouvé isolé de son unité, sans motif ou ordre de mission valable ; le 10 mars, il envoie la circulaire sur l'« exécution de missions spéciales sur les arrières de l'ennemi », qui donne des directives détaillées aux membres du *Werwolf* créé six mois plus tôt ; le 23 mars, la chancellerie fait diffuser à tous les hauts responsables du parti l'ordre du Führer de détruire toutes les infrastructures, les sources d'approvisionnement en gaz, eau et électricité, ainsi que les réserves de vivres et de vêtements pouvant servir à l'ennemi. C'est la politique de la terre brûlée, sans le moindre souci du devenir des populations civiles concernées – excepté celui qui ressort de la directive du 26 mars, prévoyant la récolte de « plantes sauvages riches en protéines et en vitamines »... Mais beaucoup n'auront pas même le temps d'en bénéficier, car la circulaire du

a. Le danger de bombardements est évoqué, mais il s'agit en fait d'éviter tout afflux de réfugiés vers ces localités, où les autorités du Reich pourraient se terrer très prochainement.

7 avril stipule dans son paragraphe III que « lorsqu'un drapeau blanc est exhibé à la fenêtre d'une maison, tous ses habitants masculins devront être fusillés, sans la moindre hésitation[16] ».

La vie étant un éternel recommencement, Bormann profite de l'isolement presque complet du Führer pour régler ses comptes avec les derniers potentats qui lui font encore de l'ombre. Le docteur Brandt, déjà écarté de l'entourage d'Hitler, est à présent dénoncé pour avoir mis sa famille en sécurité dans l'ouest du pays, et condamné à mort par un des tribunaux d'exception de Bormann[a]. Celui-ci rapporte également au Führer que Speer a demandé aux Gauleiters et aux Kreis-leiters de ne pas appliquer la directive du 23 mars sur les destructions d'infrastructures et de stocks de vivres pouvant servir à l'ennemi – ce qui est naturel-lement passible de la peine de mort. Si les résultats sont décevants en l'occurrence[b], le processus de sape contre Himmler se révèle en revanche extrêmement efficace : dès le mois de janvier 1945, Bormann avait conseillé à Hitler de faire nommer le *Reichsführer* SS à la tête de l'armée de la Vistule, où il ne manquerait pas de se ridiculiser ; c'est exactement ce qui s'est produit, de sorte que lorsque ce commandement lui

---

a. Himmler, qui trouve cela excessif et sait que Brandt est très apprécié dans l'entourage d'Hitler, fait en sorte que la sentence ne soit pas exécutée. Ce sont donc les Américains qui feront pendre le docteur Brandt en 1948, pour le rôle qu'il a joué dans l'*Aktion T4*.

b. Hitler est resté attaché à son architecte Speer, qui s'est imposé en outre comme un prodigieux ministre de l'Arme-ment ; dans l'esprit tourmenté du Führer, s'en séparer défini-tivement nuirait à l'effort de guerre – ou à ce qu'il en reste.

est retiré en mars, Hitler a perdu toute confiance en son « cher Heini » – et ce n'est encore qu'un début... Ribbentrop s'est discrédité lui-même, et Hitler ne tient pas à le voir ; Ley est encore reçu par le maître, mais cet alcoolique passablement dégénéré n'est plus pris au sérieux ; les chefs de l'OKW Keitel et Jodl, ayant quitté la chancellerie le 22 avril, n'auront plus d'influence sur Hitler ; mais il reste Goering, dont le prestige est certes très atteint par son incapacité à empêcher le bombardement des villes allemandes, mais que, pour diverses raisons, le Führer a maintenu dans ses fonctions[a].

C'est justement cela qui est remis en question le 23 avril, lorsque le *Reichsmarschall* envoie depuis Berchtesgaden un télégramme pour demander s'il doit assumer la direction de l'ensemble du Reich, dès lors qu'Hitler aurait décidé de livrer un ultime baroud d'honneur à Berlin. On se souvient que Bormann en profite pour tenter de persuader Hitler que Goering vient ainsi de lancer un coup d'État, et brandit ensuite de nouveaux messages radio de Goering, en s'écriant : « Voilà maintenant qu'il envoie des télégrammes aux membres du gouvernement, pour leur dire qu'aux termes de ses pleins pouvoirs, il assumera vos fonctions cette nuit à 24 heures, *Mein Führer*[b]. » Cette fois, Hitler réagit violemment et fait envoyer la réponse suivante – naturellement rédigée par Bormann : « Ma liberté d'action demeure entière.

---

a. Le *Reichsmarschall* est très populaire dans le pays, et c'est un des plus anciens acolytes d'Hitler – qui ne lui a pas trouvé jusqu'alors de remplaçant adéquat.

b. Voir chapitre 5 : « La forteresse alpine ».

J'interdis donc toute démarche dans le sens que vous indiquez. Signé : Adolf Hitler. » Mais les choses n'en resteront pas là, et si Bormann ne réussit pas à persuader Hitler de faire fusiller Goering, il obtient du moins sa signature au bas du télégramme suivant : « Par votre action, vous vous êtes rendu coupable de haute trahison contre le Führer et le national-socialisme. La trahison est punie de mort. Toutefois, du fait des services rendus au parti, le Führer ne vous infligera pas le châtiment suprême, à condition que vous renonciez à toutes vos fonctions[17]. » Naturellement, Goering s'incline, mais pour Bormann, ce n'est pas encore assez : il ordonne le même soir au détachement SS sur l'Obersalzberg de procéder à l'arrestation du *Reichsmarschall*, de sa famille et de tout son entourage ; et le 25 avril, manifestement à l'insu d'Hitler, il envoie ce nouvel ordre : « Tous les coupables de haute trahison sont à fusiller, de même que ceux qui les accompagnent. » En ajoutant toutefois : « La sentence ne devra être exécutée qu'après la chute de Berlin[18] [a]. »

Pourtant, outre son fanatisme, son ambition effrénée et sa soif de vengeance, Martin Bormann tient aussi à la vie... Depuis près de deux mois, il tente de convaincre son maître de quitter Berlin pour gagner l'Obersalzberg, qui serait plus aisé à défendre – et permettrait surtout aux plus rusés de gagner l'Italie ou l'Espagne en cas de nécessité... On sait que le Führer lui-même a changé au moins quatre fois d'avis

---

a. Le télégramme du 23 avril stipulant que « le Führer ne vous infligera pas le châtiment suprême », il s'agit donc bien d'une nouvelle initiative personnelle de Bormann.

à ce sujet, mais le 22 avril, il a déclaré catégoriquement à son entourage qu'il ne quitterait pas Berlin[a].
Bormann, qui vient d'envoyer une première équipe
pour préparer les quartiers du Führer sur l'Obersalzberg, est catastrophé[b] et tente désespérément de faire
revenir Hitler sur sa décision. Tous les moyens lui
sont bons, ainsi que le constatera son vieil ennemi
Albert Speer, de retour à Berlin le 23 avril : « En descendant les quelque cinquante marches conduisant
au bunker, [...] je me demandais surtout si j'aurais
l'occasion de les remonter indemne. La première
personne que je rencontrai en bas fut Bormann, qui
vint à ma rencontre avec une politesse si inhabituelle
que je commençai à me sentir rassuré. [...] Il me dit
humblement : "Lorsque vous parlerez au Führer... il
soulèvera certainement la question de savoir s'il doit
rester à Berlin ou s'envoler pour Berchtesgaden. Mais
il est grand temps qu'il assume le commandement en
Allemagne du Sud. Ce sont les dernières heures où
la chose est encore possible. Vous le persuaderez de
partir en avion, n'est-ce pas[c] ?" S'il y en avait un dans
le bunker qui tenait à sa peau, c'était manifestement
Bormann[19]. »

---

a. Voir chapitre 5 : « La forteresse alpine ». Hitler est
conforté en permanence dans sa résolution par Goebbels,
nommé responsable suprême de la défense de Berlin, et
qui n'envisage pas d'autre scénario qu'un « crépuscule des
dieux » dans la capitale.

b. Selon le valet Heinz Linge : « Pour Bormann, qui avait
déjà fait toutes sortes de préparatifs, ce fut comme un coup
de marteau sur la tête. »

c. Speer fera exactement l'inverse. Mais de toute façon,
Hitler avait déjà pris une décision irrévocable.

À cette époque, il est dans un triste état, à en croire Bernd Freytag von Loringhoven, l'aide de camp du chef d'état-major : « Krebs, Burgdorf et Bormann avaient formé un triumvirat de buveurs, qui noyait chaque jour son anxiété dans l'alcool. [...] À la fin, le trio n'utilisait plus les chambres du *Vorbunker* et passait ses nuits affalé dans les fauteuils, à l'entrée des appartements du Führer[20]. » C'est certainement vrai pour la nuit, mais Bormann est terriblement sobre pendant le jour ; alors que les troupes soviétiques achèvent de cerner la capitale et que la « citadelle » de la chancellerie n'est plus défendue que par 2 000 SS de la *Leibstandarte Adolf Hitler* [a], l'éminence brune s'acharne encore à faire place nette dans l'entourage du Führer... Au soir du 28 avril, il est en mesure de soumettre à Hitler le communiqué de Radio-Stockholm révélant les tentatives de négociation d'Himmler avec les Alliés, ce qui provoque immédiatement la destitution du *Reichsführer* SS, suivie de l'émission d'un ordre d'arrestation immédiate – et de l'exécution de son agent de liaison Hermann Fegelein[b]. Dès lors, il ne reste plus à Bormann qu'un seul rival dans l'entourage immédiat d'Hitler : c'est le maître de la propagande Joseph Goebbels, qui a emménagé dans le *Führerbunker* le 22 avril avec toute sa famille. Bormann n'a

a. Commandée par le *Gruppenführer* Wilhelm Mohnke. Trente hommes et dix officiers choisis dans cette division forment le *Führerbegleitkommando* (FBK), qui assure la protection rapprochée d'Hitler, conjointement avec une dizaine de policiers en civil du *Sicherheitsdienst*.
b. Accusé par une cour martiale improvisée d'avoir tenté de déserter et d'être complice de la trahison d'Himmler.

réussi que très partiellement à le déconsidérer aux yeux du Führer, qui le traite certes avec une certaine froideur, mais lui garde toute sa confiance. Pour Bormann, c'est encore trop, et le sergent Rochus Misch, de service au standard du bunker, racontera la suite en ces termes : « Mes ordres […] étaient toujours de passer directement le docteur Goebbels au Führer lorsqu'il appelait. Mais vers le 27 avril, le Reichsleiter Bormann m'a donné la consigne impérative de faire passer ces appels par son poste, en ajoutant que ceci avait valeur de *Führerbefehl* [a]. Bien sûr, je devais obéir. Mais j'avais l'impression que Bormann voulait avoir la peau de Goebbels en interrompant ses communications directes avec le Führer[21]. »

L'impression est parfaitement fondée, mais lorsque au petit matin du 29 avril, Hitler épouse sa maîtresse Eva Braun, puis rédige son testament politique, les témoins sont à chaque fois Bormann *et* Goebbels. Quant au testament lui-même, il dispose que l'amiral Dönitz sera président, Goebbels chancelier et Bormann ministre du Parti. Pour ce dernier, qui est qualifié de « plus loyal camarade du parti » et désigné comme exécuteur testamentaire, ce n'est qu'une demi-victoire : si l'amiral Dönitz est dépourvu de tout sens politique et donc aisément manœuvrable, Goebbels, lui, est autrement redoutable – et un ministre du Parti est naturellement subordonné au chancelier. D'un autre côté, Goebbels a déjà annoncé à plusieurs proches son intention de ne pas survivre au Führer, et il est à peu près certain que Bormann en a été informé. Bien sûr, le nouveau chancelier pourrait

a. Ordre du Führer.

aussi changer d'avis, car enfin, personne ne se suicide de gaieté de cœur…

Vers 18 h 30 au soir du 29 avril, Hitler fait venir son pilote, Hans Baur, pour l'informer de son intention de mettre fin à ses jours et lui donner ses dernières instructions : « J'ai deux tâches à vous confier, Baur. Vous devrez brûler le corps de mon épouse et le mien. Et puis, j'ai nommé Dönitz pour me succéder, Bormann a des instructions importantes à lui communiquer de ma part, et je veux que vous lui fassiez quitter Berlin. Il est très important que Bormann puisse rejoindre Dönitz[22]. » Pour le Méphisto du Führer, c'est évidemment une promesse de salut – même si le plus proche aéroport encore praticable est Rechlin, à quatre-vingt-dix kilomètres du centre de Berlin… Deux heures plus tôt, Bormann a chargé son aide de camp Zander de rallier le QG de l'amiral Dönitz à Plön, pour lui remettre une copie du testament politique d'Hitler[a].

Le 30 avril vers 15 h 30, alors que les Soviétiques sont à moins de trois cents mètres de son repaire souterrain[b], Adolf Hitler se suicide en compagnie d'Eva Braun, et conformément à ses instructions, leurs corps sont brûlés dans le parc de la chancel-

---

a. Deux autres émissaires porteurs du même document, le commandant Johannmeier et le chef de presse intérimaire Lorenz, sont envoyés à Prague et Munich respectivement. Aucun des trois messagers ne pourra accomplir sa mission.

b. Mais sans que les Allemands le sachent, l'armée soviétique ne s'intéresse qu'au Reichstag, où elle pense trouver l'ensemble du gouvernement d'Hitler. C'est pourquoi le bunker ne sera jamais pris d'assaut, mais uniquement occupé après son évacuation.

lerie. Cet après-midi-là, il ne reste plus parmi les personnalités présentes dans le *Führerbunker* que Goebbels et sa famille, Bormann, le chef d'état-major Krebs, le commandant de la « citadelle » Mohnke, le docteur Stumpfegger[a], le chef des Jeunesses hitlériennes Axmann, le pilote Baur, le secrétaire d'État à la Propagande Naumann, l'ambassadeur Hewel et le vice-amiral Voss[b], ainsi que les aides de camp du Führer Wilhelm Burgdorf et Otto Günsche[c]. À 17 h 40, Bormann envoie à l'amiral Dönitz le télégramme suivant : « Le Führer vous désigne, *Herr Grossadmiral*, comme son successeur en remplacement de l'ancien *Reichsmarschall* Goering. Les pleins pouvoirs écrits suivent[23] [d]. » Du décès d'Hitler deux heures plus tôt, il n'est fait aucune mention...

En fin d'après-midi, alors que les deux corps achèvent de se consumer à l'extérieur, une réunion se tient dans la « salle de situation » du bunker. Bormann lit le testament du Führer devant Krebs, Goebbels, Naumann, Burgdorf, Mohnke et Artur Axmann, qui rapportera la suite en ces termes : « Le docteur Goebbels a pris

---

a. Médecin SS qui a remplacé le docteur Morell, expulsé par Hitler la semaine précédente. (Voir *Les Secrets du IIIe Reich*, chapitre 8 : « La santé d'Hitler. »)

b. Respectivement agents de liaison avec le ministère des Affaires étrangères et la direction de la Kriegsmarine.

c. Sont également restés dans le bunker le chef du *Begleitkommando* Rattenhuber, deux des secrétaires d'Hitler, Gerda Christian et Gertrud Junge, ainsi que celle de Bormann, Else Krueger. Les autres secrétaires et aides de camp sont partis pour Berchtesgaden entre le 21 et le 22 avril.

d. Dönitz tombera des nues : il s'attendait à la désignation d'Himmler.

la direction des débats. [...] Bormann avait le visage empourpré[a] ; la mort d'Hitler avait fait disparaître son pouvoir, qui dépendait de la proximité du Führer. Il n'émanait de lui aucun rayonnement. Goebbels était tout différent. [...] Jamais le contraste entre ces deux hommes ne m'était apparu aussi clairement qu'à ce moment. Goebbels et Bormann voulaient consulter le nouveau chef de l'État [Dönitz] au sujet des mesures à prendre. Mais afin de pouvoir parvenir jusqu'à lui, il fallait que les Soviétiques acceptent un cessez-le-feu pour quelque temps. C'est le général Krebs qui a été désigné comme parlementaire, car il avait été attaché militaire à Moscou et parlait russe. Goebbels a demandé à Bormann s'il voulait accompagner le général au QG du commandant soviétique Tchouïkov ; Bormann a refusé, estimant qu'il ne convenait pas qu'un homme du parti se présente en ces lieux[24]. »

Le général Krebs se rend donc au quartier général de la 8e armée de la Garde peu avant 4 heures au matin du 1er mai, avec les pleins pouvoirs pour négocier un cessez-le-feu. Mais le général Tchouïkov, en liaison permanente avec le maréchal Joukov, répète inlassablement qu'il n'acceptera qu'une capitulation sans conditions, et après dix heures de négociations infructueuses, Krebs retourne dans le bunker peu avant 14 heures. Dans l'intervalle, Bormann a envoyé un nouveau télégramme à Dönitz : « Testament en vigueur. Je vous rejoins aussi vite que possible. Retarder publication jusqu'à mon arrivée[25]. » Il n'y a toujours pas la moindre mention du suicide d'Hitler, ce qui se comprend aisément : l'autorité de Bormann

---

a. Probablement en raison de ses libations nocturnes.

ne dépend-elle pas de la survie du Führer ? Mais à
l'intérieur du bunker, personne ne s'y trompe, et Bormann s'en aperçoit rapidement : le général Mohnke,
commandant de la « citadelle », lui rappelle sèchement
qu'il n'a pas à intervenir dans les dispositions militaires, et le chancelier Goebbels, estimant que la comé-
die a assez duré, exige que l'on annonce la vérité au
nouveau président du Reich ; à 14 h 16, un nouveau
câble informe donc l'amiral Dönitz[a] que le Führer est
décédé vingt-trois heures plus tôt, et que Goebbels et
Bormann sont membres du nouveau gouvernement[26].

Au soir du 1er mai, les événements se précipitent ;
à 20 h 30, Goebbels et son épouse se suicident, après
avoir empoisonné leurs six enfants[b]. Une heure plus
tard, depuis le garage souterrain de la nouvelle
chancellerie, le général Mohnke donne le signal du
départ au premier des dix groupes de civils et de
militaires qui vont tenter de gagner le quartier nord
de Wedding, d'où ils se dirigeront vers le nord-ouest
pour atteindre Schwerin, dans le Mecklembourg[c]. Bor-

---

a. À la réception de ce télégramme, l'amiral Dönitz, ayant
consulté son entourage, donnera l'ordre d'arrêter les deux
hommes au cas où ils viendraient à se présenter ; car pour
négocier avec les Alliés, il lui faut des ministres aussi peu
compromis que possible...

b. La dernière recommandation de Goebbels au pilote
Baur : « Tâchez de passer. Bormann a des questions importantes à traiter avec Dönitz. »

c. À moins de quarante kilomètres de la côte baltique.
Le premier groupe, dirigé par Mohnke lui-même, comprend
Hewel, Günsche, Voss, les deux secrétaires d'Hitler, celle de
Bormann, ainsi que la cuisinière Konstanze Manziarly – vingt
hommes et quatre femmes en tout.

mann, vêtu d'un uniforme gris de SS recouvert d'un manteau de cuir, choisit de se joindre au troisième groupe, dirigé par le secrétaire d'État Naumann et comprenant le pilote Baur, le docteur Stumpfegger et le capitaine Schwägermann, aide de camp de Goebbels. À 10 h 30, vingt minutes après le départ du deuxième groupe[a], ils s'élancent à leur tour, et Hans Baur racontera la suite en ces termes : « Nous sommes sortis par le portail principal de la Vossstrasse, [...] et de là, nous avons couru vers la station de métro Kaiserhof. Elle avait été très endommagée, de sorte qu'il ne restait plus de marches ; nous avons donc dû descendre dans la station sur nos arrière-trains. En dehors des endroits où les bombes et les obus avaient percé le tunnel, il faisait très sombre, et nous n'avions pas de lampes torches[27]. »

Ils n'ont pas de plan du métro non plus ; marchant un peu au hasard le long des voies, ils manquent la bifurcation vers le nord et émergent au milieu du Gendarmenmarkt en feu. Restant en surface, ils se dirigent vers le nord-ouest et rejoignent la Friedrichstrasse, traversent Unter den Linden au milieu de tirs sporadiques, dépassent la station de métro Friedrichstrasse et aboutissent comme les groupes précédents au pont de Weidendamm[b], dont l'accès est bloqué par un barrage antichar. C'est là que se tient le chauffeur Kempka, arrivé peu de temps auparavant : « Les hommes qui tenaient la barricade m'ont prévenu que les Russes étaient dissimulés dans les maisons et les ruines bordant la Friedrichstrasse. Avec leurs armes à

---

a. Dirigé par le général Rattenhuber.
b. Voir carte, p. 271.

tir rapide, ils fauchaient tous ceux qui s'approchaient.
[...] Un coup d'œil au-delà de la barricade m'en a
convaincu : les morts et les blessés dessinaient des
silhouettes sombres tout le long de la rue. C'était un
sinistre spectacle. [...] Il était environ 2 heures au
matin du 2 mai lorsque j'ai vu approcher une petite
troupe. J'ai reconnu Bormann à son uniforme d'*Obergruppenführer* SS, puis j'ai identifié Naumann, Schwägermann et Stumpfegger. [...] Lors d'un conciliabule
avec Naumann et moi, Bormann a dit qu'il faudrait
un tank pour percer. J'ai répondu qu'il n'en restait
probablement aucun au centre de la ville. Mais peu
de temps après, comme par miracle, un bruit de che-
nilles de tanks s'est fait entendre de plus en plus fort.
[...] À notre grand soulagement, trois Panzer IV et
trois semi-chenillés d'infanterie sont arrivés et ont fait
halte devant la barricade. Je me suis adressé au commandant du panzer de tête, qui s'est identifié comme
l'*Obersturmführer*[a] Hansen, commandant les restes
d'une compagnie de blindés de la division SS Nord[b].
[...] Je lui ai expliqué notre plan et lui ai ordonné
d'avancer lentement, afin que ses tanks puissent couvrir notre groupe jusqu'à la Ziegelstrasse[28]. »

Mais pour atteindre cette rue, il faut d'abord franchir le barrage à l'extrémité du pont, en évitant les

---

a. Lieutenant. Le chauffeur Kempka ayant le grade – largement fictif – d'*Obersturmbannführer* (lieutenant-colonel),
il est son supérieur hiérarchique.
b. Très vraisemblablement la 11e SS *Panzergrenadierdivi-
sion* Nordland, composée essentiellement de Scandinaves, de
Baltes et de Néerlandais. Ce sont les derniers défenseurs du
centre de Berlin – avec les restes de la division Charlemagne.

tireurs soviétiques tapis dans les ruines et les maisons des deux côtés de la Friedrichstrasse. Et Kempka poursuit : « Nous avons formé des grappes le long et à l'arrière de chacun des blindés, qui ont commencé à avancer lentement. À demi courbés, nous les suivions comme des ombres. Bormann et Naumann étaient sur le côté gauche du panzer de tête, à la hauteur de la tourelle de tir, Stumpfegger et moi marchant immédiatement derrière. Mes cheveux se dressaient sur ma tête. Nous savions tous que c'était une question de vie ou de mort. Soudain, les Russes ont ouvert un feu nourri. Une seconde plus tard, une langue de flamme infernale a jailli à l'improviste du flanc du panzer. Juste devant moi, Bormann et Stumpfegger ont été projetés en l'air par le souffle de l'explosion. Au même moment, le corps de Stumpfegger a heurté violemment le mien, j'ai été balayé et j'ai perdu connaissance[29]. » Kempka reprend peu à peu ses esprits, mais aveuglé par la lueur de l'explosion, il ne peut que ramper à tâtons sur les quelque quarante mètres qui le séparent du barrage antichar. Ayant recouvré progressivement la vue et repris le chemin de la gare de Friedrichstrasse, il ne trouve plus trace de Bormann, de Stumpfegger, de Naumann et de ses autres compagnons.

Erich Kempka parviendra à quitter Berlin pour rejoindre sa famille à Berchtesgaden, où il sera arrêté par les Américains à la fin du mois de mai. Interrogé à de multiples reprises, notamment sur la mort d'Hitler, il est également cité comme témoin lors du procès de Nuremberg. C'est que Martin Bormann, resté introuvable, n'en compte pas moins parmi les accusés, et son avocat, maître Bergold, soutenant que le Tribunal international a entrepris de juger un mort, demande instamment que l'affaire soit classée. C'est dans ces conditions qu'Erich Kempka, appelé à déposer le 3 juillet 1946, relate à nouveau les faits tels que nous les connaissons. Vers la fin de la déposition, l'avocat Bergold lui demande :

« — Témoin, avez-vous vu Martin Bormann s'effondrer au milieu d'un éclair de feu ?

« — Effectivement, j'ai bien vu quelque chose comme un effondrement. On pourrait même appeler cela un envol[a].

« — Selon vous, cette explosion était-elle suffisamment forte pour que Martin Bormann ait pu y perdre la vie ?

« — Oui, il m'apparaît certain que la force de l'explosion était telle qu'il a perdu la vie[30]. »

Ainsi, la satanique éminence brune du Führer se serait consumée dans l'enfer du pont de Weidendamm ? Si le juge britannique Lawrence n'en est pas persuadé, c'est qu'il a entre les mains la déposition écrite d'un autre dignitaire nazi : le chef des Jeunesses hitlériennes Artur Axmann, interrogé à maintes reprises depuis sa capture en novembre 1945. Il a assisté à la scène d'apocalypse devant le pont, et sa version n'a jamais varié : « Un *Sturmgeschütz* [b] a franchi en slalomant le barrage antichar et a été arrêté par le feu ennemi. Un panzer Tigre s'est ensuite annoncé, avec derrière lui une grappe d'hommes, dont Martin Bormann. Je suivais à quelque distance. Soudain, une explosion, un éclair aveuglant et une détonation

---

a. « *Wegfliegen.* »
b. Canon d'assaut autotracté, armé d'une pièce de 75 mm.

LA FUITE DE MARTIN BORMANN : 1er-2 mai 1945

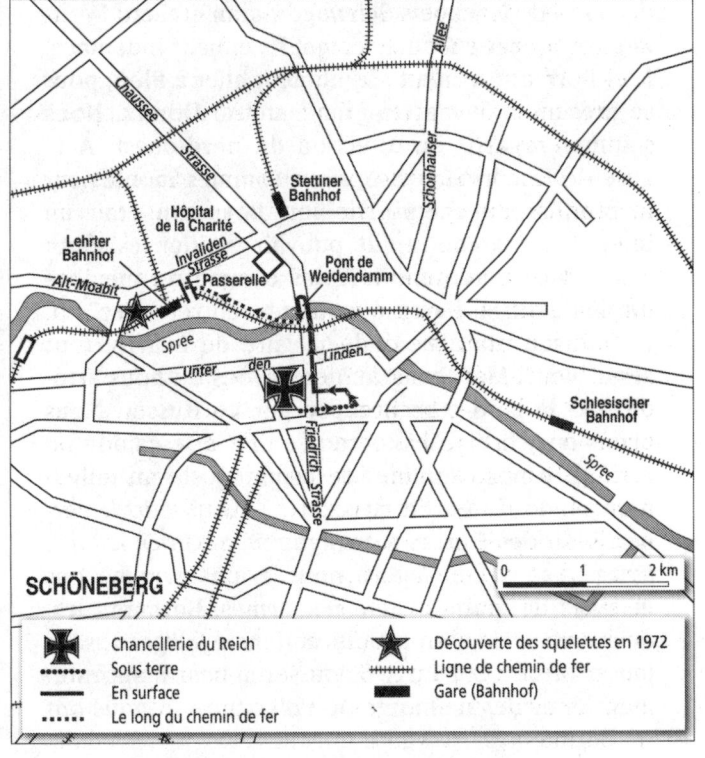

assourdissante. Un fort souffle m'a jeté sur le côté, et j'ai repris conscience au milieu des morts et des blessés. Cherchant instinctivement à me mettre à couvert, j'ai sauté dans un trou de bombe. Il y avait là des hommes à nous : Martin Bormann, le docteur Stumpfegger, le secrétaire d'État Naumann, l'aide de camp de Goebbels Schwägermann et Gerd Weltzin, mon propre aide de camp. Ils étaient indemnes. [...] Bormann voulait absolument aller à Plön, pour se présenter devant le grand amiral Dönitz. Nous sommes repartis en direction du nord-ouest. À la gare de Friedrichstrasse, nous sommes montés sur le remblai du chemin de fer. Bormann était en tête, et sa marche rapide pouvait éveiller les soupçons ; il ne se comportait pas comme un membre du *Volkssturm* harassé voulant rentrer chez lui. [...] Jusqu'aux abords de la gare de Lehrte, tout allait bien[a]. Mais ensuite, nous avons dû nous arrêter, car la gare était occupée par les Russes. Nous avons franchi une balustrade en fer et escaladé un mur, d'où nous sommes descendus juste au milieu d'un poste de garde russe. [...] Nous étions cernés. L'un des Russes a baragouiné : *"Gitler kaputt, Krieg aus* [b] *!"* Peu avant, nous avions arraché nos insignes de grade et jeté nos armes. Bormann lui-même n'avait qu'un simple uniforme *feldgrau*, sans pattes de col. Les Russes nous prenaient manifestement pour des membres du *Volkssturm* et nous ont

---

a. Lors d'un des interrogatoires, Axmann précise que les membres du groupe se sont arrêtés un moment pour arracher leurs insignes de grade et se débarrasser de leurs armes.

b. « Hitler foutu, guerre finie ! »

offert des cigarettes. Ils regardaient avec curiosité ma prothèse de bras[a]. »

Les soldats soviétiques ayant fêté la veille le 1er mai *et* la victoire, ils ont manifestement poursuivi leurs libations au cours de la nuit, ce qui explique certainement leur attitude bon enfant. Mais Axmann poursuit : « Bormann, toujours pressé, s'est éclipsé avec le docteur Stumpfegger, en se dirigeant d'un pas rapide vers l'Invalidenstrasse. Cela a éveillé les soupçons des Russes, qui ont gesticulé en les montrant du doigt. Les choses commençaient à se gâter. Nous avons haussé les épaules, et après un temps, nous nous sommes éloignés. J'avais la sensation terrifiante que nous allions prendre un pruneau dans le dos[b], mais la chance était avec nous ; ils nous ont laissé courir. Jusqu'à l'Invalidenstrasse, nous sommes restés groupés, puis nos chemins ont divergé. Le docteur Naumann et Schwägermann sont partis à gauche, tandis que Weltzin et moi avons pris par la droite en direction d'Alt-Moabit. […] En entendant des bruits de chars venant du Kriminalgericht[c], nous avons fait demi-tour et essuyé quelques coups de feu en chemin. Nous sommes arrivés jusqu'à la passerelle qui enjambe la voie de la gare de Lehrte. Nous l'avions presque dépassée, lorsque nous avons aperçu deux hommes gisant sur la chaussée. En nous agenouillant pour voir si nous pouvions les aider, nous avons reconnu Bormann et le docteur Stumpfegger. Leurs visages étaient aisément identifiables. Ils étaient

---

a. Axmann avait perdu son bras droit sur le front russe en 1941 et portait une prothèse articulée.

b. « *Eine blaue Bohne.* »

c. Le secteur de la Cour pénale.

allongés sur le dos, bras et jambes quelque peu écartés. J'ai saisi Bormann et je l'ai secoué. Pas de réaction. En me penchant sur lui, je n'ai perçu aucune respiration. Il n'y avait pas de blessures ou de traces de sang apparentes. S'étaient-ils empoisonnés ? Je n'ai senti aucune odeur de cyanure, mais l'air était saturé d'une forte odeur de poudre. [...] Pendant que nous nous affairions autour des deux hommes, quelques balles de fusil ont sifflé autour de nous ; il fallait partir. Nous nous sommes mis à couvert au coin de la Heidestrasse[31]. »

Voilà qui paraît convaincant. Bien sûr, les faits se déroulent dans l'obscurité, entre 1 h 30 et 2 h 30 du matin, mais les éclairs des explosions illuminent le ciel presque en permanence, et Bormann connaît bien les visages des deux hommes – qui ont en outre des silhouettes peu communes : le docteur Stumpfegger mesure 1,94 mètre, et Bormann, avec vingt-cinq centimètres de moins, est exceptionnellement corpulent. Mais si le juge sir Geoffrey Lawrence et le procureur adjoint sir David Maxwell-Fyfe restent sceptiques, c'est d'une part parce qu'ils disposent de deux témoignages faisant mourir Bormann à des heures et à des endroits différents[a], d'autre part parce que les témoins

---

a. Le pilote Hans Baur, prisonnier des Soviétiques, donnera même une troisième version du décès de Bormann, en décrivant un itinéraire de fuite par la Ziegelstrasse et la Chausseestrasse, qui laisserait supposer que Bormann avait réussi à dépasser le pont de Weidendamm, pour se diriger plein nord face à une opposition résolue – ce qui paraît très improbable. Le valet Linge et le policier Rattenhuber, également détenus à Moscou, ont confirmé la mort de Bormann, mais les procès-verbaux de leurs interrogatoires n'ont pas été communiqués au tribunal.

Kempka et Axmann, à la fois proches d'Hitler et hauts gradés de la SS, peuvent avoir tout intérêt à couvrir la fuite d'un des leurs[a]. Ainsi que l'écrira plus tard l'officier du MI6 et historien Hugh Trevor-Roper : « Si [Axmann] voulait protéger Bormann de toute recherche ultérieure, il était naturellement amené à donner de faux indices de son décès[32][b]. » La requête de l'avocat est donc rejetée, et Martin Bormann, dûment jugé *in absentia*, est condamné à mort par pendaison le 1er octobre 1946. Or, pour les responsables politiques comme pour l'opinion publique, si l'homme est condamné, c'est qu'il est encore vivant ; il ne reste donc plus qu'à le retrouver. Ainsi que l'avait dit au Parlement le ministre des Affaires étrangères britanniques : « La plus grande chasse à l'homme de l'histoire est en cours depuis la Norvège jusqu'aux Alpes bavaroises. » Mais sir Anthony Eden était loin de se douter que cette chasse s'étendrait bien au-delà – dans le temps comme dans l'espace…

De fait, la suite peut donner le vertige. Dans toutes les zones d'occupation d'Allemagne et d'Autriche, le secrétaire tout-puissant est activement recherché ; après tout, vu de Washington et de Londres, un Bor-

---

a. Les juges et les procureurs de Nuremberg, peu au courant des rivalités mortelles entre dignitaires nazis, ne pouvaient savoir que Kempka et Axmann haïssaient Martin Bormann.

b. Trevor-Roper avait été envoyé à Berlin en septembre 1945 pour enquêter sur les circonstances de la mort d'Hitler, et il s'était intéressé presque immédiatement au cas de Bormann. Dans le doute, il choisira de croire la version d'Axmann, et restera sur cette position lors des rééditions successives de son ouvrage *The Last Days of Hitler*.

mann en liberté pourrait provoquer une résurgence du nazisme. Gerda Bormann, réfugiée près de Bolzano, est surveillée par le CIC^a dans l'espoir que son époux tentera de la contacter ; mais c'est en vain, et « *Frau Bergmann* » décède du cancer dans un hôpital de Merano le 22 mars 1946^b. Un mois plus tard, certains renseignements parvenus à Nuremberg font état de la présence de Bormann dans un petit village de la province de Salamanque, Espirita Santu ; sur quoi le gouvernement espagnol fait savoir que les recherches dans cette région n'ont pas abouti, et que d'ailleurs il n'existe aucun village de ce nom dans la province de Salamanque... Dès l'année suivante, Bormann est également repéré en Égypte, où il serait arrivé à bord d'un *Liberty Ship* britannique, tandis qu'à la même époque, le dirigeant du syndicat des marins australiens Joseph Kleeman certifie l'avoir rencontré à Sydney³³. Mais en 1948, lors du procès de la Wilhelmstrasse, l'ancien *Obergruppenführer* SS Gottlob Berger certifie que Bormann était depuis longtemps un agent soviétique, qu'il doit se trouver à Moscou, et qu'il ne manquera pas de réapparaître comme dirigeant d'une Allemagne communiste³⁴.

Pourtant, il ne peut être en URSS, car ce même mois de février 1948, un certain Paul Heisslein, ancien député du Zentrum catholique au Reichstag et réfugié au Chili depuis 1938, se rend en villégia-

---

a. *Counter Intelligence Corps*, le service de renseignements militaires américain.

b. À l'âge de trente-sept ans ; elle s'était convertie au catholicisme et avait confié ses neuf enfants au révérend Theodor Schmitz.

ture dans la région du lac Ranco, près de la frontière argentine. C'est là qu'au détour d'un sentier dans la forêt tropicale, il croise trois cavaliers, dont l'un n'est autre que Martin Bormann. Naturellement, Heisslein alerte les autorités chiliennes, qui promettent d'enquêter – et ne trouvent rien. Mais Heisslein étant journaliste, la presse allemande, autrichienne et française est en mesure d'annoncer en janvier 1951 que Bormann est établi au Chili sous le pseudonyme de Juan Gomez, qu'il est passé en Argentine, mais séjournerait depuis peu en Espagne[35]. Voilà qui ne peut que laisser sceptiques les lecteurs danois, car neuf mois plus tôt, en avril 1950, le correspondant du journal de Copenhague *Kristeligt Dagblad*, Björn Hallström, avait séjourné dans le Sud-Ouest africain[a], et ayant trouvé de nombreux Bormann dans l'annuaire téléphonique de Windhoek, il en avait raisonnablement déduit que l'un d'eux devait être le bon[36]... Impossible, répondent en chœur les journaux allemands *Freiheit* et *Heilbronner Stimme* à l'été de 1951 : chacun sait que Bormann est en Argentine, où il a débarqué du sous-marin *U-29* trois mois après la capitulation de l'Allemagne, en compagnie de trois matelots et d'un civil ; la preuve en est que l'on a découvert sur la plage du débarquement une pochette de voyage portant les initiales M. B.[37] !

Un an plus tard exactement, tout cela est déjà dépassé, car les journaux allemands font état d'une nouvelle information sensationnelle : Eberhard Stern,

---

a. L'ancienne colonie allemande, devenue Namibie. Entre 1895 et 1900, son gouverneur était Heinrich Goering, le père du *Reichsmarschall* Hermann Goering.

un ancien fonctionnaire du ministère des Armements d'Albert Speer, a reconnu Martin Bormann dans le monastère franciscain de San Antonio, à Rome ; il est devenu moine et a pris le nom de « frère Martini ». La chose est à prendre au sérieux, car Stern a bien connu Bormann, il l'a identifié grâce à sa verrue caractéristique sur le côté droit du nez, et une photo est même produite qui, bien que floue, présente des ressemblances troublantes avec l'ancien secrétaire du Führer. Hélas ! Après quelques mois d'agitation médiatique, le supérieur du monastère de San Antonio fait savoir que le « frère Martini » n'est autre que le père franciscain Romualdo Antonuzzi, soixante-douze ans et toute une vie passée au service du Seigneur[38]. *Damned !* Encore manqué... Les « initiés », eux, rient sous cape, car ils savent « de source sûre » qu'une lettre de Bormann vient de parvenir en Bavière – et elle a été envoyée du Brésil...

L'année 1953 démarre en fanfare : dans la nuit du 14 au 15 janvier, la police militaire britannique arrête à Düsseldorf l'ancien secrétaire d'État à la Propagande Werner Naumann, soupçonné d'être à la tête d'un vaste réseau de conspirateurs néonazis. L'affaire se dégonfle assez vite, car le tribunal de Karlsruhe, considérant qu'aucune conspiration contre l'État allemand ne peut être établie, ordonne la libération sans jugement de Naumann et des six autres prévenus[a]. Dans l'intervalle, toutefois, les enquêteurs allemands ont obtenu une confirmation de la part de l'homme qui avait conduit le troisième groupe d'évadés du

---

a. Naumann se voit toutefois interdire d'exercer toute activité politique.

bunker le 1er mai 1945 : avec son aide camp Weltzin, Axmann, Bormann, Stumpfegger et Schwägermann, il avait bien échappé à l'explosion du pont
de Weidendamm, et le groupe s'était ensuite dirigé
vers la gare de Lehrte en suivant le S-Bahn. Bormann
n'était pas blessé, et il ne semblait ni épuisé ni découragé. Une fois à la gare, le groupe s'était scindé, lui
et Schwägermann se dirigeant vers le nord. Pour le
reste... il ignorait totalement ce qui était arrivé aux
autres[39].

Dès le mois suivant, un autre témoin de poids se
manifeste : c'est l'ancien commandant SS Joachim
Tiburtius, chef d'état-major de la 11e *Panzergrenadier-
divison* Nordland – celle-là même dont les derniers
blindés se trouvaient sur le pont de Weidendamm
dans la nuit du 1er mai 1945. Tiburtius déclare au
Hamburger Echo qu'il a bien vu Bormann marcher
à côté du tank lorsqu'il a été détruit, mais soutient
que le Reichsleiter a survécu, car il l'a vu peu après
à proximité de l'hôtel Atlas, habillé en civil. « Nous
avons ensuite remonté le Schiffbauerdamm et l'Al-
brechtstrasse[a], après quoi je l'ai perdu de vue. Mais
il avait autant de chances que moi d'en réchapper[40]. »

Voilà qui relance la polémique – et les recherches.
Pour commencer, le bureau berlinois de la CIA est
chargé d'enquêter sur les possibles allées et venues

---

a. Cet itinéraire, au nord de la Spree, est sans doute celui
de Tiburtius, mais peut difficilement être celui de Bormann,
que plusieurs personnes ont accompagné vers le sud en
direction de la gare de Friedrichstrasse. En outre, tous les
témoignages concordent : Bormann n'était pas en civil, mais
en uniforme *Feldgrau*.

de Martin Bormann. Il est vrai que durant les trois années suivant la guerre, le renseignement militaire américain n'y était pas parvenu, mais la CIA dispose de moyens financiers et humains autrement considérables... Elle va donc mener ses investigations dans trois directions différentes : d'une part, un psychologue va composer le profil psychologique du personnage, afin de déterminer ce qu'a pu être son parcours ultérieur ; d'autre part, les bureaux de la CIA en Amérique latine, au Moyen-Orient et en Europe sont invités à vérifier les renseignements concernant ses nombreuses apparitions dans le monde ; enfin, on sollicitera le « Bureau Gehlen », ce service secret ouest-allemand encore occulte, mais déjà dirigé par Reinhard Gehlen, l'ancien chef du *Fremde Heere Ost* de l'OKH[a], le haut commandement de l'armée de terre. L'homme chargé de coordonner les investigations est James McGovern, un ancien officier de l'*US Army* spécialisé dans la cryptoanalyse. Il racontera lui-même la suite : « Dès juin 1953, j'avais achevé mon rapport pour le docteur Broderick[b]. La première partie en était une synthèse du résultat des recherches des divers bureaux de la CIA en Amérique latine, dans les pays arabes et en Europe. Aucune de ces antennes n'avait été en mesure de localiser Bormann, et toutes doutaient de la véracité des récits de ceux qui prétendaient l'avoir vu après la guerre.

---

a. *Oberkommando des Heeres*. La *Fremde Heere Ost* est son service de renseignements spécialisé dans l'étude du dispositif militaire soviétique.

b. Probablement le nom d'emprunt du chef de l'antenne berlinoise.

Il y avait diverses hypothèses quant aux motivations de ces témoins : certains s'étaient trompés de bonne foi, d'autres étaient en mal de publicité, et puis il y avait le genre d'individus qui voient des soucoupes volantes[41]. »

Où l'on constate qu'il n'y a rien de nouveau sous le soleil ; mais McGovern poursuit : « Le Bureau Gehlen a rapporté que Bormann n'était ni en Allemagne de l'Est ni en Union soviétique, et qu'il n'avait pas été possible de découvrir ce qui lui était arrivé après son départ de la chancellerie. Toutefois, un fait précis avait pu être établi : le *Tagebuch* [agenda] de Bormann avait été découvert par des soldats russes à Berlin en mai 1945 et envoyé à Moscou. Les deux dernières inscriptions étaient les suivantes : "30 avril. Adolf Hitler X, Eva Braun X." "1er mai. *Ausbruchsversuch* [tentative d'évasion]."[42] »

Il est vrai que personne ne sait où ni dans quelles circonstances les Soviétiques sont entrés en possession de cet agenda, ni bien sûr ce qu'est devenu son propriétaire – qui aurait même pu l'abandonner pour faire croire à sa disparition... En tout cas, c'est grâce au décès de Staline que la chape de secret absolu a pu être levée, et c'est aussi grâce à sa disparition que les autorités ouest-allemandes vont pouvoir obtenir à partir de 1955 le retour de nombreux soldats allemands détenus en URSS. Parmi ceux-ci, le valet d'Hitler Heinz Linge, l'aide de camp Otto Günsche et le policier Johann Rattenhuber, qui s'accordent tous trois sur le fait que Bormann est mort à Berlin – même s'ils sont en désaccord complet sur les circonstances de ce décès.

Voilà qui ne satisfait personne, et les cinq années suivantes amènent de nouveaux témoignages de soldats anglais qui prétendent avoir abattu Bormann à la mitraillette en 1945, d'un médecin danois qui certifie l'avoir vu débarquer d'un sous-marin sur la côte baltique, d'informateurs qui assurent que l'homme est caché quelque part dans les montagnes d'Albanie, et d'agents secrets qui l'ont repéré en Syrie, en Égypte et en Irak. Pourtant, le bureau d'état civil de Berchtesgaden, puis celui de Berlin l'avaient déclaré décédé en 1954 sous le n° 29223, mais il s'agissait d'une simple formalité de régularisation administrative, permettant de disposer de ses biens au bénéfice de sa descendance. Au nombre de celle-ci, il y a le fils aîné de Bormann, qui est ordonné prêtre en 1958 ; avant qu'il ne parte comme missionnaire au Congo, un journaliste américain lui demande s'il a une idée de l'endroit où se trouve son père, à quoi le prêtre Martin Adolf[a] Bormann répond : « Je suis presque certain qu'il est mort. Je ne crois pas à ces histoires selon lesquelles il a vécu depuis sa disparition à Berlin. Il n'a jamais contacté ma mère ou tout autre membre de ma famille. Il est mort à Berlin, je crois[43]. »

Bien d'autres ne le croient pas, et ils voient leurs doutes confirmés lorsque le 11 mai 1960, des agents israéliens enlèvent Adolf Eichmann dans une banlieue tranquille de Buenos Aires. L'homme avait vécu en Allemagne sans être identifié, puis il avait gagné l'Argentine en passant par l'Italie. Or, si Eichmann, alias « Ricardo Klement », avait pu échapper à

----

a. Son parrain était Adolf Hitler.

la justice pendant si longtemps, pourquoi Bormann n'aurait-il pu en faire autant ? Bien entendu, le premier embarrassé est le gouvernement argentin, qui avait tout de même donné asile pendant dix ans à un criminel de guerre. C'est sans doute pourquoi, en septembre 1960, l'agence de presse officielle Vitolo annonce la capture de Martin Bormann par la police argentine dans la ville de Zarate, à cent trente kilomètres au nord-ouest de Buenos Aires. De fait, la ressemblance est frappante, et ses empreintes digitales sont envoyées en toute hâte à Berlin. Hélas ! Il ne s'agit que d'un immigrant manchot du nom de Walter Flegel.

En fait, le gouvernement allemand est tout aussi embarrassé ; car enfin, voici un pays démocratique, connaissant une prospérité économique sans égale, devenu un membre puissant et respecté de l'Otan, mais qui serait incapable d'amener devant la justice le pire criminel nazi après Hitler et Himmler ? En 1960, la République fédérale crée donc, sous la direction de l'ancien procureur Erwin Schuele, un « Centre pour la préparation et la coordination des poursuites contre les crimes liés aux camps de concentration et à la guerre ». Mais l'année suivante, l'État de Hesse fonde une structure parallèle, la « section VI du bureau du ministère public de Francfort pour les poursuites contre les crimes du national-socialisme », avec à sa tête le procureur général Fritz Bauer, un homme particulièrement motivé : il avait lui-même été enfermé deux fois dans des camps de concentration en tant que Juif, mais s'était échappé en 1940 pour gagner la Suède. La section VI va faire rechercher divers criminels nazis, dont le tristement célèbre « Gestapo »

Müller, mais elle s'intéresse avant tout à Martin Bormann, car ainsi qu'il est expliqué dans un rapport
préliminaire, « elle a reçu de la République fédérale
et de nombreuses parties du monde des indications
selon lesquelles l'accusé se serait échappé de Berlin
et aurait survécu. Il aurait ainsi été vu en plusieurs
endroits du territoire allemand, ainsi qu'en Argentine, en Australie, en Bolivie, au Brésil, au Chili, en
Colombie, au Danemark, en Équateur, au Guatemala,
en Grande-Bretagne, en Italie, au Canada, à Cuba,
au Mexique, en Autriche, au Paraguay, au Pérou, en
Suisse, en URSS, en Espagne, en Afrique du Sud, au
Suriname, au Venezuela et aux États-Unis ». Le rapport ajoute avec une pointe d'humour que « cette liste
n'a pas la prétention d'être exhaustive[44] ».

Le procureur général Bauer, qui s'est déclaré
publiquement « convaincu que Bormann est toujours
vivant », et qu'« une organisation secrète nazie aurait
pu le faire passer à l'étranger grâce à un réseau souterrain très élaboré », fait lancer le 6 juin 1961 un
mandat d'arrêt contre lui, rassemble en six mois
1 300 documents et procède à l'audition d'innombrables témoins, à commencer par Axmann, Naumann, Linge, Günsche, Albert Bormann, et même le
fils aîné d'Eichmann, Horst Adolf, qui lui fait part
de ses nombreuses conversations avec Martin Bormann en Amérique du Sud. Mais Fritz Bauer, peu
féru d'exotisme, préfère se concentrer sur Berlin, et il
est aidé par un journaliste du magazine *Stern*, Jochen
von Lang. Les recherches dans les cimetières de la
capitale ne sont pas plus fructueuses que l'audition
des témoins, mais une lettre de routine adressée au
WASt, le « Service pour l'information des proches

parents de membres décédés de l'ancienne Wehrmacht allemande[a] », donne un résultat inespéré ; car
si ce service répond le 16 janvier 1963 qu'il n'a dans
ses fichiers aucune trace de Martin Bormann, il communique en revanche une copie de la lettre adressée à l'épouse du docteur Stumpfegger le 14 août
1945 par le directeur du bureau de poste n° 40 de
la gare de Lehrte. On peut y lire ceci : « *Sehr Geehrte
Frau Stumpfegger !* Le 8 mai dernier, les employés du
bureau de poste ont trouvé sur la passerelle de chemin de fer donnant dans l'Invalidenstrasse un soldat
tombé lors des combats de Berlin. D'après le livret
trouvé sur le mort, il s'agit de Ludwig Stumpfegger. Comme on est amené à supposer que le défunt
est votre époux, je vous communique cette si triste
nouvelle, en vous exprimant en même temps mes
plus sincères condoléances. Votre mari, ainsi qu'un
autre soldat, a été enterré le 8 mai dans le terrain
de l'Alpendorf [anciennement parc des expositions]
à Berlin NW 40, au 63 de l'Invalidenstrasse. Je joins
les photos trouvées sur le mort. Le livret a été détruit.
Signé Berndt, chef de service[45]. »

Voilà enfin un renseignement concret, et la locali-
sation sur la passerelle de la gare de Lehrte semble
bien corroborer le récit d'Axmann. Les services du
procureur se rendent donc sans retard au bureau de
poste n° 40, mais les événements remontant à près de
dix-huit ans, personne ne se souvient de rien – sinon
du fait qu'à l'époque, quelques collègues avaient été

---

a. « *Deutsche Dienststelle für die Benachrichtigung der
nächsten Angehörigen von Gefallenen der ehemaligen Deutschen
Wehrmacht.* »

réquisitionnés pour enterrer des cadavres de soldats. Or, l'un d'entre eux est toujours vivant ; il se nomme Albert Krumnow.

Auditionné par la police à partir du 24 avril 1963, Krumnow apporte un témoignage capital : « Vers le 8 mai 1945 – je ne me souviens plus de la date exacte –, les Russes nous ont ordonné d'enlever des cadavres de la passerelle de chemin de fer de l'Invalidenstrasse et de les enterrer. Je me suis rendu en personne sur le pont, et j'y ai trouvé deux cadavres d'hommes. [...] L'un était de grande taille. D'après le livret militaire que nous avons trouvé sur sa personne, il s'agissait d'un certain docteur Stumpfegger, de Hohenlychen. Cette personne n'avait plus d'uniforme et était en sous-vêtements. Si je me souviens bien, le livret d'identité susmentionné se trouvait sous le cadavre. Le second cadavre était plus petit, vêtu d'un uniforme de l'armée, sans insignes de grade, pattes de col ou épaulettes. Nous n'avions aucune idée de qui il pouvait s'agir[a]. Les deux cadavres ne présentaient aucune blessure apparente, ni pansements ou quelconques signes de saignements. [...] À l'aide d'une civière obtenue au bureau de poste, nous avons porté les deux corps jusqu'au terrain où se trouve actuellement la société Weigman – je crois me souvenir qu'elle était déjà là à l'époque. [...] Le soldat russe nous a indiqué un endroit précis où creuser la fosse. Je me souviens que c'était au

---

a. Une confirmation supplémentaire du fait que, même après douze ans, l'homme le plus puissant du Reich après Hitler était resté complètement inconnu dans son pays. Goebbels, Himmler ou Goering auraient été reconnus instantanément.

milieu d'un carré formé par quatre arbres. [...] Il me semble que la fosse a été creusée à une profondeur d'un demi à trois quarts de mètre[46 a]. »

Bien sûr, tout cela ne prouve pas que le deuxième homme enterré soit Martin Bormann, et d'ailleurs, le procès-verbal des auditions de Krumnow n'est pas publié à l'époque. C'est pourquoi les habituels pour-voyeurs d'informations et les mythomanes en tous genres vont recommencer à découvrir Bormann aux quatre coins du monde – en même temps qu'un autre disparu célèbre, Heinrich « Gestapo » Müller. Ainsi, le procureur Bauer apprend « de source sûre » que Bor-mann est décédé le 17 février 1959 et a été enterré dans un petit village à quarante kilomètres au sud d'Asunción, au Paraguay. Une information précise – et sérieuse, puisqu'elle est relayée par l'AFP. Mais lorsque la tombe est ouverte, on s'aperçoit que les restes sont ceux d'un vieil indigène nommé Hormoncilla. D'ail-leurs, Bormann ne peut être décédé, puisqu'il a été signalé dans la capitale péruvienne en octobre 1962, et qu'un journaliste du quotidien argentin *El Mundo* l'a rencontré en personne dans les montagnes argentines, à 1 500 kilomètres de Buenos Aires[47]. Mais un an après, il n'y est déjà plus, car dès le mois de mars 1964, un dénommé Richard Bormann se rend à la police de São Paulo ; affirmant qu'il est « las de vivre dans la clan-destinité », il avoue que son frère Martin vit dans une

---

a. Krumnow apporte une autre précision qui se révélera cruciale neuf ans plus tard : comme les deux cadavres ne cessaient de tomber du brancard au cours du transport, ils ont finalement été placés tête-bêche, et c'est ainsi qu'ils ont été jetés dans la fosse.

partie inaccessible de la jungle du Mato Grosso, sous
le pseudonyme de « docteur Engel ». Hélas ! Le véritable frère, Albert Bormann, déclare catégoriquement
au procureur Bauer : « Je n'ai pas de frère prénommé
Richard. Personne dans ma famille ne porte ce nom.
Il doit s'agir d'un mythomane ou d'un escroc[48]. » Renseignements pris, ce faux frère est un ancien SS de
cinquante-cinq ans, entré clandestinement au Brésil
quelques années plus tôt et passablement perturbé.

Le procureur ne se décourage pas pour autant, et
le 13 novembre 1964, le ministère de la Justice de
Hesse promet une récompense de 100 000 deutsche
marks « à toute personne pouvant fournir des indications conduisant à la découverte et à l'extradition
de l'accusé ». Voilà qui va naturellement susciter de
nouvelles vocations, d'autant que trois mois plus tard,
dans son numéro de mars 1965, le *Reader's Digest*
écrit en conclusion d'un article sur le « *World's most
wanted criminal* » : « Si vous connaissez ou avez vu un
homme que vous pensez être Martin Bormann, appe-
lez l'ambassade d'Allemagne la plus proche[49] [a]. » Or,
le *Reader's Digest* est traduit en vingt et une langues
et diffusé dans soixante-dix pays...

Bien sûr, il ne l'est pas en République démocratique allemande ; c'est pourtant là qu'est parue
au début de 1965 la traduction d'un ouvrage du
journaliste soviétique Lev Besymenski[b], intitulé *Auf*

---

a. Toutes les ambassades allemandes dans le monde sont
alertées et reçoivent une copie des empreintes digitales de
Bormann.

b. Sans doute un pseudonyme, d'autant que *bez imenski*
signifie en russe « sans nom ».

den Spuren von Martin Bormann[a]. L'essentiel de ses 270 pages est consacré à une attaque virulente contre la République fédérale d'Allemagne, mais il en reste tout de même quelques-unes pour évoquer la carrière et le devenir de Martin Bormann. Ayant eu accès à plusieurs documents trouvés par les Soviétiques dans le bunker d'Hitler et la chancellerie du Reich, il fait état d'un télégramme de Bormann à son conseiller économique von Hummel en date du 22 avril 1945, comportant le message suivant : « *Bin mit vorgeschlagener Übersee Süd Verlagerung einverstanden* » (« Je donne mon accord pour la proposition de transfert outre-mer sud »). Et Besymenski d'affirmer : « Ce document a une signification extraordinaire. Il vient une nouvelle fois à l'appui de notre thèse d'une fuite vers l'Amérique du Sud[50]. » Mais le journaliste soviétique s'est laissé aveugler par sa propre propagande, car cet « outre-mer » n'était que le nom de code de l'annexe de la chancellerie du parti[b], établie au château de Steinach, près de Straubing ; quant au « transfert sud », il s'agissait tout bonnement de l'évacuation des documents de la chancellerie vers le Tyrol du Sud – dans la célèbre « forteresse alpine ». En dehors de cela, Besymenski n'ayant d'autres preuves que ses propres soupçons, son ouvrage de propagande n'éclaire en rien le mystère Bormann...

---

a. « Sur les traces de Martin Bormann. » Traduction exacte du titre de la version originale russe parue à la fin de 1964 : *Po Sledam Martina Bormana*.

b. Désignation complète : « *Dienststelle Übersee/Hohensee.* »

Six mois plus tard, le procureur adjoint du parquet de Francfort, Joachim Richter, prend une mesure plus sérieuse pour tenter d'éclaircir l'affaire : il ordonne que des recherches soient effectuées sur le terrain de l'Alpendorf, à l'endroit désigné en 1963 par le témoin Albert Krumnow. Avec la participation financière du magazine *Stern*, les fouilles sont conduites entre le 20 et le 21 juillet 1965, sous la pluie et le regard attentif d'une quarantaine de journalistes[a]. Hélas ! Une partie seulement du périmètre peut être retournée, et les environs ont beaucoup changé depuis 1945 : les quatre peupliers ont été coupés peu après l'édification du mur de Berlin[b], de nouvelles constructions sont apparues aux abords du terrain, et faute de points de repère, Krumnow ne reconnaît plus l'endroit exact. Rien n'est donc trouvé, et le rédacteur en chef du magazine *Stern* refuse d'engager de nouveaux frais pour louer une pelleteuse et mener des fouilles plus étendues. Voilà qui suffit à relancer toutes les rumeurs sur la survie de l'âme damnée du Führer.

Il y en aura effectivement un grand nombre durant les années suivantes ; on signalera même Bormann aux États-Unis – dans le Minnesota pour être précis –, et naturellement en Espagne, en Syrie, en Suède[c] et au Chili. Mais le 31 décembre 1967, un journaliste

---

a. Le lecteur nous pardonnera cette tournure zeugmatique.

b. Qui passe à une centaine de mètres à l'est de l'Alpendorf.

c. Où un homme qui lui ressemble est arrêté dans le port de Gävle – et s'enfuit durant sa garde à vue…

sérieux, Antony Terry, écrivant dans le non moins sérieux *Sunday Times*, fait une révélation stupéfiante : Bormann vit paisiblement au Brésil ! Son informateur ? Erich Karl Wiedwald, un ancien caporal SS absolument digne de foi pour trois raisons au moins[a], et qui « s'est à présent déclaré prêt à dire la vérité sur Martin Bormann ». Grâce à cette résolution aussi louable que tardive, le journaliste vedette du *Sunday Times* est en mesure de révéler que l'ancien Reichsleiter vit dans une petite colonie nazie à la frontière du Paraguay, connue des seuls initiés sous le nom de « Waldner 555 ». Elle se trouve au milieu d'« une des plus grandes forteresses naturelles du monde », et au cas où des journalistes curieux voudraient malgré tout s'y aventurer, ils doivent savoir que Bormann est gardé par « quarante à soixante Allemands, Polonais et Ukrainiens, qui sont même prêts à tuer pour protéger leur chef ». Dont acte… Passons à l'état des lieux : la colonie comprend huit huttes « groupées autour d'une cour de caserne », mais Bormann, lui, bénéficie d'un « bungalow massif à l'extrémité gauche de la cour ». Il est même situé à proximité d'un hangar abritant deux avions légers de type Piper Cub – c'est bien le moins –, et ce hangar est traversé en son milieu par une piste de bowling américain ultra-

---

a. Il n'a pas demandé de paiement pour ses informations, ne tient pas à ce que son nom soit mentionné, et… a un cancer de la gorge. Au cas où ce serait insuffisant pour convaincre, Terry ajoute que Wiedwald a déclaré vouloir se venger de Bormann, qui lui aurait refusé les subsides nécessaires pour ouvrir un bureau de tabac en Allemagne – une histoire fumeuse à tous égards…

moderne. Ne risquerait-elle pas de gêner le mouvement des avions ? Question oiseuse, car c'est surtout
Bormann qui intéresse le lecteur. Il apprendra donc
que l'éminence brune a beaucoup changé, en raison d'une opération de chirurgie esthétique bâclée
effectuée à Buenos Aires en 1947 ; par ailleurs, il est
atteint d'un cancer du poumon en phase terminale
– exactement comme l'informateur Wiedwald –, ce
qui ne l'empêche pas de fumer comme un sapeur et
de boire beaucoup de whisky – invariablement du
Vat 69. Bien entendu, il a toujours sa collection de
bottes brunes, il a admis depuis peu des femmes dans
sa colonie, et il voyage beaucoup – surtout au Chili,
en Uruguay, en Argentine et en Espagne. Du reste, le
lecteur ne doit avoir aucune inquiétude quant à ses
ressources matérielles, puisqu'il dispose de 350 millions de marks prélevés sur la caisse privée d'Hitler
et de 130 millions supplémentaires « empruntés » au
magot des SS.

Ainsi donc, dans le Brésil des années 60, on pourrait encore écouler des centaines de milliers de
reichsmarks dévalués, datant de l'époque héroïque
d'Adolf Hitler ? Mais dans l'affirmative, ne serait-ce
pas le meilleur moyen de se faire repérer ? Détails
mesquins que tout cela ! D'ailleurs, on apprend au
passage que le docteur Mengele vit non loin de la
colonie Waldner 555, au Paraguay, tandis que Heinrich « Gestapo » Müller s'est établi avec une jeune
italienne dans un faubourg de Natal, au nord-est du
Brésil, où il a ouvert un commerce d'alimentation.
Décidément, le grand reporter Antony Terry semble
bien avoir cédé à l'attrait du sensationnel – et l'hebdo-

madaire allemand *Der Spiegel* avec lui, qui reproduit son article *in extenso* au début de janvier 1968[51] [a].

Ils sont en bonne compagnie, car moins de trois mois plus tard, le *Neue Zürcher Zeitung* rend compte d'une interview donnée au journal danois *Dagens Nyheter* par le célèbre chasseur de nazis Simon Wiesenthal. Celui-ci assure que Bormann est toujours en vie, et qu'il réside même dans une certaine « colonie Waldner » au sud du Brésil, à la frontière de l'Uruguay[52] – ce qui laisse assez peu de doutes quant à ses sources[b]. Puisque les nouvelles sensa-

---

a. Il est intéressant de noter combien les journalistes communiquent peu entre eux : quatre ans plus tôt, le même Wiedwald avait proposé son histoire au magazine *Stern*, et même promis de ménager à ses reporters une entrevue avec Bormann. Deux journalistes du magazine étaient donc partis pour le Brésil, avaient attendu en vain et en étaient revenus bredouille. Le 17 décembre 1969, le juge d'instruction Horst von Glasenapp, ayant longuement entendu Wiedwald, obtiendra finalement de lui l'aveu qu'il a tout inventé. En 1973, le procureur Richter le qualifiera même dans son rapport final de *Schwindler* – « escroc »… Ce qui n'empêchera pas Wiedwald de collaborer ultérieurement à un livre néerlandais sur Martin Bormann !

b. Il faut considérer le contexte de l'époque : Wiesenthal venait d'obtenir l'extradition du bourreau de Treblinka Franz Stangl – qui menait une vie tranquille au Brésil depuis 1951 –, le boucher de Riga Herbert Cukurs avait été assassiné trois ans plus tôt à Montevideo, le docteur Mengele était toujours recherché entre l'Argentine, le Paraguay et le Brésil, Klaus Barbie prospérait en Bolivie sous le nom de Klaus Altmann, et Friedrich Schwend (l'ancien grossiste en fausses livres sterling de l'opération *Bernhard*) se prélassait encore au Pérou. En 1988, Wiesenthal changera d'avis et acceptera les conclusions du juge Richter sur les circonstances de la mort de Bormann.

tionnelles sont rares et qu'il faut malgré tout vendre du papier, une nouvelle interview de Wiesenthal sur le même sujet est publiée le 14 juin 1970 par le journal italien *Epoca*, et reprise presque immédiatement par son confrère brésilien *O Cruzeiro*. On peut y lire cette fois que Bormann résidait encore l'année précédente dans l'État brésilien de Rio Grande do Sul, près de la frontière avec l'Uruguay, et plus exactement dans la localité de Dribura, dont – cerise sur le gâteau – le prêtre se nomme Himmler[53]... Mais tout cela est trop beau pour être vrai, car dès le 9 octobre 1970, l'ambassade d'Allemagne à Rio communique à Bonn et à Francfort que la bourgade en question ne s'appelle pas Dribura, mais Ibiruba, que son prêtre ne se nomme pas Himmler mais Hümmler, qu'il n'y a pas l'ombre d'un ancien nazi dans la petite colonie allemande locale, et que de toute façon, Ibiruba se trouve à la frontière argentine et non uruguayenne[54]... *Muito ruim !* diront les Brésiliens ; *Pech*[a] *!* ajouteront les Allemands.

Mais ceux-ci se consoleront aisément dès l'année suivante, car c'est au printemps de 1971 que paraît *Der Dienst*, une autobiographie de l'ancien chef des services de renseignements de l'OKH Reinhard Gehlen[b]. Lui au moins doit disposer d'informations sérieuses, et de fait, il est catégorique : « Depuis le tout début de la campagne contre la Russie, Bormann a travaillé pour l'ennemi, en étant le principal

---

a. « Manque de chance ! »

b. Il a pris sa retraite du *Bundesnachrichtendienst* (BND) trois ans plus tôt, en 1968.

informateur et conseiller de Moscou[a]. Il n'y a rien de vrai dans les allégations occasionnelles selon lesquelles Bormann vivrait confortablement dans une jungle impénétrable entre le Paraguay et l'Argentine, entouré de gardes du corps armés jusqu'aux dents. En fait, il est passé chez les Russes en mai 1945 et a été ramené en Union soviétique. [...] Ce n'est qu'en 1946, quand j'ai pris la tête de mon propre service de renseignements[b], que j'ai pu m'informer sur la mystérieuse évasion de Bormann du bunker de Berlin, et sur sa disparition ultérieure. Quelque temps après, j'ai reçu des preuves tangibles de ses allées et venues après la guerre. Durant les années 50, on m'a communiqué deux rapports distincts venus de derrière le rideau de fer, et permettant d'établir que Bormann avait été un agent soviétique, qui avait vécu en URSS sous une couverture parfaite en tant que conseiller de Moscou. Il était décédé dans l'intervalle. La nature de mes sources m'interdit de donner davantage de détails[55]. »

Après tout, durant les vingt-cinq années qui ont suivi la guerre, on a repéré Martin Bormann 6 438 fois dans tous les pays du monde, à l'exception du Groenland et de la Papouasie-Occidentale. Qu'il ait été à Moscou pendant tout ce temps et soit décédé dans l'intervalle, voilà qui mettrait enfin un terme à cette sombre histoire. Malheureusement, la version de l'an-

---

a. Gehlen ajoutera que c'était également l'avis de l'amiral Canaris, ce qui est très vraisemblable : l'amiral avait tendance à voir des agents communistes partout.

b. Le « Bureau Gehlen » déjà mentionné, remplacé en 1956 par le BND.

cien chef du BND pose plusieurs problèmes embarrassants : d'une part, Gehlen n'avait-il pas répondu aux Américains en 1953 que Bormann n'était ni en Allemagne de l'Est ni en URSS[a] ? Bien sûr, cela n'est pas probant, car des informations fiables ont bien pu lui parvenir ultérieurement. En revanche, les circonstances de la fuite du bunker rendent peu crédible la thèse de Gehlen ; car enfin, on se souvient que dans l'après-midi du 30 avril 1945, Goebbels avait proposé à Bormann de se joindre au général Krebs pour aller négocier un cessez-le-feu avec les militaires soviétiques, et que celui-ci avait catégoriquement refusé[b]. Or, s'il avait été un agent de Moscou, quelle meilleure aubaine que cette possibilité de sortir du bunker pour rejoindre ses maîtres en toute sécurité ? Et puis, le lendemain même, pourquoi se joindre à un groupe qui va tenter de quitter Berlin sous le déluge de feu soviétique ? Il lui suffisait de rester en arrière, avec les blessés et le petit personnel dans le *Vorbunker* ou au deuxième sous-sol de la chancellerie, en attendant paisiblement l'arrivée des camarades de l'Armée rouge... Non, décidément, tout cela n'est pas convaincant[c].

C'est également l'avis d'un certain Ladislas Farago. Ce journaliste américain d'origine hongroise, ancien

a. Voir ci-dessus, p. 281.

b. Voir ci-dessus, p. 264.

c. Auditionné le 21 septembre 1971 par le juge d'instruction de Francfort von Glasenapp, Gehlen s'est d'ailleurs montré beaucoup moins catégorique. L'une de ses preuves semblait être qu'un agent avait vu au cinéma un personnage ressemblant à Bormann parmi les spectateurs d'une épreuve sportive en Allemagne de l'Est.

membre des services de renseignements navals américains, est décrit par le quotidien britannique *Observer* comme « un poids lourd dans le domaine de la littérature d'espionnage[a] ». Entre la fin de novembre et le début de décembre 1972, il va livrer au *Chicago Tribune* américain et au *Daily Express* britannique une série de révélations sensationnelles ; qu'on en juge : grâce aux dossiers des services de renseignements argentins qui lui ont été aimablement communiqués, Farago est en mesure d'établir que Bormann avait préparé sa fuite dès 1944, en faisant passer discrètement 200 millions de dollars en Argentine à bord du sous-marin *U-235*, qu'il a pu quitter Berlin en mai 1945 grâce à l'aide de « Gestapo » Müller, de Kaltenbrunner et… d'Eichmann, d'où il est passé au Danemark puis en Italie grâce à la célèbre filière alpine des SS ; il y a séjourné avec la complicité du non moins célèbre évêque Hudal, et a rencontré en 1947 Eva Perón, l'épouse du dictateur argentin, qui lui a promis l'asile dans son pays en échange des trois quarts du trésor qu'il a fait entreposer dans des banques (allemandes) en Argentine. Le reste n'est plus qu'un jeu d'enfant : le 17 mai 1948, Bormann, déguisé en jésuite et muni d'un passeport polonais au nom d'Eliezer Goldstein, embarque sur le paquebot *Giovanni C* à destination de Buenos Aires. Une fois arrivé, il se lance dans le commerce du bois sous la protection du dictateur Juan Perón, prend la direction de l'organisation d'anciens nazis « *die*

---

a. Il a écrit plusieurs livres faisant autorité sur le renseignement, la Palestine et le Japon pendant la guerre, ainsi qu'une biographie très remarquée du général Patton.

Spinne[a] » – qu'il convertit en un vaste empire financier –, quitte l'Argentine en 1955 pour aller au Brésil, et coule à présent des jours heureux au Chili sous le nom de Ricardo Bauer. Rien de tout cela ne peut être mis en doute, puisque le journaliste Farago est un « poids lourd de la littérature d'espionnage », qu'il tient ses renseignements des services secrets argentins[b] et de leur agent José Velasco – « une sorte de James Bond argentin » –, et qu'il se déclare même en mesure de produire des photos récentes de Martin Bormann, des lettres de sa main, et même le numéro de sa carte d'identité : 1361642[56]…

Les mauvais coucheurs – il y en a toujours – feront remarquer que le sous-marin *U-235* n'était sans doute pas le meilleur moyen de convoyer le magot de Bormann vers l'Argentine, puisqu'il avait été coulé à Kiel en octobre 1943[c] ; d'autres ajouteront peut-être que Kaltenbrunner, Müller et Eichmann avaient d'autres préoccupations au début de mai 1945 que de s'occuper de la survie de Martin Bormann – qu'ils détestaient cordialement par ailleurs ; il s'en trouverait même pour faire remarquer qu'un jésuite nommé Eliezer Goldstein risquait fort d'attirer l'attention, que l'organisation nazie *Die Spinne* était pour longtemps encore le fief exclusif d'un certain Otto Skorzeny[d],

---

a. « L'araignée. »

b. Le SIDE, *Secretaria de Informaciones del Estado*.

c. Il avait certes été renfloué, mais était resté en cale sèche à Kiel jusqu'en avril 1945. L'abondance de précisions impressionne toujours, mais reste une arme à double tranchant…

d. Jusqu'en 1975, lorsque ce spadassin et fumeur compulsif est décédé à Madrid d'un cancer du poumon.

et que cet agent secret José Velasco, qui ne voyait pas d'inconvénients à être cité dans la presse internationale – comme source de documents confidentiels de surcroît –, avait tout de même quelque chose de suspect. Mais peu importe tout cela, puisque moins d'une semaine plus tard, un événement stupéfiant va tout remettre en question...

L'année précédente, la municipalité de Berlin avait décidé de faire bâtir un complexe d'instituts de recherches sur le site de l'Alpendorf, l'ancien parc des expositions de l'Invalidenstrasse, près de la gare de Lehrte. Pour diverses raisons techniques et juridiques, le début des travaux avait été sans cesse repoussé, mais à partir du 5 décembre 1972, les pelleteuses commencent à retourner le terrain, et la suite est consignée dans ce rapport concis du parquet de Francfort : « Les 7 et 8 décembre 1972, sur le terrain de l'Alpendorf, deux ouvriers procédant à des travaux préparatoires à la pose de câbles ont découvert deux squelettes à environ douze à quinze mètres de l'endroit des fouilles menées en 1965. [...] Lors de la découverte du premier crâne, la police criminelle a immédiatement été informée et a procédé sur place à des recherches systématiques, qui ont permis de mettre au jour deux squelettes incomplets, de tailles différentes et relativement bien conservés. Un crâne – désigné ci-après comme "numéro un" – a été endommagé au niveau de la voûte crânienne par le godet de la pelleteuse. Les squelettes ont été consignés à la morgue située à proximité immédiate[a]. [...]

---

a. Par un heureux hasard, cette morgue se trouve à quelques dizaines de mètres du lieu de la découverte.

Dans la denture des deux crânes, il a été trouvé et préservé [...] des débris de verre[57]. »

Quelques informations supplémentaires sont d'un incontestable intérêt : les débris de verre en question proviennent de petites fioles analogues aux ampoules de cyanure distribuées à 950 exemplaires aux occupants du bunker en avril 1945. Le squelette numéro un est celui d'un homme de 1,90 à 1,94 mètre, et le squelette numéro deux correspond à une taille d'1,68 à 1,72 mètre ; or, le docteur Stumpfegger mesurait 1,94 mètre, et Martin Bormann 1,70 mètre. Par ailleurs, le squelette numéro deux présente au niveau médian de la clavicule droite une trace de calcification imparfaite, alors que selon ses fils, Bormann s'est fracturé la clavicule lors d'une chute de cheval en 1939. D'après la denture du crâne numéro deux partiellement conservée et un bridge retrouvé à proximité peu après, les assistants du docteur Hugo Blaschke[a], Echtmann et Heusermann, reconnaissent aisément leur travail de l'époque sur le patient Martin Bormann. Une dernière précision, qui rappelle immédiatement aux enquêteurs la déposition d'Albert Krumnow neuf ans plus tôt : lors de leur découverte, les deux squelettes étaient disposés tête-bêche[b]... Mais il y a plus convaincant encore : un cliché de la tête de Martin Bormann superposé au crâne numéro deux s'ajuste pratiquement au millimètre près, tandis qu'une reconstitution plastique du visage à partir de ce crâne présente une ressemblance plus qu'évidente avec celui de l'ancien Reichsleiter.

----

a. Le dentiste d'Hitler, qui soignait la plupart des autres dignitaires nazis.

b. Voir *supra*, p. 287, note a.

Dès lors, le parquet de Francfort, sous la signature du procureur Richter[a], conclut le 4 avril 1973 que « bien que les possibilités d'identification humaines aient leurs limites, les deux squelettes trouvés les 7 et 8 décembre 1972 sur le terrain de l'Alpendorf sont identiques à ceux des accusés Martin Bormann et Ludwig Stumpfegger ». En conséquence, « il est mis un terme définitif aux recherches entreprises pour retrouver Martin Bormann[58] ». Les squelettes pourront donc être rendus aux familles pour être enterrés, mais la crémation reste interdite, « afin que les ossements puissent demeurer à la disposition d'une recherche scientifique plus avancée à l'avenir » – une façon somme toute élégante de ménager une place au doute raisonnable...

Ainsi donc, la fin de ces deux sinistres individus a été triste et banale : s'étant heurtés à une patrouille soviétique à l'extrémité de la passerelle de l'Invalidenstrasse, ils avaient avalé leur ampoule de cyanure pour échapper à la capture. Sans doute un excès de précipitation, car sur les quelque 600 000 officiers et soldats de Staline ayant investi Berlin entre le 1er et le 2 mai, il ne s'en trouvait probablement *pas un seul* susceptible de reconnaître – ou même de connaître – le Reichsleiter Martin Bormann. En outre, comme l'ont constaté Axmann, Schwägermann, Weltzin, Naumann et quelques autres, les soldats de l'Armée rouge ne tenaient pas particulièrement à arrêter des civils allemands cette nuit-là[b]. Mais Martin Bormann, la conscience chargée et l'égo démesuré, imaginait sans doute que le monde entier pouvait l'identifier ;

a. Le procureur général Fritz Bauer est décédé en 1968.
b. Ou même des soldats âgés, assimilés au *Volkssturm*.

tout comme le docteur Stumpfegger, autre truand au passé inavouable, il avait donc paniqué et mordu la petite fiole bleue. *Finis Historiae...*

Finis ? Allons donc ! Ladislas Farago, dont la série d'articles à succès se trouve dès lors fatalement compromise, prend immédiatement les armes et dénonce toute la procédure comme une vaste supercherie. Ce médecin légiste Hans Jürgen Spengler, qui a mené les expertises, n'est-il pas d'ordinaire « chargé des analyses de sang sur les conducteurs en état d'ébriété et de la préparation d'examens sanguins pour les recherches en paternité[59] » ? Ce Fritz Echtmann, assistant du dentiste Blaschke, n'était-il pas à l'époque un simple prothésiste dentaire, n'ayant jamais vu Bormann ? (L'assistante Katrina Heusermann, plus embarrassante, est simplement évacuée.) Un professeur de dentisterie réputé, le docteur américain Sognnaes, ne s'est-il pas vu refuser l'autorisation d'examiner les crânes ? N'est-il pas exact qu'aucune trace de cyanure n'a été relevée sur les corps[a] ? Le chasseur de nazis Simon Wiesenthal a d'ailleurs exprimé sa conviction que Bormann était toujours vivant... En fait, ces squelettes semblent avoir été exhumés exprès pour discréditer la série d'articles de Ladislas Farago dans la presse internationale, et les journalistes néonazis de *Stern* pourraient bien être à l'origine d'une vaste conjuration visant à couvrir les traces de Martin Bormann. D'ailleurs, le procureur général Bauer n'est-il pas décédé « dans des circonstances quelque peu mys-

---

a. Le cyanure se dissolvant rapidement dans l'air et dans l'eau, des traces résiduelles après vingt-sept ans passés à moins d'un mètre sous terre auraient constitué un véritable miracle.

térieuses[60] »[a] ? En définitive, la meilleure preuve d'un complot est encore que ceux qui ont repris l'affaire, les juges Gauf, Richter et von Glasenapp, ont tous refusé d'examiner l'inestimable collection de documents confidentiels détenus par Ladislas Farago, et prouvant à l'évidence que Bormann est bien vivant en Amérique du Sud… Évidemment, il y a bien des réponses à tous ces arguments, dont certaines tombent sous le sens et d'autres sont plutôt divertissantes. Ainsi, le correspondant à Buenos Aires du magazine *Stern* s'est procuré, moyennant un modeste pot-de-vin de 50 dollars, des documents de la police secrète argentine – munis de tous les cachets officiels –, certifiant que Ladislas Farago n'est autre que Martin Bormann[61]…

Pour finir, l'affaire est portée devant le tribunal du Land de Hesse, qui la confie à la 1re chambre correctionnelle, laquelle se déclare incompétente et la renvoie devant les trois procureurs initiaux – après quoi la procédure échoue devant la 3e chambre de la cour de justice criminelle présidée par le juge Kiessling… qui refuse de prononcer le décès de Bormann, mais annule son mandat d'arrêt ! Au milieu de ce désastreux imbroglio juridique, la polémique finit par lasser les Allemands, les accusations et les contre-accusations sèment le doute dans les esprits, et les enfants de Bormann ne reconnaissant pas les restes comme étant ceux de leur père, le squelette numéro deux est remisé dans les archives du tribunal de Francfort. Dès lors, la voie est à nouveau libre dans le monde entier pour les amateurs d'histoires sensationnelles et de thèses du complot…

---

a. Certes : il est mort dans son lit d'une bronchite aiguë.

Ladislas Farago a naturellement une longueur d'avance : dès 1973, il travaille à un pavé de 480 pages intitulé *Aftermath – Martin Bormann and the Fourth Reich*. Ayant résolument évacué le squelette importun, Farago est à nouveau libre de jongler avec les faits et la fiction, les insinuations et les récriminations, les vrais documents inintéressants[a] et les faux documents sensationnels, les vastes panoramas et les raccourcis vertigineux. Il reproduit donc *in extenso* son récit coloré sur la fuite de Berlin avec la complicité de « Gestapo » Müller, le périple vers l'Italie, le magot SS, les tractations avec Eva Perón, l'émigration en Argentine, l'empire financier de Ricardo Bauer dans toute l'Amérique du Sud, son installation

---

a. Dans un cahier photo de trente pages, on trouve par exemple une lettre de juin 1948 provenant des archives du FBI, non traduite mais parfaitement déchiffrable, et qui comprend la révélation suivante : « L'information que Bormann est en Argentine m'est parvenue par l'intermédiaire de John F. Griffiths, [...] anciennement employé par les services culturels de l'ambassade américaine à Buenos Aires [...] et depuis lors expulsé du pays. Il est bien informé, mais le FBI fait savoir que, selon beaucoup de gens, il n'est pas particulièrement responsable. » En revanche, une autre lettre d'août de la même année, signée d'Edgar Hoover en personne et tout à fait confidentielle, signale que selon des sources britanniques dignes de foi, l'épouse de Bormann serait décédée et enterrée près de Bolzano, que Bormann aurait eu trois enfants (il en manque donc sept), et que selon un inspecteur de Scotland Yard, ledit Bormann pourrait bien être vivant et se cacher dans le Tyrol du Sud. La lettre se termine par cette dernière révélation : « Toutefois, on nous signale que les autorités policières italiennes dans la région sont très corrompues et peu coopératives. »

au Brésil, ses visites aux vieux acolytes Mengele et « Gestapo » Müller, etc. Et puisque le papier supporte tout, la mise à jour est plus vertigineuse encore : en juin 1968, Bormann, « se sentant encore plus vieux que son âge et redoutant la sénilité », s'installe au Chili, où il fait du cheval et du jardinage, tout en ayant une maîtresse prénommée Maria, qui lui donne quatre enfants[62]. Mais en février 1972, l'alerte septuagénaire retourne à Buenos Aires accompagné de son secrétaire mexicain Luis Jimenez, de son garde du corps chilien O'Higgins et de sa maîtresse Hannelore – une accorte quadragénaire germano-chilienne, qui aurait donc remplacé Maria... Cette fois, Bormann ne vient pas pour affaires, mais pour consulter le célèbre docteur Ciancaglini[a] au sujet de son impuissance, propre à justifier « une thérapie cellulaire[b] ». Le traitement semble salutaire, puisque l'on retrouve *« el gran fujitivo »* peu après à Apolo, au nord de La Paz, en invité d'honneur à un banquet du Rotary Club – sans doute le meilleur moyen de passer inaperçu, surtout lorsqu'on y est photographié[63]...

Mais à la fin de 1972, Bormann, alias Goldstein, alias Bauer, alias von Lange, ne se formalise-t-il pas de la prétendue découverte de son squelette sur le terrain berlinois de l'Alpendorf ? Nullement, nous

---

a. L'adresse de la polyclinique est gracieusement fournie, au bénéfice d'éventuels amateurs : 134-138, Calle Ituzaingo, à San Isidro.

b. Foin du secret médical : des certificats émanant de la polyclinique du docteur Ciancaglini sont même reproduits, avec mention d'un spasme cérébral, de l'impuissance et de divers autres maux...

dit l'auteur, mais son associé en affaires, le capitaine Hans von Gerstein, s'inquiète à sa place – et décide de le mettre à la retraite d'office. On peut le comprendre : un président-directeur général déjà septuagénaire et maintenant squelettique ne risque-t-il pas de nuire à l'image du conglomérat ? Les Allemands faisant toujours les choses dans les règles – *Ordnung muss sein* –, un conseil d'administration est convoqué en Uruguay, réunissant tous les actionnaires du vaste empire industriel de Bauer-Bormann. Ce dernier se rend donc à Montevideo le 22 décembre 1972, et là, en présence d'un certain Klaus Dobermann – probablement le chien de garde –, l'ancien Reichsleiter reconverti en parrain est forcé de passer la main et de vendre ses actifs. Tout sarcasme serait déplacé, car l'ensemble de l'épisode est attesté par des documents confidentiels obtenus à Santiago grâce à l'aimable collaboration de l'inspecteur principal Oswaldo Pascual Gonzales, chef de la police... secrète du Chili[64].

Mais pour l'infatigable « poids lourd de la littérature d'espionnage » Ladislas Farago, le meilleur est encore à venir, et il ne peut être mieux raconté que par l'auteur lui-même : « Le 3 février 1973, j'ai reçu des appels téléphoniques de Buenos Aires et de Lima, m'avisant que [Bormann] avait été localisé en Bolivie. De plus, on me disait que certains accords avaient été passés pour me permettre de le *voir* en personne[a]. [...] Douze jours plus tard, ayant traversé des frontières illégalement, violé des espaces aériens par des vols non

_____

a. Farago précise qu'il avait proposé aux intermédiaires de Bormann une avance de 500 000 dollars pour publier les Mémoires de l'ancien Reichsleiter.

autorisés à bord d'un avion de location et manifestement risqué ma vie dans une aventure insensée, j'ai été
escorté jusqu'à son chevet. C'était ma dernière chance
de le voir, et sa dernière chance de me recevoir. Il
était dans une maison de retraite appartenant à l'ordre
des Rédemptoristes quelque part au sud de la Bolivie,
et il était mourant. [...] Lorsqu'on m'a amené jusqu'à
sa chambre pour une visite de cinq minutes comme
convenu (sans possibilité de poser des questions ni
bien sûr d'obtenir des réponses), je me suis trouvé
en face d'un petit vieillard dans un grand lit [...], qui
posait sur moi un regard absent, marmonnait entre
ses dents et n'a élevé la voix qu'une seule fois, pour
nous enjoindre rudement de quitter la pièce : "Nom de
Dieu", a-t-il dit avec quelque véhémence et une vigueur
qui m'a stupéfié, "vous ne voyez pas que je suis un vieil
homme ? Alors laissez-moi mourir en paix."[65] »

De la part de l'ancienne éminence brune du Führer,
ce n'est pas à proprement parler une déclaration digne
d'entrer dans l'histoire, mais elle suffira pour assurer la
promotion du livre de Ladislas Farago[a]. À en croire ce
dernier, du reste, Bormann se porte nettement mieux
que son squelette, et il va même se rétablir complètement en apprenant la nouvelle du retour des péronistes
en Argentine : « Un mois après le retour triomphal de
Perón à la présidence, Bormann est revenu dans la
capitale fédérale et il est installé dans une propriété
isolée, sous la protection de ses amis, au moment où
j'écris ces lignes. [...] Ma requête pour obtenir la permission d'enregistrer une brève interview a été rejetée,

---

a. De fait, cette « entrevue » figurera en quatrième de
couverture...

et il a catégoriquement refusé de poser pour des photographies – ce qui est compréhensible[66]. »

Parfaitement compréhensible, en effet... Mais l'ouvrage *Aftermath – Martin Bormann and the Fourth Reich*, paru en septembre 1974 aux éditions Simon & Schuster, n'en sera pas moins un *best-seller* mondial – ce que les Américains nomment *a blockbuster*[a]. Les historiens sérieux pourront toujours hocher la tête et grincer des dents : devant un tel succès, Ladislas Farago ne va pas tarder à faire des disciples. L'un d'eux se nomme Paul Manning ; ce journaliste de la CBS a travaillé comme correspondant de guerre avec le célèbre Ed Murrow, et il est très respecté dans la profession. Depuis des années, Manning s'est mis en tête de retrouver la trace de Martin Bormann, et en 1981, il livre au public le résultat de son enquête[b], sous la forme d'un ouvrage intitulé *Martin Bormann – Nazi in Exile*. Le titre est déjà éloquent, et l'auteur écrit dans son introduction qu'Allen Dulles l'a encouragé dans son entreprise, en lui disant qu'il était dans la bonne voie. L'ancien directeur de la CIA ne risque pas de démentir, étant décédé depuis douze ans... Mais pour pouvoir rendre compte de sa longue traque du Reichsleiter Bormann en Amérique du Sud, Manning doit au préalable se débarrasser de ce

---

a. En plus d'une bibliographie surabondante, Farago exprime sa reconnaissance à de nombreuses personnalités qui l'ont « inspiré », « aidé », « guidé », « encouragé », ou lui ont « montré la voie ». Beaucoup auraient sans doute été très surpris de se trouver dans la liste : Hugh Trevor-Roper, Robert Kempner, le juge von Glasenapp, Louis de Jong, John Toland, Raoul Hilberg, et même Beate Klarsfeld...

b. Financée en grande partie par la chaîne CBS.

squelette controversé mais toujours encombrant qui dort depuis neuf ans dans les archives du tribunal de Francfort. L'explication sera donc quelque peu laborieuse : le prétendu squelette de Bormann serait celui d'un macabre substitut – un prisonnier du camp de concentration de Sachsenhausen « ressemblant beaucoup au Reichsleiter », dont le système dentaire aurait été modifié sur une longue période. Après cela, la doublure involontaire a été tuée « à l'aide d'un aérosol de cyanure », et « Gestapo » Müller l'a fait enterrer « le 30 avril, à proximité du pont de Weidendamm[67] ».

C'est évidemment diabolique, même si Manning, ayant lu un peu trop rapidement le rapport Richter, se trompe de site et fait enterrer près du pont de Weidendamm en 1945 un corps retrouvé vingt-sept ans plus tard près de la passerelle de la gare de Lehrte, deux kilomètres plus loin[a]... Mais peu importe : le « vrai » Bormann est désormais libre de quitter Berlin et de gagner Gênes en passant par le Schleswig-Holstein et la Bavière, après quoi il embarque pour Buenos Aires, avant de faire la navette entre le Brésil, le Paraguay et l'Argentine – avec une affection particulière pour les sites touristiques comme Bariloche et Iguazú, ainsi que pour la colonie Waldner chère au caporal SS Erich Karl Wiedwald quatorze ans plus tôt[b]. Le reste du temps, Martin Bormann vit dans une luxueuse plantation brésilienne près du Paraná, gar-

---

a. Et le docteur Stumpfegger ? Une doublure aussi, provenant du même camp ! Müller – et Manning – ne sont pas à un cadavre près...

b. Bormann fréquente également le *night-club* Ali-Baba d'Asunción, en compagnie du docteur Mengele.

dée par des Indiens – féroces, naturellement –, et de
là il gère un vaste complexe financier international[68].
Pour ceux qui s'inquiéteraient de sa santé au début
des années 80 : elle est excellente, merci !

Comme tous les ouvrages du même genre, celui de
Manning connaît un succès certain[a], et il va inspirer
à son tour bien des imitateurs. Naturellement, il y a
des sceptiques, à l'exemple de Hugo Manfred Beer,
dont l'ouvrage *Moskaus As im Kampf der Geheimdienste*, paru en 1983[69], reprend à son compte la thèse
du général Gehlen : Bormann s'est mis au service des
Soviétiques dès 1945. Le journaliste et agent du KGB
Boris Tartakovski lui fait même écho en 1992 dans son
rocambolesque récit *Martin Bormann, Agent Sovietskoï
Razviedki*[70] [b]. Et si c'était vrai ? Après tout, la thèse de
l'ancienne éminence brune réfugiée en Amérique latine
se trouve quelque peu malmenée la même année,
lorsque l'agent secret argentin Velasco avoue au journaliste Jorge Camarasa que tous les documents fournis à Ladislas Farago dans les années 70 étaient des
contrefaçons éhontées, mais hautement rentables[71]...

Certes, mais tout cela est remis en question quatre
ans plus tard par les révélations de l'ancien officier
de marine, agent secret, acteur, réalisateur, écrivain
et musicien britannique John Ainsworth-Davis, *alias*

---

a. Et peut toujours être téléchargé gratuitement sur Inter-
net (https://archive.org/details/Martin_Bormann_Nazi_in_
Exile).

b. « Martin Bormann, agent des services de renseignements soviétiques. » Dans ce livre, Tartakovski assure même
avoir découvert la tombe de Martin Bormann (1900-1970)
dans un cimetière de Moscou. Mais par la suite, il ne la
retrouvera plus...

Christopher Creighton. Dans un ouvrage intitulé *Op JB* et publié par la très sérieuse maison d'édition Simon & Schuster, Creighton peut enfin révéler la vérité : sur ordre de Churchill, Eisenhower et Mountbatten, transmis par Desmond Morton, le directeur de l'ultrasecrète « section M »[a], Creighton a participé durant les derniers jours du Reich à une expédition anglo-américano-judéo-allemande menée par le *commander* de la Royal Navy Ian Fleming. Sa mission : enlever Martin Bormann, afin qu'il donne aux Alliés les numéros de comptes bancaires des fabuleux trésors du Reich entreposés en Suisse. On pouvait penser que les hauts responsables alliés avaient d'autres préoccupations à la fin d'avril 1945, mais c'était une erreur : à bord de six kayaks, les hardis commandos ultrasecrets[b], basés à proximité du pont de Weidendamm – un pont décidément très populaire –, se glissent dans la chancellerie du Reich, abattent deux SS et repartent avec Bormann, à qui ils ont promis une nouvelle vie à l'Ouest en échange de ses renseignements financiers. Ayant remonté la rivière Havel jusqu'à l'Elbe, les vaillants kayakistes accomplissent leur mission, et Bormann est amené en Angleterre[72], où il donne toutes les indications voulues et rédige en prime un rapport de 800 pages sur ses activités pas-

---

a. Si secrète que personne n'en a jamais entendu parler depuis lors… Il est vrai que Desmond Morton était le parrain de « Christopher Creighton », et que lord Mountbatten comme Churchill étaient des amis de son père, ce qui pouvait constituer une bonne base pour les affabulations qui suivent.

b. Comprenant deux femmes, une Anglaise et une Russo-Américaine, naturellement très belles et très musclées.

sées au service du Reich[a]. Après cela, il coule des jours heureux – et bien sûr ultrasecrets – au Royaume-Uni, mais il en est expulsé au début de 1956 et échoue à Asunción, au Paraguay, où il décède en 1959[73].

Tout cela peut prêter à sourire, mais enfin, la maison d'édition Simon & Schuster n'aurait pas engagé ainsi sa réputation sans prendre au préalable de sérieux renseignements ; en outre, l'auteur produit des attestations signées de Churchill, Ian Fleming et lord Mountbatten – tous décédés de longue date[b] –, et il offre même 30 000 dollars à toute personne pouvant apporter la preuve du caractère fictif de son récit. Personne ne relèvera le défi, l'ouvrage se vendra à un million d'exemplaires, et il sera traduit en douze langues…

Hélas ! Les meilleures choses ont une fin : cette même année 1996, maître Florian Besold, l'avocat de la famille Bormann, demande au procureur général de Francfort Hans Christopher Schaefer que soit

---

a. Jamais déclassifié, ce qui est naturellement une preuve de la réalité du complot des services secrets britanniques…

b. En 2010, sur le blog du Centre de recherche sur le renseignement (CFR2), le professeur Herman Matthijs, de la Vrije Universiteit de Bruxelles, peut encore écrire au sujet de ce livre : « Il est impossible d'ignorer les lettres du Premier ministre Churchill, de lord Mountbatten et de Ian Fleming à propos de cette opération secrète […]. Surtout, il apparaît que les pièces concernées ont été rendues illisibles dans les archives du service secret britannique. » L'idée que les lettres en question – tapées à la machine et montrées uniquement à l'état de photostats – aient pu être des faux grossiers ne semble pas être venue à l'esprit du professeur Matthijs.

pratiquée une analyse ADN sur les restes découverts en 1972. Après avoir longtemps hésité, le procureur fait droit à sa demande, et en février 1998, l'expertise est confiée à des médecins légistes de Francfort, Bern et Munich. Les deux premiers, chargés de procéder à une analyse de l'ADN ordinaire, ne peuvent en extraire suffisamment pour se prononcer. Mais à l'Institut de médecine légale de Munich, les services du professeur Wolfgang Eisenmenger ont recours à l'analyse de l'ADN mitochondrial, avec pour élément de comparaison deux petites ampoules de sang fournies par une dame de quatre-vingt-trois ans, qui est la petite-fille d'Amalie Vollborn, sœur d'Antonie, la mère de Martin Bormann[74]. Cette fois, la parenté est établie avec une marge d'erreur si infime que toute nouvelle contestation est exclue. Le permis d'incinérer est donc délivré, et Martin Adolf Bormann, le fils désormais défroqué mais toujours religieux[a], va discrètement répandre les cendres de son père dans la Baltique. Le fantôme de Martin Bormann a enfin cessé d'errer...

Fin de l'histoire ? Allons donc ! En 2002 paraît en France, aux éditions Charles Lavauzelle, un ouvrage intitulé *Le Dossier Saragosse*, dont l'auteur n'est autre que l'ancien résistant, agent des services spéciaux et polygraphe Pierre de Villemarest. Son ouvrage est le quatrième d'une collection intitulée « Renseignement et guerre secrète ». On ne plaisante pas avec de tels sujets, d'autant que le comité scientifique de cette nouvelle collection comprend seize éminents spécialistes du renseignement, sous la présidence d'honneur

---

a. Il a épousé une nonne.

de l'amiral Pierre Lacoste, « pour veiller à la qualité, à l'intérêt et à l'exactitude des textes publiés[75] ». Fort de cette impressionnante caution, Pierre de Villemarest est en mesure de nous faire les révélations suivantes : « Nous pensons que des arrangements avaient été prévus pour Bormann et Müller, entre eux et leurs correspondants soviétiques, afin que des trous existent dans le cercle de feu qui cernait progressivement la chancellerie et son bunker. [...] Tandis qu'à l'Ouest, les témoignages se multiplient de 1945 à 1948 pour accréditer la thèse de la mort de Bormann, donc qu'il est inutile de perdre du temps à le rechercher, les autorités soviétiques [...] jouent les innocentes. [...] Martin Bormann a négocié sa coopération à condition d'être libre de ses mouvements, et les services d'Abakoumov ont accepté. [...] Il est temps d'en finir avec les romans ou récits plus ou moins fantaisistes qui ont circulé depuis cinquante ans sur la mort ou la survie de Martin Bormann. C'est encore une fois le dossier Saragosse – dont nul ne peut nier l'authenticité – qui permet de le faire. [...] Par exemple, on apprend à la réunion du 15 avril 1946 du groupe Seegers que "Bormann a quitté la Bavière pour l'Argentine il y a près de deux mois, grâce à un document du consul d'Argentine à Barcelone, qui en a fait un de ses collaborateurs"[76]. »

Il est donc encore possible d'écrire tout cela en 2002 ? Apparemment oui, et puisque nul ne peut nier l'authenticité du dossier Saragosse, l'auteur en reproduit quelques documents choisis : « Notes de "Ric". <u>Le 12 janvier 1947</u> : Ils assurent que Martin BORMANN est passé par Saragosse le vendredi 10 janvier – Schuler, Schmidt et Segeers l'ont vu. [...] Il n'est resté que quelques heures ici et est reparti pour Barcelone où il doit s'embarquer vers l'Italie pour rejoindre la Bavière. Il se propose de réorganiser le mouvement de résistance contre la dénazification. <u>Le 14 septembre 1947</u> : Abd el-Krim aurait reçu la visite de Marocains marquants et au cours de leur conférence ils auraient décidé de demander la liberté complète du Maroc. [...] BORMANN leur a envoyé l'ordre d'appuyer par tous les moyens les revendications d'Abd el-Krim[77] [a]. » Et de Villemarest dans tout cela ? Il est bien sûr personnellement impliqué : « Voici un détail sur la façon dont, le 12 janvier 1947, Martin Bormann est revenu d'Amérique du Sud en Espagne, pour regagner la Bavière. [...] En Autriche, deux passeurs le conduisent à Füssen. En quarante-huit heures, Bormann aura ainsi gagné Regen, près de la frontière tchécoslovaque. Chez lui. C'est là que, par hasard, nos chemins se sont croisés[b], avant qu'une seconde rencontre ne nous remette face à face, en 1949, à Sankt Margrethen, à la frontière suisse[78]. »

---

a. Pourquoi diable Martin Bormann s'occupe-t-il du Maroc ? Peut-être parce que le lecteur français s'y intéresse.

b. La rencontre est décrite en ces termes : « C'est là, au nord de Deggendorf, que j'ai pour la première fois et par hasard, manqué d'écraser Martin Bormann dans un tournant d'une route très étroite surplombant un ravin. Il marchait d'un bord à l'autre, entraîné par la pente, et ne dut qu'aux bons freins de mon Audi et à la montée de la route que je puisse m'arrêter à vingt centimètres de lui. [...] Il avait alors salué de la tête, et s'était empressé de poursuivre son chemin. »

Pierre Faillant de Villemarest a donc rencontré lui aussi Martin Bormann – à deux reprises même... Le squelette ? Jamais entendu parler ! Nous sommes en présence d'un auteur sérieux, qui a eu accès aux archives soviétiques, à celles de la Stasi et des services secrets tchèques – grâce auxquelles il a pu nous apporter les révélations ci-dessus, et découvrir ensuite que « lorsque le blocus de Berlin prend fin le 23 mai 1949, Martin Bormann comprend qu'il ne peut plus spéculer sur une nouvelle guerre pour jouer de son potentiel humain et financier entre les deux camps. C'est la raison pour laquelle il décide de quitter définitivement l'Europe et de s'installer en Amérique du Sud[79] ». Voilà donc l'auteur libéré d'un dilemme : il n'y a plus à choisir entre Martin Bormann agent soviétique en Europe et Bormann Martin capitaliste repu aux Amériques : il a été successivement l'un et l'autre...

Mais à partir de là, Pierre de Villemarest, ne bénéficiant apparemment plus des sources soviétiques, tchèques et est-allemandes, semble surtout s'appuyer sur ses illustres devanciers Wiedwald, Creighton, Farago et Manning – avec une légère préférence pour le quatrième, qui est mis à contribution une bonne dizaine de fois : « Brillant reporter auprès des autorités américaines, Manning a bénéficié de sources autorisées et vérifiées » ; « Cité par Paul Manning, dans *Martin Bormann – Nazi in Exile* » ; « Tous les documents relatifs à ces exposés dorment depuis 1945 dans les archives du Trésor américain. Seul Paul Manning, déjà cité, les a utilisés » ; « Selon Manning, ce même 7 mai, Martin

Bormann venait de passer la nuit dans une maison de Berlin-Dahlem » ; « Le journaliste américain Paul Manning a pu témoigner de la multiplication de ces arrangements, une fois Bormann débarrassé par de mystérieux assassins d'un certain nombre de ses anciens protagonistes[80] », etc. Pourtant, Pierre de Villemarest n'a qu'une reconnaissance limitée envers ses inspirateurs : « Quelques auteurs, tels Ladislas Farago ou Paul Manning aux États-Unis, ont multiplié leurs enquêtes et déductions sur le sort du Reichsleiter et du chef de la Gestapo. Mais ils se sont égarés sur des pistes dont ils n'ont pas perçu qu'elles leur étaient proposées par des intermédiaires douteux, issus d'une immigration allemande au sein de laquelle aussi bien Müller que Bormann avaient leurs agents, et que, au-dessus, Moscou tirait les ficelles. [...] Mais croit-on tromper les véritables spécialistes du renseignement[81] ? » Il ferait beau voir : « Une contre-enquête en Amérique du Sud, certifie le spécialiste, m'a permis d'apprendre qu'entre 1954 et 1959, Martin Bormann avait ordonné à ses divers fondés de pouvoir – si cela pouvait protéger leurs activités – d'agréer dans leurs conseils, "à égalité de responsabilités et de traitement", un certain nombre de Juifs de la haute société[82]. »

Et pas après 1959 ? Hélas non ! Car le 15 février 1959, Bormann « avait succombé à un cancer de l'estomac à Asunción, au Paraguay. On l'avait enterré dans le cimetière allemand d'Ita, à trente-cinq kilomètres de la capitale[83] ». Voilà donc de Villemarest en accord sur la date et le lieu avec l'ineffable agent secret devenu cinéaste John Ainsworth-Davis, *alias* Christopher Creighton, ainsi qu'avec la dépêche de l'AFP tombée trente-huit ans plus tôt. Il est vrai que cette dernière mentionnait plutôt la date du 17 février 1959, tout en situant le cimetière d'Ita à quarante kilomètres d'Asunción, mais Bormann a bien pu agoniser deux jours, et il fallait sans doute comprendre que sa dernière demeure était éloignée d'Asunción de trente-cinq kilomètres *à vol d'oiseau*... Du reste, Pierre de Villemarest cite longuement à l'appui de ses dires une source irréfutable : le périodique russe *Sovierchenno Sekretno* (« Ultrasecret ») n° 4 de l'année 2000, qui confirme la date du décès, ajoute qu'il a eu lieu « dans la maison de Werner Jung, consul général du Paraguay auprès de la République fédérale d'Allemagne[a] », et assure même que Bormann « a été soigné durant des années par le docteur Josef Mengele[84] ». Voilà qui semblerait confirmer la sage sentence de Joseph Staline : « On n'est jamais trop prudent dans le choix de son médecin ! »

Mais en 2002, le dernier mot revient naturellement à l'ancien agent des services spéciaux français Pierre de Villemarest : « Arthur Axmann, sorti avec Bormann du bunker de la chancellerie, racontait qu'il l'avait perdu de vue un moment, puis retrouvé gisant à jamais. Cependant, quinze ans plus tard, Axmann devait admettre qu'il avait inventé toute

---

a. Une façon transparente pour la propagande russe de mouiller le gouvernement allemand dans un vaste complot visant à protéger les anciens nazis.

cette histoire[a]. Avec d'autres "témoins", il voulait alors faire courir le bruit de la mort de Martin
Bormann, afin de protéger sa fuite. [...] À Bonn,
il n'était pas question de remuer ciel et terre pour
retrouver Martin Bormann. [...] En fait, certains
milieux politico-industriels de Bonn... cherchaient à
convaincre Naumann qu'il était temps pour ses amis
réfugiés en Amérique du Sud, notamment en Argentine, de "rapatrier" ou de réintégrer dans l'économie
de la RFA un certain nombre de firmes industrielles
et commerciales créées là-bas par Bormann et ses
amis[b]. [...] Il ne restait plus à Martin Bormann qu'à
négocier avec les "vieux messieurs" de Bonn pour
s'en sortir indemne. [...] Donc à la trappe tous les
faits, tous les documents, tous les témoignages qui
raconteraient l'irréfutable. Telle n'est pas ma conception de l'historien. Ce n'est pas non plus celle de
l'éditeur de cet ouvrage[85]. »

Ainsi donc, en quatre longues années, ni Pierre de
Villemarest ni les seize éminents experts du conseil
scientifique de la collection « Renseignement et
guerre secrète » n'ont lu les journaux annonçant au
monde la disparition définitive du fantôme de Mar

----

a. Étonnant : Artur Axmann était justement le seul témoin
de cette affaire à n'avoir *jamais* varié dans ses déclarations ;
c'est même pourquoi l'enquêteur du MI6 Hugh Trevor-Roper
avait fini par le croire.

b. Où l'on retrouve le motif crapuleux évoqué par le
metteur en scène Christopher Creighton : une fois de plus,
les Occidentaux voulaient mettre la main sur le magot des
nazis ! Pierre de Villemarest est décidément un homme de
synthèse...

tin Bormann ? Cette nouvelle déjà ancienne balayait pourtant cinquante-trois ans de sornettes en tous genres ! *Dinge gibt's, die gibt's ja gar nicht* [a] – Il y a tout de même des choses qui dépassent l'entendement...

„Pst! — Was habe ich euch gesagt, der Bormann muß hier irgendwo sein!"

« Psitt ! Qu'est-ce que je vous disais ? Bormann doit être
quelque part dans les parages ! »

© *Stern*, octobre 1968.

---

a. La traduction littérale de cette expression courante en patois bavarois serait plutôt : « Y'a quand même des trucs qui vous laissent tout chose ! »

Notes

1. L'*Aktion T4*

1. Collectif, *Encyclopédie Larousse du XXᵉ siècle*, vol. III « E-H », Paris, 1930, p. 335.

2. Binding, Karl, et Hoche, Alfred, *Die Freigabe der Vernichtung Lebensunwerten Lebens*, Berlin, BWV, 1920.

3. *Id.*

4. Baur, Erwin, Fischer, Eugen, et Lenz, Fritz, *Grundriss der Menschlichen Erblichkeitslehre und Rassenhygiene*, Munich, Lehmans Verlag, 1923.

5. Hitler, Adolf, *Mein Kampf*, Munich, Franz Eher Verlag, 1942, p. 447.

6. Cité dans Ricciardi von Platen, Alice, *L'Extermination des malades mentaux dans l'Allemagne nazie*, Paris, Érès, 2001, p. 41.

7. Kershaw, Ian, *Hitler*, vol. II, Londres, Penguin, 2001, p. 256.

8. Aziz, Philippe, *Les Médecins de la mort*, vol. I, Paris, Famot, 1975, p. 68.

9. Borner, Adolf, « Lehrbuch der Mathematik für höhere Schulen 1935-36 », devoir n° 95, cité dans Kogon, Eugen, Langbein, Hermann, et Rückerl, Adalbert, *Les Chambres à gaz, secret d'État*, Paris, Éditions de Minuit, 1984.

10. Unger, Hellmuth, *Sendung und Gewissen*, Berlin, Gerhard Stalling, 1941.

11. Kogon, Eugen, Langbein, Hermann, et Rückerl, Adalbert, *Les Chambres à gaz, secret d'État, op. cit.*, p. 28.

12. Padfield, Peter, *Himmler, Reichsführer SS*, Londres, Macmillan, 1990, p. 261.

13. *Id.*

14. *Ibid.*, p. 303.

15. Klee, Ernst, *« Euthanasie » im NS-Staat. Die « Vernichtung lebensunwerten Lebens »*, Francfort, Fischer Verlag, 1986, pp. 110 et 111.

16. Lifton, Robert J., *The Nazi Doctors : Medical Killing and the Psychology of Genocide*, Washington, Library of Congress, 1987, p. 77.

17. *Ibid.*, p. 75.

18. Aziz, Philippe, *Les Médecins de la mort*, vol. IV, *op. cit.*, p. 101.

19. Lifton, Robert J., *The Nazi Doctors, op. cit.*, p. 90 et 91.

20. *Ibid.*, p. 90.

21. Cité dans l'article d'Ingo Loose, « Aktion T4 » (http://www.gedenkort-t4.eu/de/vergangenheit/aktion-t4).

22. Lifton, Robert J., *The Nazi Doctors, op. cit.*, p. 94.

23. *Ibid.*, p. 96.

2. Germania, la capitale d'empire du Führer

1. Dietrich, Otto, *Hitler*, Chicago, Regnery, 1955, p. 228.

2. Picker, Henry, *Hitler, cet inconnu*, Paris, Presses de la Cité, 1969, p. 218.

3. Speer, Albert, *Au cœur du IIIe Reich*, Paris, Fayard/Pluriel, 2010, p. 108.

4. *Ibid.*, pp. 201 et 202.

5. Kershaw, Ian, *Hitler*, vol. II, Londres, Penguin, 2000, p. 183.

6. Dietrich, Otto, *Hitler, op. cit.*, p. 229.

7. Kersten, Felix, *The Kersten Memoirs*, New York, Macmillan, 1957, pp. 124 et 125.

8. Picker, Henry, *Hitler, cet inconnu, op. cit.*, p. 449.

9. Speer, Albert, *Au cœur du IIIe Reich, op. cit.*, p. 229.

10. *Ibid.*, p. 728.

11. *Ibid.*, p. 223.

12. *Ibid.*, p. 728.

13. *Ibid.*, p. 224.

14. *Ibid.*, p. 226.

15. *Id.*

16. Kersten, Felix, *The Kersten Memoirs, op. cit.*, pp. 260 et 261.

17. Speer, Albert, *Au cœur du IIIe Reich, op. cit.*, p. 110.

18. *Ibid.*, p. 146.

19. Kersaudy, François, *Hermann Goering*, Paris, Perrin, 2009, pp. 176-195.

20. Speer, Albert, *Au cœur du IIIe Reich, op. cit.*, p. 163.

21. *Ibid.*, p. 191.

22. *Ibid.*, p. 158.

23. Picker, Henry, *Hitler, cet inconnu, op. cit.*, pp. 279 et 280.

3. Churchill, ennemi mortel

1. Wagener, Otto, *Hitler aus nächster Nähe,* Arndt Verlag, Kiel, 1987, p. 296-297.

2. Hanfstaengl, Ernst, *Hitler, the Missing Years,* Arcade, New York, 1957, p. 185-187.

3. Churchill, W. S., *The Second World War,* vol. 1, Cassell, Londres, 1948, p. 174-175.

4. Churchill, W. S., *Complete Speeches,* vol. VI, Chelsea House, Londres, 1974, p. 6013.

5. Domarus, Max, *Hitler – Reden und Proklamationen 1932-1945*, Wiesbaden : R. Löwit, 1973, p. 189-190.

6. Churchill, W. S., *Complete Speeches,* vol. VI, *op. cit.*, p. 6018.

7. Domarus, Max, *Hitler – Reden und Proklamationen 1932-1945, op. cit.*, p. 203.

8. ADAP, D, VII, n° 192, p. 170, *Aufzeichnung der ersten Hitler-Ansprache am 22 Aug. 39*.

9. Speer, Albert, *Erinnerungen,* Propyläen Verlag, Berlin, 1969, p. 180.

10. Domarus, Max, *Hitler – Reden und Proklamationen 1932-1945, op. cit.*, p. 210-211.

11. Churchill, W. S., *Complete Speeches,* vol. VI, *op. cit.*, p. 6220.

12. *Ibid.,* p. 6430.

13. Dietrich, Otto, *Hitler,* Regnery, Chicago, 1955, p. 247.

14. *Hitler's Table Talk, 1941-1944,* Phoenix Press, Londres, 2000, p. 72.

15. *Ibid.,* p. 186.

16. *Ibid.,* p. 202.

17. *Ibid.*, p. 274.

18. *Ibid.*, p. 318.

19. *Ibid.*, p. 678-679.

20. Cité dans Colvin, Ian, *Chief of Intelligence*, Victor Gollancz, Londres, 1951, p. 166.

21. Voir également *Les Secrets du IIIe Reich*, chapitre 7, p. 217 et 232.

22. Churchill, Winston S., *Mémoires de Guerre,* vol. II, Tallandier, Paris, 2010, p. 317.

23. Picker, Henry, *Hitlers Tischgespräche,* Ullstein, Berlin, 1989, p. 320.

24. Toland, John, *Adolf Hitler,* Ballantine Books, New York, 1976, p. 1211.

4. Raser l'Amérique !

1. Hanfstaengl, Ernst, *Hitler, the Missing Years,* New York, Arcade, 1994, pp. 40 et 41.

2. Dietrich, Otto, *Hitler,* Chicago, Regnery, 1955, pp. 166 et 167.

3. Wiedemann, Fritz, *Der Mann, der Feldherr werden wollte,* Dortmund, Blick und Bild, 1964, pp. 213-215.

4. Picker, Henry, *Hitlers Tischgespräche im Führerhauptquartier,* Francfort, Ullstein, 1989, p. 307.

5. Hanfstaengl, Ernst, *Hitler, the Missing Years, op. cit.,* pp. 121 et 122.

6. *Ibid.,* pp. 135 et 222.

7. Speer, Albert, *Erinnerungen,* Berlin, Propyläen, 1971, p. 135.

8. Rauschning, Hermann, *Hitler m'a dit,* Paris, Somogy, 1979, pp. 13, 82-85.

9. Giordano, Ralph, *Wenn Hitler den Krieg gewonnen hätte,* Hambourg, Rasch und Röhring, 1989, pp. 48, 49, 52, 60-63.

10. Moltmann, Günter, « Weltherrschaftsideen Hitlers », dans Brunner, Otto, et Gerhard, Dietrich (dir.), *Europa und Übersee,*

Festschrift für Egmont Zechlin, Hambourg, Hans Bredow-Institut, 1961, p. 199.

11. Schellenberg, Walter, *Aufzeichnungen des letzten Geheimdienstchefs unter Hitler*, Salzbourg, Moewig, 1981, p. 317.

12. *Ibid.*, p. 318.

13. Kotze, Hildegard von (éd.), *Heeresadjutant bei Hitler*, Stuttgart, DVA, 1974, p. 99.

14. *Id.*

15. Friedlander, Saul, *Hitler et les États-Unis*, Paris, Seuil, 1966, p. 251.

16. Frank, Hans, *Im Angesicht des Galgens*, Munich, Beck Verlag, 1953, p. 407.

17. Forsyth, Robert, Creek, Eddie, *Aéro-Journal*, n° 3, Aix-en-Provence, Caraktère, 2008, p. 23.

18. *Ibid.*, p. 26.

19. Schellenberg, Walter, *Aufzeichnungen des letzten Geheimdienstchefs unter Hitler*, op. cit., p. 284.

20. Ford, Roger, *Germany's Secret Weapons of World War II*, New York, Charwell, 2013, p. 43.

5. La forteresse alpine

1. Kaltenegger, Roland, *Operation Alpenfestung*, Munich, Herbig, 2000, pp. 18-20 ; Minott, Rodney G., *The Fortress that Never Was*, New York, Holt, Rinehart & Winston, 1964, pp. 18 et 19.

2. *Ibid.*, pp. 20-22.

3. *New York Times*, 12 novembre 1944.

4. *Daily Worker*, 15 décembre 1944.

5. Hagen, Walter, *Unternehmen Bernhard*, Wels und Starnberg, Welsermühl Verlag, 1955, pp. 231 et 232.

6. *Collier's Magazine*, 27 janvier 1945, p. 14.

7. *New York Times*, 4, 5 et 15 février 1945.

8. Dulles, Allen, *The Secret Surrender*, Londres, Weidenfeld & Nicolson, 1966, pp. 67-100.

9. Montgomery, Bernard L., *Memoirs*, Londres, Collins, 1958, pp. 277 et 278.

10. OCMH Files, HQ 12th Army Group, Reorientation of Strategy, 21/5/45, Appendix A, G-2 Report, dans Minott, Rodney G., *The Fortress that Never Was*, op. cit., p. 51.

11. OCMH Files, 7th Army, Study, German national Redoubt, 25/3/45, dans Minott, Rodney G., *The Fortress that Never Was*, *op. cit.*, p. 55.

12. Schweizerisches Bundesarchiv E 27/9932, dans Seidler, Franz, *Phantom Alpenfestung ?*, Selent, Pour le Mérite Verlag, 2000, p. 22.

13. *Ibid.*, p. 19.

14. Whiting, Charles, *Werewolf*, Londres, Leo Cooper, 1972, p. 153.

15. *Ibid.*, p. 156.

16. *Ibid.*, p. 163.

17. Eisenhower, Dwight D., *Crusade in Europe*, Londres, Heinemann, 1948, p. 434.

18. Churchill, Winston S., *The Second World War*, vol. VI, Londres, Cassell, 1953, p. 402.

19. Trevor-Roper, Hugh (éd.), *Final Entries 1945, The Goebbels Diaries*, New York, Putnam, 1978, p. 70.

20. Hagen, Walter, *Unternehmen Bernhard*, *op. cit.*, pp. 250, 251, 256.

21. *Ibid.*, p. 245.

22. *Ibid.*, pp. 193, 260.

23. Kaltenegger, Roland, *Operation Alpenfestung*, *op. cit.*, pp. 29 et 30.

24. Dulles, Allen, *The Secret Surrender*, *op. cit.*, p. 173.

25. *Ibid.*, pp. 173-178.

26. *Id.*

27. *Ibid.*, p. 175.

28. Speer, Albert, *Erinnerungen*, Berlin, Propyläen Verlag, 1969, p. 477.

29. Lüdde-Neurath, Walter, *Les Derniers Jours du Troisième Reich*, Paris, Berger-Levrault, 1963, p. 24.

30. Speer, Albert, *Erinnerungen*, *op. cit.*, p. 477.

31. Koller, Karl, *Der Letzte Monat*, Mannheim, Norbert Wohlgemuth Verlag, 1949, p. 16.

32. Speer, Albert, *Erinnerungen*, *op. cit.*, p. 477.

33. Koller, Karl, *Der Letzte Monat*, *op. cit.*, p. 18.

34. Speer, Albert, *Erinnerungen*, *op. cit.*, p. 478.

35. Schroeder, Christa, *Er war mein Chef*, Munich, Herbig, 1985, pp. 200 et 201.

36. Koller, Karl, *Der Letzte Monat*, *op. cit.*, pp. 28 et 29.

37. *Ibid.*, p. 31.

38. Sur les sources et l'ensemble des péripéties de cette journée, voir Kersaudy, François, *Hermann Goering*, Perrin, Paris, 2009, pp. 607-610.

39. Koller, Karl, *Der Letzte Monat*, *op. cit.*, p. 40.

40. Speer, Albert, *Erinnerungen*, *op. cit.*, p. 483.

41. *Ibid.*, p. 485.

42. *Ibid.*, pp. 485 et 486.

43. Frischauer, Willi, *The Rise and Fall of Hermann Goering*, Boston, Houghton-Mifflin, 1951, p. 257.

44. *Ibid.*, p. 486.

45. Trevor-Roper, Hugh, *The Last Days of Hitler*, Londres, Macmillan, 1947, pp. 152 et 153.

46. Goering, Emmy, *An der Seite meines Mannes*, Göttingen, K. W. Schültz, 1967, p. 243.

47. *Ibid.*, p. 251.

48. Minott, Rodney G., *The Fortress that Never Was*, *op. cit.*, pp. 101 et 102.

49. *Der Spiegel*, 3/66, 10 janvier 1966, pp. 30-41. (Les procès-verbaux des conférences de situation des 23, 25 et 27 avril avaient été emportés par le chef des services de presse Heinz Lorenz, qui les avait cachés dans la doublure de son manteau en quittant le bunker. Confisqués par les services secrets britanniques lors de son arrestation, ils seront transmis au *Spiegel* vingt ans plus tard.)

50. Truman, Harry, *Years of Decision*, New York, Doubleday, 1958, pp. 200 et 201.

51. Bradley, Omar N., *A Soldier's Story*, Londres, Holt, Rinehart & Winston, 1951, pp. 462, 536, 537.

52. Blum, Léon, *La Prison, le procès, la déportation*, Paris, Albin Michel, 1955, p. 541.

53. Müller, Josef, *Bis zur Letzten Konsequenz*, Munich, Süddeutscher Verlag, 1976, p. 270.

54. *Ibid.*, pp. 272-274.

55. Docteur Brausse, « Ich sollte Hermann Göring erschiessen », *Revue*, n° 8, 16 octobre 1951.

56. Koller, Karl, *Der Letzte Monat*, *op. cit.*, p. 79.

57. « Ich sollte Hermann Göring erschiessen », art. cit.

58. Goering, Emmy, *An der Seite meines Mannes*, *op. cit.*, p. 255.

59. BA-MA, Lw. 104, Bericht von General der Flieger a.D. Paul Deichmann, 30/9/55.

60. Malkin, Lawrence, *Krueger's Men*, Boston, Little, Brown & Co, 2006, p. 184.

61. Hagen, Walter, *Unternehmen Bernhard*, op. cit., p. 8.

62. Calic, Édouard, *Himmler et son empire*, Paris, Stock, 1965, p. 650.

63. Voir Harding, Stephen, *The Last Battle*, Boston, Da Capo, 2014, ainsi que « Als Wehrmacht und Amerikaner gemeinsam gegen die SS kämpften », *Der Spiegel online*, 24 février 2015 (http://www.spiegel.de/einestages/schlacht-von-itter-1945-amerikaner-und-wehrmacht-gegen-ss-a-1018702.html).

64. Koller, Karl, *Der Letzte Monat*, op. cit., p. 90.

65. Irving, David, *Goering*, vol. 1, op. cit., pp. 20 et 21.

66. R. I. Stack, « Capture of Goering », *The T-Patcher*, février 1977, p. 5.

67. Koller, Karl, *Der Letzte Monat*, op. cit., p. 98.

68. Stack, R. I., « Capture of Goering », art. cit., p. 5.

69. Bond, H. L., « We captured Hermann Goering », *Saturday Evening Post*, 5 janvier 1946.

70. *T-Patch, 36th Division News*, vol. 4, édition spéciale, 8 mai 1945.

71. Stack, R. I, « Capture of Goering », art. cit., p. 7.

72. Bradley, Omar, *A Soldier's Story*, op. cit., pp. 536 et 537.

73. Gehlen, Reinhard, *Der Dienst*, Mayence, Hase & Köhler, 1971.

6. *Werwolf*, les « loups-garous » d'Hitler

1. Moczarski, Kazimierz, *Entretiens avec le bourreau*, Paris, Gallimard, 1979, p. 316.

2. Browning, Christopher, *Les Origines de la Solution finale*, Paris, Les Belles Lettres/Le Seuil, 2009.

3. Moczarski, Kazimierz, *Entretiens avec le bourreau*, op. cit., p. 326.

4. *Ibid.*, p. 315.

5. « Dansk Politi » (blog de la police danoise), *Varulvene – et uhyggeligt netværk under Anden Verdenskrig*, p. 1. Où l'on apprend que les *Werwölfe* avaient constitué cent trente dépôts

d'armes disséminés dans l'ensemble du Danemark, ainsi qu'un service de transmissions radio destiné à maintenir la liaison entre l'Allemagne, le Danemark et la Norvège.

6. Eisenhower, Dwight D., *Crusade in Europe*, Londres, Heinemann, 1948, p. 434.

7. Hamilton, Nigel, *Monty*, Londres, Hodder & Stoughton, 1994, pp. 603-605.

8. Whiting, Charles, *Werewolf*, Londres, Leo Cooper, 1972, p. 182.

9. *Ibid.*, p. 183.

10. G-2 Periodic Report No. 262, 3 May 1945, XII Corps HQ, document reproduit dans Melchior, Jørgen, *Order of Battle : Hitler's Werewolves*, New York, Backinprint, 2000, pp. 900-917.

11. Whiting, Charles, *Werewolf*, *op. cit.*, p. 190.

12. Voir le reportage de Fruth, Pia, « Die Lüge vom Werwolf », Südwestrundfunk SWR2, 7 mai 2010 (http://www.swr.de/swr2/programm/sendungen/wissen/die-luege-vom-werwolf/-/id=660374/did=6332150/nid=660374/un1pfg/index.html).

13. Biddiscombe, Perry, *The Last Nazis*, Stroud, Tempus, 2004, p. 163.

14. Whiting, Charles, *Werewolf*, *op. cit.*, p. 208.

7. Le fantôme errant de Martin Bormann

1. Lang, Jochen von, *Der Sekretär*, Berlin, Ullstein, 1990, p. 49.

2. Wagener, Otto, *Hitler aus nächster Nähe*, Kiel, Arndt, 1987, p. 303.

3. Schroeder, Christa, *Er war mein Chef*, Munich, Herbig, 1985, p. 30.

4. Whiting, Charles, *The Hunt for Martin Bormann*, Londres, Leo Cooper, 1973, p. 53.

5. *Ibid.*, p. 54.

6. Speer, Albert, *Erinnerungen*, Berlin, Propyläen Verlag, 1971, p. 190 ; Schroeder, Christa, *Er war mein Chef*, *op. cit.*, p. 31.

7. Speer, Albert, *Erinnerungen*, *op. cit.*, p. 101.

8. Frank, Hans, *Im Angesicht des Galgens*, Munich, Beck Verlag, 1953, p. 167.

9. Spitzy, Reinhard, *So haben wir das Reich verspielt*, Munich, Langen Müller Verlag, 1988, pp. 298, 470.

10. Misch, Rochus, *Der letzte Zeuge*, Zurich, Pendo, 2008, pp. 124 et 125.

11. Schellenberg, Walter, *Aufzeichnungen des letzten Geheimdienstchefs unter Hitler*, Munich, Moewig, 1981, p. 340.

12. Loringhoven, Bernd Freytag von, *Dans le bunker de Hitler*, Paris, Perrin, 2005, pp. 106 et 107.

13. Schroeder, Christa, *Er war mein Chef*, op. cit., p. 33.

14. Hoffmann, Heinrich, *Hitler Was my Friend*, Londres, Frontline Books, 2011, p. 216.

15. Bormann, Martin, *The Bormann Letters*, Londres, Weidenfeld & Nicolson, 1954, pp. 163 et 173.

16. Wulf, Josef, *Martin Bormann, Hitlers Schatten*, Gütersloh, Sigbert Mohn Verlag, 1962, pp. 208-222.

17. Frischauer, Willi, *The Rise and Fall of Hermann Goering*, Boston, Houghton Mifflin, 1951, p. 257 ; Trevor-Roper, Hugh, *The Last Days of Hitler*, Londres, Papermac, 1995, p. 124.

18. Goering, Emmy, *An der Seite meines Mannes*, Göttingen, K. W. Schultz, 1967, p. 251.

19. Speer, Albert, *Erinnerungen*, op. cit., p. 482.

20. Loringhoven, Bernd Freytag von, *Dans le bunker de Hitler*, op. cit., pp. 166 et 167.

21. O'Donnell, James P., *The Berlin Bunker*, Londres, Dent & Sons, 1979, p. 204.

22. Baur, Hans, *Hitler's Pilot*, Londres, F. Muller, 1958, p. 190.

23. Trevor-Roper, Hugh, *The Last Days of Hitler*, op. cit., p. 184.

24. Axmann, Artur, *Hitlerjugend*, Coblence, Bublies Verlag, 1995, p. 448.

25. Trevor-Roper, Hugh, *The Last Days of Hitler*, op. cit., p. 187.

26. *Id.*

27. Baur, Hans, *Hitler's Pilot*, op. cit., p. 195.

28. Kempka, Erich, *I Was Hitler's Chauffeur*, Londres, Frontline, 2012, pp. 94 et 95.

29. *Ibid.*, p. 95 et 96.

30. Cité dans McGovern, James, *Martin Bormann*, New York, William Morrow, 1968, p. 175.

31. Axmann, Artur, *Hitlerjugend*, op. cit., p. 450 et 451.

32. Trevor-Roper, Hugh, *The Last Days of Hitler*, op. cit., p. XXXIII.

33. Wulf, Josef, *Martin Bormann, Hitlers Schatten*, op. cit., p. 234.

34. *Id.*

35. Besymenski, Lev, *Auf den Spuren von Martin Bormann*, Berlin, Dietz Verlag, 1965, p. 131.

36. *Kristeligt Dagblad*, 24 avril 1950.

37. *Freiheit*, 25 juillet 1951 ; *Heilbronner Stimme*, 8 septembre 1951.

38. Wulf, Josef, *Martin Bormann, Hitlers Schatten*, op. cit., p. 237.

39. McGovern, James, *Martin Bormann*, op. cit., p. 187.

40. *Hamburger Echo*, 17 février 1953.

41. McGovern, James, *Martin Bormann*, op. cit., p. 212.

42. *Id.*

43. *Ibid.*, p. 190.

44. *Schlussbericht der Frankfurter Staatsanwaltschaft [...] vom 4 April 1973, Teil III*, en annexe A de : Lang, Jochen von, *Der Sekretär*, op. cit., p. 390.

45. *Ibid.*, p. 427.

46. *Ibid.*, pp. 393 et 394.

47. *El Mundo*, 18 janvier 1963.

48. McGovern, James, *Martin Bormann*, op. cit., p. 196.

49. *Reader's Digest*, mars 1965, pp. 74-77.

50. Besymenski, Lev, *Auf den Spuren von Martin Bormann*, op. cit., p. 254.

51. *Der Spiegel*, février 1968.

52. *Neue Zürcher Zeitung*, 15 mars 1968.

53. *Epoca* n° 1029, 14 juin 1970.

54. *Schlussbericht der Frankfurter Staatsanwaltschaft [...] vom 4 April 1973, Teil IV*, en annexe A de : Lang, Jochen von, *Der Sekretär*, op. cit., p. 397.

55. Gehlen, Reinhard, *Der Dienst*, Mayence, Hase & Köhler, 1971. Mais l'éditeur affirme que la version anglaise de l'année suivante est plus complète ; voir donc : *The Gehlen Memoirs*, Londres, Collins, 1972, pp. 87 et 88.

56. *Chicago Tribune* et *Daily Express*, 28 novembre et 1er décembre 1972.

57. Schlussbericht der Frankfurter Staatsanwaltschaft [...] vom 4 April 1973, Teil IX, en annexe A de : Lang, Jochen von, Der Sekretär, op. cit., p. 402.

58. Ibid., Teil X bis XII, pp. 408 et 409.

59. Farago, Ladislas, Aftermath – Bormann and the Fourth Reich, Londres, Hodder & Stoughton, 1975, p. 27.

60. Ibid., p. 24.

61. Lang, Jochen von, Der Sekretär, op. cit., p. 349.

62. Farago, Ladislas, Aftermath – Bormann and the Fourth Reich, op. cit., pp. 403-406.

63. Ibid., pp. 412-417.

64. Ibid., pp. 423-427.

65. Ibid., pp. 428 et 431.

66. Ibid., pp. 432 et 433.

67. Manning, Paul, Martin Bormann – Nazi in Exile, Secaucus (New Jersey), Lyle-Stuart, 1981, pp. 181 et 182.

68. Ibid., pp. 197-213

69. Beer, Hugo Manfred, Moskaus As im Kampf der Geheimdienste, Hohe Warte, Franz von Belenburg Verlag, 1983.

70. Tartakovski, Boris, Martin Bormann, Agent Sovietskoï Razviedki, Moscou, Otetchestvo, 1992.

71. « La leyenda sobre Martín Bormann en Chile », Diario W5, 17 juillet 2013 (http://w5.cl/2013/07/17/la-leyenda-sobre-martin-bormann-en-chile/).

72. Creighton, Christopher, Op JB, Londres, Simon & Schuster, 1996, pp. 157-205.

73. Ibid., p. 238.

74. Der Spiegel, 19/98, 4 mai 1998.

75. Villemarest, Pierre de, Le Dossier Saragosse, Panazol, Lavauzelle, 2002, p. 264.

76. Ibid., pp. 151, 163, 164 et 181.

77. Ibid., p. 144.

78. Ibid., p. 184.

79. Ibid., p. 190.

80. Ibid., pp. 144, 145, 162 et 241.

81. Ibid., p. 195.

82. Ibid., p. 241.

83. Ibid., p. 182.

84. Ibid., p. 183.

85. Ibid., pp. 11, 147, 155, 192 et 243.

Bibliographie sélective

Seuls sont répertoriés ici les ouvrages les plus utiles à ce récit ; les autres se trouvent dans les notes. Nous présentons en premier les éditions dans la langue originale, les traductions étant souvent inexistantes, abrégées ou approximatives.

AXMANN, Artur, *Hitlerjugend*, Coblence, Bublies Verlag, 1995.

AZIZ, Philippe, *Les Médecins de la mort*, vol. I et IV, Paris, Famot, 1975.

BAUR, Erwin, FISCHER, Eugen, et LENZ, Fritz, *Grundriss der Menschlichen Erblichkeitslehre und Rassenhygiene*, Munich, Lehmans Verlag, 1923.

BAUR, Hans, *Hitler's Pilot*, Londres, Frederick Muller, 1958.

BEER, Hugo Manfred, *Moskaus As im Kampf der Geheimdienste*, Hohe Warte, Franz von Belenburg Verlag, 1983.

BELOW, Nicolaus von, *At Hitler's Side*, Londres, Greenhill, 2001.

BESYMENSKI, Lew, *Auf den Spuren von Martin Bormann*, Berlin, Dietz Verlag, 1965.

BIDDISCOMBE, Perry, *The Last Nazis*, Stroud, Tempus, 2004.

BINDING, Karl, et HOCHE, Alfred, *Die Freigabe der Vernichtung Lebensunwerten Lebens*, Berlin, BWV, 1920.

BLED, Jean-Paul, *Les Hommes d'Hitler*, Paris, Perrin, 2015.

BLUM, Léon, *La Prison, le procès, la déportation*, Paris, Albin Michel, 1955.

BORMANN, Martin, *The Bormann Letters*, Londres, Weidenfeld & Nicolson, 1954.

BRADLEY, Omar N., *A Soldier's Story*, Londres, Holt, Rinehart & Winston, 1951.

BROWNING, Christopher, *Les Origines de la Solution finale*, Paris, Les Belles Lettres/Le Seuil, 2009.

BULLOCK, Alan, *Hitler, a Study in Tyranny*, Londres, Odhams, 1952.

BURDICK, Charles, et JACOBSEN, Hans-Adolf (éd.), *The Halder War Diary*, Londres, Greenhill, 1988.

CALIC, Édouard, *Himmler et son empire*, Paris, Stock, 1965.

CHURCHILL, Winston S., *The Second World War*, vol. VI, Londres, Cassell, 1953.

CREIGHTON, Christopher, *Op JB*, Londres, Simon & Schuster, 1996.

DIETRICH, Otto, *Hitler*, Chicago, Regnery, 1955.

DULLES, Allen W., *Germany's Underground*, New York, Macmillan, 1947.

DULLES, Allen W., *The Secret Surrender*, Londres, Weidenfeld & Nicolson, 1966.

EISENHOWER, Dwight D., *Crusade in Europe*, Londres, Heinemann, 1948.

FARAGO, Ladislas, *Aftermath – Bormann and the Fourth Reich*, Londres, Hodder & Stoughton, 1975.

FORD, Roger, *Germany's Secret Weapons of World War II*, New York, Charwell, 2013.

FRANK, Hans, *Im Angesicht des Galgens*, Munich, Beck Verlag, 1953.

FRIEDLANDER, Saul, *Hitler et les États-Unis*, Paris, Le Seuil, 1966.

FRISCHAUER, Willi, *The Rise and Fall of Hermann Goering*, Boston, Houghton-Mifflin, 1951.

GEHLEN Reinhard, *Der Dienst*, Mayence, Hase & Köhler, 1971.

GIORDANO, Ralph, *Wenn Hitler den Krieg gewonnen hätte*, Hambourg, Rasch & Röhring, 1989.

GISEVIUS, Hans Bernd, *Bis zum bittern Ende*, Zurich, Fretz & Wasmuth Verlag, 1946 (*Jusqu'à la lie*, t. I et II, Paris, Calmann-Lévy, 1948).

GOERING, Emmy, *An der Seite meines Mannes*, Göttingen, K. W. Schültz, 1967.

HAGEN, Walter, *Unternehmen Bernhard*, Wels und Starnberg, Welsermühl Verlag, 1955.

HANFSTAENGL, Ernst, *Hitler, the Missing Years*, New York, Arcade, 1974.

HARDING, Stephen, *The Last Battle*, Boston, Da Capo, 2014.

HITLER, Adolf, *Mein Kampf*, Munich, Eher Verlag, 1926 (*Mon combat*, Paris, Nouvelles Éditions latines, 1934).

JUNGE, Traudl, *Bis zur letzten Stunde*, Munich, List, 2003.

KALTENEGGER, Roland, *Operation Alpenfestung*, Munich, Herbig, 2000.

KEMPKA, Erich, *I Was Hitler's Chauffeur*, Londres, Frontline, 2012.

KERSAUDY, François, *Hermann Goering*, Paris, Perrin, 2009.

KERSHAW, Ian, *Hitler*, vol. I et II, Londres, Penguin, 1998 et 2000 (*Hitler*, t. I et II, Paris, Flammarion, 1999 et 2000).

KERSTEN, Felix, *Jeg var Himmlers Lege*, Oslo, Gyldendal, 1947 ; *Klerk en Beul, Himmler van Nabij*, Amsterdam, J.-M. Meulenhof, 1948 ; *Totenkopf und Treue*, Hambourg, R. Mölich, 1952 ; *The Kersten Memoirs*, New York, Macmillan, 1957 (les quatre versions sont différentes, mais complémentaires).

KLEE, Ernst, « *Euthanasie* » *im NS-Staat. Die « Vernichtung lebensunwerten Lebens* », Francfort, Fischer Verlag, 1986.

KOGON, Eugen, LANGBEIN, Hermann, et RÜCKERL, Adalbert, *Les Chambres à gaz, secret d'État*, Paris, Éditions de Minuit, 1984.

KOLLER, Karl, *Der Letzte Monat*, Mannheim, Norbert Wohlgemuth Verlag, 1949.

KOTZE, Hildegard von (éd.), ENGEL, Gerhard, *Heeresadjutant bei Hitler 1938-1943*, Stuttgart, DVA, 1974.

LANG, Jochen von, *Der Sekretär*, Berlin, Ullstein, 1990.

LIFTON, Robert J., *The Nazi Doctors*, Londres, Papermac, 1987.

LINGE, Heinz, *Bis zum Untergang*, Munich, Herbig, 1980.

LORINGHOVEN, Bernd Freytag von, *Dans le bunker de Hitler*, Paris, Perrin, 2005.

LÜDDE-NEURATH, Walter, *Les Derniers Jours du Troisième Reich*, Paris, Berger-Levrault, 1963.

LÜDECKE, Kurt, *I Knew Hitler*, Londres, Jarrolds, 1938.

MANNING, Paul, *Martin Bormann – Nazi in Exile*, Secaucus (New Jersey), Lyle-Stuart, 1981.

McGOVERN, James, *Martin Bormann*, New York, William Morrow, 1968.

MINOTT, Rodney G., *The Fortress that Never Was*, New York, Holt, Rinehart & Winston, 1964.

MOCZARSKI, Kazimierz, *Entretiens avec le bourreau*, Paris, Gallimard, 1979.

MOLTMANN, Günter, « Weltherrschaftsideen Hitlers », dans BRUNNER, Otto, et GERHARD, Dietrich (dir.), *Europa und Übersee, Festschrift für Egmont Zechlin*, Hambourg, Hans Bredow-Institut, 1961.

MONTGOMERY, Bernard L., *Memoirs*, Londres, Collins, 1958.

MÜLLER, Josef, *Bis zur Letzten Konsequenz*, Munich, Süddeutscher Verlag, 1976.

PADFIELD, Peter, *Himmler, Reichsführer SS*, Londres, Macmillan, 1990.

PAPEN, Franz von, *Der Wahrheit eine Gasse*, Munich, Paul List Verlag, 1952.

PAPEN, Franz von, *Memoirs*, Londres, Andre Deutsch, 1952.

PICKER, Henry (éd.), *Hitlers Tischgespräche im Führerhauptquartier*, Berlin, Ullstein, 1989.

RAUSCHNING, Hermann, *Hitler m'a dit*, Paris, Somogy, 1979.

RICCIARDI VON PLATEN, Alice, *L'Extermination des malades mentaux dans l'Allemagne nazie*, Paris, Érès, 2001.

SCHELLENBERG, Walter, *Aufzeichnungen des letzten Geheimdienstchefs unter Hitler*, Rastatt, Moewig Verlag, 1981 (*The Labyrinth*, Londres, Da Capo, 2000).

SCHIRACH, Baldur von, *Ich glaubte an Hitler*, Munich, Mosaik, 1967 (*J'ai cru en Hitler*, Paris, Plon, 1968).

SCHMIDT, Paul, *Statist auf diplomatischer Bühne*, Bonn, Athenäum Verlag, 1953.

SCHRÖDER, Christa, *Er war mein Chef*, Munich, Herbig, 1985.

SEIDLER, Franz, *Phantom Alpenfestung ?*, Selent, Pour le Mérite Verlag, 2000.

SPEER, Albert, *Erinnerungen*, Berlin, Propyläen Verlag, 1971 (*Au cœur du IIIe Reich*, Paris, Fayard/Pluriel, 2011).

SPITZY, Reinhard, *So haben wir das Reich verspielt*, Munich, Langen Müller Verlag, 1988.

TARTAKOVSKI, Boris, *Martin Bormann, Agent Sovietskoï Razviedki*, Moscou, Otetchestvo, 1992.

TOLAND, John, *Adolf Hitler*, New York, Ballantine, 1976 (*Hitler*, t. I, Paris, Pygmalion, 2011, t. II, Paris, Perrin, coll. « Tempus », 2012).

TREVOR-ROPER, Hugh, *The Last Days of Hitler*, Londres, Macmillan, 1947.

TRUMAN, Harry, *Years of Decision*, New York, Doubleday, 1958.

UNGER, Hellmuth, *Sendung und Gewissen*, Berlin, Gerhard Stalling, 1941.

VILLEMAREST, Pierre de, *Le Dossier Saragosse*, Panazol, Lavauzelle, 2002.

WAGENER, Otto, *Hitler aus nächster Nähe*, Kiel, Arndt, 1987.

WEIZSÄCKER, Ernst von, *Erinnerungen*, Munich, Paul List Verlag, 1950.

WHITING, Charles, *The Hunt for Martin Bormann*, Londres, Leo Cooper, 1973.

WHITING, Charles, *Werewolf*, Londres, Leo Cooper, 1972.

WIEDEMANN, Fritz, *Der Mann, der Feldherr werden wollte*, Dortmund, Blick & Bild Verlag, 1964.

WULF, Josef, *Martin Bormann, Hitlers Schatten*, Gütersloh, Sigbert Mohn Verlag, 1962.

Index

Table

collection tempus
Perrin